元宇宙大金融
衍化的元宇宙金融共创性革命

方明◎著

中国出版集团
中译出版社

图书在版编目（CIP）数据

元宇宙大金融 / 方明著 . -- 北京：中译出版社，2023.3
ISBN 978-7-5001-7350-2

Ⅰ．①元… Ⅱ．①方… Ⅲ．①信息经济 Ⅳ．① F49

中国国家版本馆 CIP 数据核字（2023）第 034947 号

元宇宙大金融
YUANYUZHOU DAJINRONG

著　　者：方　明
策划编辑：于　宇　范　伟
责任编辑：于　宇　范　伟
文字编辑：费可心　薛　宇　华楠楠
营销编辑：马　萱　白雪圆

出版发行：中译出版社
地　　址：北京市西城区新街口外大街 28 号 102 号楼 4 层
电　　话：（010）68002494（编辑部）
邮　　编：100088
电子邮箱：book@ctph.com.cn
网　　址：http://www.ctph.com.cn

印　　刷：中煤（北京）印务有限公司
经　　销：新华书店
规　　格：710 mm×1000 mm　1/16
印　　张：22.75
字　　数：282 千字
版　　次：2023 年 3 月第 1 版
印　　次：2023 年 3 月第 1 次印刷

ISBN 978-7-5001-7350-2　　　定价：79.00 元

版权所有　侵权必究
中译出版社

谨以此书献给我学习和工作过的单位

自　序

随着元宇宙概念的诞生与发展，对元宇宙金融（MetaFi）的探讨越来越多。元宇宙金融的概念是依据去中心化金融（DeFi）的概念提出的，其本质仍然是基于加密货币的金融体系。脱离了加密货币是否就不存在元宇宙和元宇宙金融？这成为对元宇宙金融探索的根本出发点。

一、第一性原理溯源与本义

对元宇宙金融根本出发点的思考，呼应了美国科技"狂人"和企业家"钢铁侠"马斯克提倡的第一性原理。马斯克在2015年的一次采访中曾表示，自己特别推崇"第一性原理思考法"："通过第一性原理，我把事情升华到最根本的真理，然后从最核心处开始推理……我们运用第一性原理而不是比较思维去思考问题是非常重要的。我们在生活中总是倾向于比较，对别人已经做过或者正在做的事情我们也都去做，这样发展的结果只能产生细小的迭代发展。第一性原理的思维方式是用物理学的角度看待世界，也就是说一层层拨开事物表象，看到最里面的本质，再从本质一层层往上走。这要消耗大量的脑力。"

马斯克提到的"第一性原理",又称"第一原理",2 300多年前由古希腊哲学家亚里士多德提出:"每个系统中存在一个最基本的命题或假设,它不能被违背或删除,也不能被违反。"这个最基本的命题或假设即"第一性原理",它有三层含义:第一,第一性原理存在于一个系统中,这个系统具备系统的要素,且具有独立存在的可能;第二,一个最基本的命题或假设是一个而不是多个,是最根本的那一个;第三,它不能被违背或删除,也不能被违反,即它是系统的原点和公理。当然,一个系统中是否只有一个而不会存在两个最基本的命题或假设,也是值得讨论的。

如果仔细思考,你会发现亚里士多德的第一性原理与其老师柏拉图的理念论有着直接的联系,柏拉图的理念论又继承了苏格拉底的思想,与西方古代哲学思想存在着一脉相承的关系。柏拉图认为理念是实物的原型,它不依赖于实物而独立存在。苏格拉底从具体实物背后寻求一般定义。这个一般定义是关于普遍本质的,即思维或理智的对象客观实体,被柏拉图表述为"理念"。柏拉图认为,"理念"是指心灵或理智所"看"到的东西,是具有"一"的统一性和"存在"的实在性的观念,即普遍的概念、共相或形式。从这个意义上说,"理念"与毕达哥拉斯的"数"、赫拉克利特的"逻各斯"、巴门尼德的"存在"及苏格拉底的事物"本身"在思想内涵方面是一脉相承的。亚里士多德第一性原理来源于理念论,但又高于理念论,其独特之处是从逻辑学角度承认每个系统都存在着最基本的命题或假设,将纯理论哲学的理念演变为演绎法认识论的基础。

大道至简。道生一,一生二,二生三,三生万物。第一性原理与中国传统哲学中的"道"接近,但又与"道"不同。第一,"道"更着重于天地之大道，贯穿于所有事物之中，整个世界只有一个"道"，这与每个系统中或多个系统中存在的第一性原理显然不同。第二，因为第一性原理存在于每个系统之中，因此每个系统都可以通过发掘其第一性原理推动对世界认知的发展。第三，第一性原理也是认识世界或每个系统的方法论，是与归纳法不同的演绎法，包括大前提、小前提和结论的三段论演绎法，可从第一性原理出发构建对系统的认知体系和行动策略。

欧几里得把最基本的命题或假设定义为公理或公设，以五大公理为基础演绎出欧式平面几何体系。公理或公设是指依据人类理性不证自明的基本事实，经过了人类长期反复实践的考验，不需要再加证明的基本命题。爱因斯坦认为，理论家的工作可分为两步：首先，发现公理；其次，从公理出发推出结论。这个公理或公设即第一性原理。第一性原理的重要性不仅在于寻找公理或公设，更重要的还在于通过公理或公设，运用以三段论为核心的演绎法构建对整个系统的认知体系或者改变系统的行动策略。

二、元宇宙的第一性原理

（一）元宇宙的第一性原理探索

元宇宙热潮所代表的其实是数字世界的物理化趋势，那么元宇宙第一性原理就是"可以远程传递物理信息"或者"网络传输物理信息"。现在的计算机已经具备模拟物理信息的能力。第一，可以模拟人和物体的外观；第二，可以模拟人和物体的运动；第三，可以模拟人、物体之间的作用力。随着计算机技术可模拟的事物越来越多，数字世界也越来越趋近真实世界。

从计算机技术发展角度来看，其核心就是传递信息维度的变化：过去我们传送文字、图片信息，后来开始传递语音信息，再后来是视频信息。每一个阶段都比上一个阶段多传递一层信息维度。其中每一个阶段都诞生了巨头：图文时代是脸书（Facebook）[①]、微博等；视频时代是抖音、快手等。

现在我们到达了可以通过网络传输物理信息这个新维度，这一阶段的终极目标是，在一个虚拟空间中，我们可以正常聊天、握手，进行物理互动，但是并不需要两个人在同一个物理空间中。

（二）元宇宙的第一性原理的确立

元宇宙的第一性原理关系着对元宇宙的界定和系统元宇宙的建设。如果将数字世界的物理化作为元宇宙的本质特征，将能够网络传输物理信息作为元宇宙的第一性原理，那么将存在诸多问题。首先，元宇宙是一个虚拟世界或虚拟空间。其次，元宇宙虚拟世界有共同的特征，即具象的社会交往和表达形式。再次，元宇宙虚拟世界是从数字虚拟世界演进而来的，既包含了数字虚拟世界的特征，也存在着与数字虚拟世界的差异性特征，如不排斥真实世界。最后，元宇宙可以创造新的虚拟世界，也可以促进现实世界的变革。

元宇宙的第一性原理是通过网络平台物理化重构虚拟世界和真实世界，并实现共创性社交。首先，互联网平台是元宇宙的基础，元宇宙也可以促进网络平台的物理化发展，即互联网 3.0。其次，物理化

---

① Facebook 于 2021 年 10 月 28 日改名为"Meta"。

重构是虚拟现实（VR）、增强现实（AR）和混合现实（MR）等技术发展带来的可能性，是元宇宙的标志，但并不一定是建设元宇宙的前提，非物理化的数字化重构也可以构成元宇宙。再次，物理化重构的不仅是数字化的虚拟世界，还包括个人的虚拟世界和真实世界，以及元宇宙虚拟世界。最后，元宇宙通过网络平台的物理化重构是以信息传输能力为基础，以信息传输的容量和成本控制为前提的，必须在真实世界中进行持续的运营。

三、对元宇宙金融的第一性原理的反思

（一）元宇宙金融的第一性原理

去中心化金融是指建立在区块链上的金融应用生态系统，其目标是以无银行、无支付服务提供商或无投资基金等中介的去中心化的方式进行开发和运营，在透明的区块链网络之上提供所有类型的金融服务。由《加密朋克宣言》和《赛博空间独立宣言》可知，去中心化金融的第一性原理是自由的网络空间需要自由交易支持，自由交易是核心。自由交易的重点是交易者的隐私保护，去中心化的分布式技术和加密技术可以解决信任难题，保护交易者的隐私，但既有的支付体系做不到，因此需要开发数字货币和以数字货币为基础的交易平台与清算支付平台。

元宇宙金融是一个与法定金融系统平行的经济系统，以使非同质化代币和同质化代币及其衍生品实现复杂的金融互动的协议、产品和（或）服务为基础。而元宇宙金融是去中心化金融的延续，其第一性原理与去中心化金融的第一性原理没有本质上的差异。

(二)元宇宙大金融的第一性原理

随着数字货币和数字资产的快速发展,黑客盗取数字资产的案件层出不穷,涉及的资产规模也非常巨大,交易安全和交易自由都受到较大的冲击。早期《加密朋克宣言》和《赛博空间独立宣言》展现的独立的去中心化金融模式越来越受到限制和质疑。事实上,独立自由的网络空间不仅受到政府的制约,还受到其自身的制约。以太坊曾试图将私链基础上的加密货币和加密资产向公链方向转化,Facebook 曾力图创造新的稳定币,但向公链方向的转化必然带来中心化,而由数字货币平台发行的数字货币,本身就具有中心化的特点。同时,一些以资产为抵押发行稳定币并进入支付体系的尝试受到抑制。另外,各种数字货币发行混乱,数字资产价格大幅波动,非同质化代币呈现出了疯狂炒作的趋势,给不少投资者带来了重大损失。与法定金融系统平行的去中心化金融系统中的资产成为郁金香似的泡沫资产已成必然之势。

更为重要的是,元宇宙虚拟世界与元初虚拟世界、数字化的虚拟世界和真实世界密不可分,"大元宇宙"的概念已经出现。人们一般把元宇宙与真实世界的相互作用称为"虚实共生",我们把元宇宙虚拟世界与元初虚拟世界、数字化的虚拟世界和真实世界的相互作用称为"衍化"(derivation)。衍化是新事物带来创新变革的一个普遍性特征。衍化包括两个方向:一是真实世界向元宇宙衍化,即真实世界向元宇宙虚拟世界发展进入介于两者之间的状态;二是元宇宙虚拟世界向真实世界衍化,虚拟世界向真实世界发展但又超越真实世界。衍化的元宇宙必然是一个大元宇宙。小元宇宙虚拟世界必然受到真实世界金融系统的支配和影响,而真实世界金融系统中的去中心化金融系统,可能导致元宇宙金融基本失去存在的价值,或者仅能保留平台内部的价值。因此,我们称衍化的元宇宙金融为"元宇宙大金融"(Metaverse Big Finance,MetaBF)。

那么,元宇宙大金融的第一性原理是什么呢?元宇宙大金融的第一性原理是"可进行安全、稳定、方便、高效且低成本的交易"。越来越多的事实证明,去中心化金融创造了数字货币繁荣的假象,但给社会带来了极大的金融安全风险和财富的损失。因此,去中心化金融现在达不到、未来也很难达到元宇宙大金融的第一性原理的要求。而元宇宙大金融并不否认区块链的基础性作用,也不排斥在央行数字货币或未来的跨境支付中使用分布式技术,但前提是回归货币的稳定的价值尺度和交易工具的基本功能,而不是抛开这两个基本功能去注重价值储藏功能。

四、元宇宙大金融的基本内容

从第一性原理出发,元宇宙大金融与衍化的元宇宙(大元宇宙)紧密相关,以衍化的元宇宙的经济和产业为基础,以传统产业和金融行业的数字化为引领,既可以为元宇宙的发展提供金融支持,也可以为金融机构的元宇宙化创新发展提供动力,还可以为跨境支付提供新的解决方案,并能有效地防范金融系统性风险,保障金融安全。

元宇宙大金融包含如下九个方面的基本内容。

第一,元宇宙虚拟世界的金融变革,从虚拟货币(中心化代币)到电子货币与央行数字货币的共存。

第二，金融行业的元宇宙化创新发展，缩短金融产品和金融服务与人的认知距离。

第三，金融行业的元宇宙风险管理，将不可见的风险可见化、立体化、形象化和整体化。

第四，央行数字货币的发展与应用。

第五，央行数字货币的国内国外的支付清算体系建设。

第六，对数字货币和数字资产的监管与国际合作。

第七，对金融市场的元宇宙一体化和元宇宙的金融市场变革。

第八，数字化的区域货币和元宇宙的国际货币体系变革。

第九，金融行业人员的元宇宙转型，包括两个方面。一是数字员工的推出，二是员工的人力资本化与元宇宙金融教育和培训。

未来已来！元宇宙金融的"脚步声"已经响起，构建元宇宙大金融体系的工作已经开始。元宇宙是一个新事物，元宇宙金融也是一个艰深的领域。在第一性原理的指引下，相信我国元宇宙大金融的发展将会引领世界！

方明
西南财经大学全球金融战略实验室主任、
首席研究员、博士生导师
元宇宙金融实验室主任
2023年2月于北京

前　言

本书从第一性原理出发，对元宇宙大金融进行了系统性分析，梳理了数字货币的经济体系，重构了衍化的元宇宙大金融体系，阐释了金融的数字化革命，指明了从数字化向元宇宙发展的方向与路径。

一、元宇宙大金融要将"假心"换成"真心"

中国银行保险监督管理委员会在 2022 年 2 月 18 日发布的防范以"元宇宙"名义进行非法集资的风险提示，说明了这一基本立论的重要性。

不可否认，赛博空间的出现，的确给了不少人虚幻的自由感觉。数字货币的诞生和价格的狂飙，更是无限强化了这种感觉。元宇宙既是对科技和未来世界的展望，也是这种感觉的强化。因此，元宇宙大金融是要对目前的去中心化的元宇宙金融"换心"，将这一"假心"换成以电子货币和央行数字货币等为核心的法定货币体系这一"真心"，使元宇宙的发展与数字化革命对接，推动元宇宙的长期可持续发展和衍化。同时，元宇宙的核心是共创性社交，可以是游戏，但又非简单的游戏或不仅止于游戏。这是元宇宙的"真心"。

二、流行的元宇宙金融的支点、基石和内核与反思

本书共七章。第一章探索了流行的元宇宙金融的支点、基石和内核。

第一节是"流行的元宇宙金融支点：元宇宙的实践"。元宇宙的支点是 VR、AR 等相关技术的发展和元宇宙的实践。而元宇宙金融的支点也同样是元宇宙的实践。尽管有人认为元宇宙金融体系与现实法定金融体系是两个不同的系统，从而将以区块链分布式技术为特征的去中心化金融定义为元宇宙金融，由此元宇宙金融的支点自然就是数字货币和数字资产。但从元宇宙的实践来看，去中心化金融从来就没有成为数字化革命的核心，价格大幅动荡、未获得合法授权的数字货币和数字资产也自然就不能成为元宇宙金融的支点。如果元宇宙和元宇宙金融以此为支点，元宇宙将很难实现良好发展。因此，元宇宙金融的支点来自现实的法定金融体系，其核心正是法定货币、电子货币和央行数字货币与元宇宙平台内价值关联且稳定的代币的双层体系。由于这个支点难以为大家所认知，暂且先把元宇宙的实践当作元宇宙金融的支点。

第二节是"流行的元宇宙金融基石：元宇宙经济"。从元宇宙产业发展角度来看，游戏是元宇宙的初步形态，游戏产业的发展对元宇宙产业发展具有重要的启示意义。认识元宇宙经济系统，对传统经济学的反思和元宇宙经济学的构建具有重要的价值。虚拟世界的经济学应该更多的是对传统经济学的重构与扩展，而非简单地抛弃。

第三节是"流行的元宇宙金融内核：元宇宙金融"。许多已发表文章都将数字货币和去中心化金融作为元宇宙金融的核心和其经济的

基础。这种观点值得商榷。元宇宙的发展不能简单片面地依靠数字货币和去中心化金融，而应该由以法定货币体系为核心的元宇宙金融为元宇宙的发展和衍化提供支持，也为金融的元宇宙化发展提供路径。

三、衍化的元宇宙金融的支点、基石和内核的探讨

第二章至第四章探讨了衍化的元宇宙金融的支点、基石和内核。衍化的元宇宙是元宇宙虚拟世界与元初虚拟世界、数字化的虚拟世界和真实世界相互作用而形成的世界。

第二章是"衍化的元宇宙金融支点：数字化革命"。衍化的元宇宙是数字化的世界。信息化时代数字技术快速发展，但数据流动受到诸多限制，联邦学习在一定程度上可以帮助解决联合国对数据流动尤其是跨境流动的关切，推动数字化革命，进而推动元宇宙的衍化发展。

第三章是"衍化的元宇宙金融基石：数字经济学与元宇宙经济学"。数字化革命推动数字经济的发展，数字经济的发展是元宇宙的基础，元宇宙也是数字经济的组成部分。反过来说，如果没有数字化革命，不可能发展出元宇宙，元宇宙经济形态不可能出现；如果没有数字经济的发展，元宇宙不可能有根基，也不可能有长远发展的基础。在本章中，也讨论了数字经济学和元宇宙经济学的内容。数字经济学的出现，是数字经济发展到一定阶段的必然产物。本章在反思元宇宙经济学的基础上，重构了衍化的元宇宙经济学的基本假设和生产要素论。

第四章是"衍化的元宇宙金融内核：金融权力与法定货币"。数

字货币的诞生与发展，实际上源于权力争夺，即互联网空间对现实世界货币权力的争夺。但数字货币的发展经历，再次证明了去中心化金融和数字货币难以保障互联网交易安全。一方面是因为不稳定的价格难以充当稳定的价值尺度，另一方面是因为去中心化的多头数字货币模式大大增加了社会交易成本，难以达到使用中心化货币时的效率和低交易成本。因此，中央银行发行的实物法币、央行允许流通的电子货币和中央银行数字货币必然将替代私人发行数字货币成为数字经济和元宇宙经济的核心，而私人数字货币、数字资产和非同质化代币等必将逐渐消失。未来，在相对独立的元宇宙之中，虚拟货币符号（中心化的代币）仍然存在着一定的发展空间，局部发挥着支付功能和价值储藏功能，但既受法定货币尺度支配，也受通用市场价值规律的支配，从而形成内外双重的元宇宙货币体系。

四、衍化的元宇宙金融变革：从金融机构到金融监管的变革

第五章至第七章探讨了衍化的元宇宙金融变革，包括金融机构、金融市场和金融监管的变革。

第五章是"衍化的元宇宙金融机构：转型革命"。数字化革命是金融机构元宇宙发展的桥梁。金融机构的元宇宙转型必然建立在数字化发展的基础之上，数字化程度超过50%将为元宇宙转型奠定坚实的基础。金融机构的元宇宙转型已经展开，主要体现在虚拟员工和元宇宙场景建设等方面。但是，金融机构的元宇宙转型革命可能不仅在于可视可见的地方，也不仅限于表面上的直接转化，而更在于金融的

游戏化和交互性转型，建立金融风险、金融产品的镜像世界的转型，在于融入或创造共创性社交平台生态圈和人力资本化发展。笔者这里谈到的金融机构的元宇宙转型发展还是初步的，需要跳出元宇宙的表面逻辑，从衍化的元宇宙金融角度去深入思考。

第六章是"衍化的元宇宙金融市场：市场创新"。随着数字化时代的到来，数字交易成本快速下降，互联网和移动互联网参与者快速增加，数字平台快速发展，商品电子交易平台和跨境电商平台发展迅速，同时金融市场的数字化发展加速推进，数字货币和数字资产的交易平台从2010年开始大量出现。这揭示了一个规律：市场的建设越来越容易，市场建设的成本和交易成本越来越低，交易的商品越来越广泛，有的已经远远超出了商品的范围，这既为市场创新创造了条件，也带来了巨大的风险。更为重要的是，这为金融市场的微型化和快速交易奠定了基础，金融市场出现了泛化、弥漫化、直接化和隐性化的特点。多层次、多类别市场和准金融市场的出现成为必然的趋势，如数字市场、碳汇交易市场、创意与数字产品市场、知识产权交易市场和人力资本市场等。元宇宙赋予了个体创新和个体人力资本实现价值与交易的机会。当然，所有这类市场要正常地发展，其基础在于普遍认同的计量或测评标准的建立。这也是金融市场创新的核心。因为金融市场创新不能简单地完全地交给市场定价，否则就可能出现数字货币定价一样被操纵的惨剧。

第七章是"衍化的元宇宙金融安全：金融监管"。有效的金融监管是金融安全的保障。金融监管最核心的问题是要明确从法律和监管规则层面，什么是允许的，什么是被禁止的。随着数字技术的发展，在数字货币全球流行的情况下，具体就要明确从法律和监管规则层面，什么是可参与的，什么是不能参与的，可以在什么范围内进行创新。私人数字货币和数字资产以及相关的去中心化金融以当下的发展情况来看，是应该被禁止的。但在国际监管对私人数字货币、数字资产和去中心化金融态度不一致的情况下，应该着力建设央行数字货币、电子货币和法币的跨境支付系统，加强对洗钱与恐怖主义融资的打击。同时，应该建立五维（居民、企业、金融机构、金融市场和国家）金融安全观，切实进行投资者和消费者教育与保护。在打击私人数字货币的同时，也要加强对科技巨头挑战金融体系的监管，保障国家金融安全。

目 录

第一章
流行的元宇宙金融概论：支点、基石和内核

第一节　流行的元宇宙金融支点：元宇宙的实践 · 003

第二节　流行的元宇宙金融基石：元宇宙经济 · 026

第三节　流行的元宇宙金融内核：元宇宙金融 · 034

第二章
衍化的元宇宙金融支点：数字化革命

第一节　信息化时代的数字化革命 · 058

第二节　联邦学习推动金融数字化革命 · 062

第三节　金融科技的发展与金融数字化革命 · 070

第三章
衍化的元宇宙金融基石：数字经济学与元宇宙经济学

第一节　数字经济的发展・085

第二节　加密经济学与通证经济学・090

第三节　数字经济学的发展・096

第四节　衍化的元宇宙经济学猜想・112

第四章
衍化的元宇宙金融内核：金融权力与法定货币

第一节　数字货币诞生于权力之争・137

第二节　央行数字货币对货币权力的维护・151

第三节　数字人民币的试点应用、问题与推广建议・167

第五章
衍化的元宇宙金融机构：转型革命

第一节　数字化革命是金融机构元宇宙发展的桥梁・181

第二节　元宇宙的银行业形态猜测・190

第三节　元宇宙的保险行业形态猜测・201

第四节　金融机构的元宇宙转型探索・206

目 录

第六章
衍化的元宇宙金融市场：市场创新

第一节　衍化的元宇宙金融市场特征与变革 · 215

第二节　元宇宙的共创社交与人力资本化市场 · 224

第三节　从数据市场到数字市场的发展 · 234

第四节　"双碳"目标与碳市场的元宇宙发展建议 · 245

第七章
衍化的元宇宙金融安全：金融监管

第一节　大型科技企业的金融风险与监管 · 261

第二节　摆脱加密资产的束缚 · 275

第三节　关注跨境数字货币的影响与监管 · 301

第四节　重视共识机制的风险并加强监管 · 318

后　记 · 339

第一章

**流行的元宇宙金融概论：
支点、基石和内核**

研究元宇宙金融必须先理解元宇宙。对元宇宙的不同理解将赋予元宇宙金融不同的内涵。因此，尽管对元宇宙的探索与对元宇宙的解释众多，但仍然有必要回到起点理解元宇宙，由此确定元宇宙经济和金融的出发点，这样才能为元宇宙经济和金融的变革做出合理的推演。

第一节　流行的元宇宙金融支点：元宇宙的实践

一、企业的元宇宙转型发展

企业的元宇宙转型发展过程，一定程度地展现了元宇宙的具体应用场景，可以方便我们开始探索元宇宙的世界。

（一）Roblox：元宇宙第一股

元宇宙经常被用来描述持久的、共享的、3D 虚拟空间的概念。

Roblox 为用户提供了获得沉浸式体验的平台。总的来说，Roblox 的开发者和创造者以三种方式为平台做出了贡献：通过为用户构建体验使其获得享受，通过构建虚拟数字人（Avatar）使用户能够表达，同时通过构建工具和 3D 模型使其他开发者、创造者能够在 Roblox 上进行开发和创造。

Roblox 根据开发者和创造者社区的收入以及用户在体验中的参与度来衡量他们使用 Roblox 的情况。随着平台规模的扩大，开发者和创造者获得了更多收益，这反映了平台的货币化程度不断提高，并推动对开发者和创造者构建高质量内容的激励。

Roblox 平台有支持共享体验的基础技术和基础设施，平均每天有 3 110 万名活跃用户。Roblox 希望建立一个安全的赛博空间。Roblox 平台不容忍违反规则的内容或行为，系统的运行建立在安全和文明的基础上，并应用于每一位体验者。

Roblox 经济体系使开发者和创造者能够通过 Roblox 产生收入。当用户注册 Roblox 时，他们可以创建 Avatar，并免费探索绝大多数体验。大多数免费体验允许用户通过从 Avatar 市场购买特定体验的增强以及诸如服装配件和表情符号等项目来消费 Robux（Roblox 中使用的虚拟货币）。Roblox 目前向开发者和创造者提供四种机制来赚取 Robux。第一，销售获得经验和增加其体验的机会；第二，基于参与度的报酬，奖励开发者在 Roblox 的高端用户上花费的时间；第三，在开发者之间销售内容和工具；第四，通过 Avatar 市场向用户销售内容。已赚取的 Robux 存入开发者和创造者的虚拟账户，他们可以通过开发者交换计划将 Robux 转换为他们选定的真实世界的货币。

（二）Meta 的元宇宙转型

2021 年 10 月 28 日，Facebook 宣布改名为 Meta，原来 Facebook 旗下的所有应用程序和技术都将整合到这个全新的公司品牌下。业界普遍认为，Meta 已经开启从社交媒体平台向元宇宙生态的全方位转型。

1. 全方位转型的战略布局

Meta 主要是从硬件、社交、内容和虚拟货币等四个层面对元宇宙进行布局。第一，硬件终端方面。Meta 早在 2014 年就收购了 VR 公司 Oculus 并在 2020 年 10 月发布了 Oculus Quest2，不仅提升了设备的分辨率与刷新率，而且大幅提升了续航能力并降低延时，一经推出就引爆市场。第二，社交方面。Meta 除通过自身的社交媒体平台增加 Oculus 的社交体验机会外，同时打造了 Facebook Horizon 提升 VR 社交。第三，内容方面。在社交领域，Meta 推出了基于 VR 硬件终端的系列社交应用 Horizon；在游戏领域，公司正在与《亚利桑那阳光》（*Arizona Sunshine*）研发商 Vertigo Games 合作开发 5 款 VR 原生新游戏。第四，虚拟数字货币方面。Meta 是目前几个在元宇宙布局较广的科技巨头中唯一拥有虚拟数字货币的公司。其 diem 虚拟数字货币（曾被称为"Libra"）与美元挂钩，由传统资产支撑，运行在 Meta 的区块链中。但 2022 年 2 月，Meta 转让了该虚拟数字货币项目，这也引发了人们对元宇宙金融的反思。

2. Meta 打造元宇宙的规划

Meta 的目标是连接世界上的每一个人，给他们"与任何人分享任何东西"所需要的工具。

2021年，扎克伯格接受 The Verge 采访时首次公开谈论其元宇宙发展规划。第一，AR/VR 只是元宇宙的一部分，扎克伯格认为它类似于具象化的社交平台；第二，元宇宙是 Facebook 的下一步发展方向，5 年后将从社交公司转型为元宇宙平台；第三，元宇宙将带来全新的工作形式、机会和虚拟经济，未来将有数百万人在元宇宙中工作；第四，元宇宙不是一家公司开发的一种产品，而是由企业、政府、非营利组织、开发者和创作者等多方构建的；第五，未来元宇宙将不只包括游戏娱乐、AR/VR，还将打通个人电脑（PC）、移动设备等平台和场景；第六，元宇宙让网络交互更加自然、更具存在感；第七，VR 办公是 AR 眼镜办公之前的过渡；第八，Meta 将致力于推动开放的元宇宙生态。

（三）微软的元宇宙布局规划

微软的元宇宙发展布局体现在硬件、应用和游戏三个方面。

第一，微软发展元宇宙的硬件布局。微软董事长兼 CEO 纳德拉（Nadella）在接受 Bloomberg 电视台的采访时表示，公司旗下的视频游戏设备 Xbox（微软开发的游戏设备）未来将专注于将元宇宙融入他们设备上的游戏。此外，微软还专门开发了 AR/VR 相关设备，称为 HoloLens，是一副由微软开发和制造的混合现实智能眼镜。如今已经迭代至第二代。

第二，微软计划通过推出两个新产品发展元宇宙：第一个产品名为 "Dynamics 365 Connected Spaces"。这个产品提供了一个全新视角，帮助管理者深入了解客户在零售商店、员工在工厂车间等空间内的移动和互动方式，以及如何在混合工作环境中优化健康及安全管理。人们能够通过人工智能驱动的模型和观察数据，在零售商店，工厂车间等任何空间进行交互。它允许用户造访虚拟重现的现实商店与场景。第二个产品名为"Mesh for Microsoft Teams"，将在微软现有的 Teams（线上会议）功能之上，加入一个名为 Mesh 的混合现实的功能，允许不同位置的人们通过生产力工具 Teams 加入协作，召开会议、发送信息、处理共享文档等，共享全息体验。该功能也允许人们使用个性化的 3D 头像，体验沉浸式的空间。它主要面向普通用户，虚拟体验协作平台 Mesh 直接植入现有产品 Microsoft Teams 中将提高用户的虚拟体验感。第二个产品的最终目的是将 HoloLens 与会议和视频通话功能结合起来。

第三，微软的游戏布局。2022 年 1 月 18 日，微软宣布将收购游戏开发商动视暴雪，交易价格将达 687 亿美元。微软称，此次交易将助力公司移动、PC、主机及云端的游戏业务加速增长，同时将为元宇宙建设奠定基石。微软游戏业务主要通过 Xbox 硬件以及相关内容实现增长。近年来，微软积极通过内容并购、跨平台、云游戏、GamePass 等策略组合应对激烈的竞争。截至 2021 年 9 月，微软 Xbox 生态旗下的游戏数量约为 100 款，GamePass 用户 2 500 万人。而动视暴雪拥有全球最大的游戏玩家群体。根据微软披露的数据，截至 2021 年 9 月，动视暴雪全球月活跃用户超过 4 亿人，同时动视暴雪拥有主机、PC 以及移动等多平台产品。

（四）英伟达的元宇宙探索

相比社交网络、游戏巨头、软件巨头，NVIDIA（英伟达）的产品定位是元宇宙硬件最底层：GPU、AI 和 Omniverse。Omniverse 平台是英伟达过去二十多年软、硬件技术的集大成者，是英伟达创建元宇宙数字化虚拟空间的技术平台底座。

2021年11月9日，英伟达在2021年GPU技术会议（GTC 2021）上，宣布了要将产品路线升级为"CPU+GPU+DPU"的"三芯"战略，① 同时，将其新发布的"全宇宙"（Omniverse）平台定位为"工程师的元宇宙"。Omniverse是英伟达开发的虚拟协作的开放式平台。它基于Pixar的通用场景描述技术，具有较高的物理虚拟引擎，专为虚拟协作和物理级准确的实时模拟打造，并由NVIDIA RTX技术提供动力支持的实时协作。

Omniverse具有五大应用场景。第一，建筑、工程和施工：应用于行业初始概念设计、竞争与客户演示、全球协作以及快速设计评审阶段。第二，媒体和娱乐：应用于行业概念设计评审、供应商沟通、生产线机器人的AI训练和模拟、庞大的交互式工厂布局数据集阶段。第三，制造业：应用于行业初始概念设计、加快迭代设计速度和实时生成每日样片、全球协作以及虚拟制作阶段。第四，超级计算：应用于行业从不同来源导入素材、实时模拟平台、同时渲染2D和3D几何图形、发布电影级视觉效果产品等阶段。第五，游戏开发：帮助游

---

① CPU，即中央处理器（Central Processing Unit），作为计算机系统的运算和控制核心，是信息处理、程序运行的最终执行单元。GPU，即图形处理器（Graphics Processing Unit），善于处理图像领域的运算加速，是一种专门在个人电脑、工作站、游戏机和一些移动设备（如平板电脑、智能手机等）上做图像和图形相关运算工作的微处理器，属于支持人工智能发展的硬件，由CPU进行控制调用才能工作。DPU，即数据处理器（Data Processing Unit），为高带宽、低延迟、数据密集的计算场景提供计算引擎；作为CPU的卸载引擎，释放CPU的算力到上层应用；成为新的数据网关，将安全隐私提升到一个新的高度；成为存储的入口，将分布式的存储和远程访问本地化；成为算法加速的沙盒，成为最灵活的加速器载体。

戏开发者更快地将游戏推向市场、管理扩展的资源库、简化 3D 角色动画并重新定义视频游戏叙事。

Omniverse 将推动数字孪生技术应用，并已有如下领域及具体案例。第一，制造业：宝马数字工厂。宝马的虚拟数字化工厂基于英伟达 Omniverse 平台打造，该实时模拟和协作平台软件由英伟达开发，基于英伟达 GPU 架构。第二，自动驾驶汽车：Drive Sim。NVIDIA Drive Sim 是一款端到端仿真平台，从头开始构建，可运行大规模、物理上精确的多传感器仿真。第三，机器人：Isaac Sim。由 Omniverse 提供支持的 NVIDIA Isaac Sim 是一款可扩展的机器人仿真应用程序和合成数据生成工具，可为照片级真实感、物理精确度的虚拟环境提供支持，以开发、测试和管理基于 AI 的机器人。第四，超算中心：NVIDIA IndeX。NVIDIA IndeX 是一种立体可视化工具，支持用户通过交互方式可视化整个数据集并加速收集更深入见解的过程。用户可以随时更改彩色地图来突出数据的细微属性，查看整个时间系列的横截面，并利用环境光遮蔽和阴影等功能来检查数据的关键组件。

二、对元宇宙与元宇宙系统的认知

（一）元宇宙的定义

元宇宙是一个复杂的概念。近年来，元宇宙已经超越了斯蒂芬森 1992 年提出的沉浸式三维虚拟世界的概念，还包括物理世界中的对象、参与者、界面和网络等方面，这些方面构成了虚拟环境并与之交互。对元宇宙的理解可从这两个方面开始：第一，虚拟增强的物理现实；第二，具有物理性质的持久的虚拟空间。元宇宙是两者的融合。

元宇宙不是单一的、统一的实体，而是由多种相互加强的方式组成的，虚拟化和 Web 3.0 的工具和对象被嵌入我们的环境中的任何地方，并成为我们生活中的持久特征。这些技术的设计取决于潜在的利益、投资和客户兴趣。

随着时间的推移，我们现在在互联网 2D 空间进行的许多活动将迁移到元宇宙的 3D 空间。这并不意味着大部分网页都将变成 3D 的，我们需要在 3D 空间中阅读网页内容。这意味着随着新工具的发展，我们将能够在适当的环境下智能地对 2D 空间和 3D 空间进行网格划分，以利用各自的独特优势。

虽然"网络"在技术上指的是一组特定的协议和在线应用程序，但这个术语已成为在线生活的简写。元宇宙可能会有同样的二元性：既指一组特定的虚拟化和 3D 网络技术，也指我们看待在线生活的标准方式。与网络一样，元宇宙不等于整个互联网；但与网络一样，元宇宙被许多人视为互联网最重要的组成部分。

元宇宙的大发展将塑造许多目前看来与互联网无关的技术领域的发展。在制造业中，3D 环境为快速原型制作、定制和分散生产提供了理想的设计空间。在物流和运输领域，空间感知标签和实时世界建模将带来新的效率、洞察力和市场。在人工智能领域，虚拟世界为自主机器行为的开发和测试提供了低风险、透明的平台，其中许多也可用于物理世界。这些只是基于早期元宇宙技术的未来发展的样本。为了更好地了解未来的变化，建议不要将元宇宙仅视为虚拟空间，而是将其视为物理世界和虚拟世界的结合。

(二)元宇宙的两大维度与四个世界的划分与修订

为了构建元宇宙的场景集,选择两个可能影响元宇宙展开方式的关键维度:一是从增强到模拟的技术和应用范围;二是从内在(以身份为中心)到外部(以世界为中心)的范围。其中,"增强"是指为现有真实系统添加新功能的技术。这意味着将新的控制系统和信息分层到对物理环境的感知上的技术。"模拟"是指模拟现实(或平行现实)的技术,提供全新的环境。这意味着提供模拟世界作为交互轨迹的技术。内在技术关注个人或物体的内在身份和行为。这意味着用户(或半智能对象)在环境中具有代理权的技术,通过使用化身/数字简档或通过作为系统中的参与者直接出现。外部技术向外聚焦,面向全世界。这意味着提供关于用户周围世界的信息和控制的技术。元宇宙未来有四个关键组成部分,包括:虚拟世界、镜像世界、增强现实和生活记录(见图1-1)。

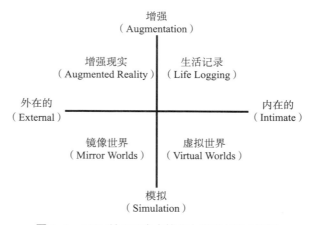

图1-1 ASF关于元宇宙的两大维度与四个世界

资料来源:ASF

虚拟世界越来越多地增加了物质世界的经济生活和社会生活。许多虚拟世界和物理世界的区别将在未来被削弱。镜像世界是信息增强的虚拟模型或物理世界的"反射"。它们的构建涉及复杂的虚拟地图、建模和注释工具、地理空间和其他传感器，以及位置感知和其他生命记录（历史记录）技术。在增强现实中，元宇宙技术通过使用位置感知系统和接口，在我们对世界的日常感知之上处理和分层网络信息，从而增强个人的外部物理世界。在生活记录中，增强技术记录并报告对象和用户的内在状态和生命历史，以支持对象和自我记忆、观察、通信和行为建模。对象生活记录维护对物理对象的使用、环境和条件的叙述。用户生活日志允许人们对自己的生活进行类似的记录。对象生命记录与 AR 场景重叠，并且都依赖于 AR 信息网络和无处不在的传感器。

四个场景中的三个——镜像世界、增强现实和生命记录——在未来几年都将大大提高公共透明度。在用户同意的情况下，也将提高私人透明度。安全、隐私、欺诈预防以及保护用户和记录用户的公民自由将是持续关注的问题。

ASF 从增强与模仿、内在与外部等四个方面、两个维度将元宇宙分为虚拟世界、镜像世界、增强现实和生活记录等四类。事实上，在元宇宙的虚拟世界分类中，可以将镜像世界和虚拟世界调整为镜像空间（Mirror Spaces）和虚拟空间（Virtual Spaces），因为世界（World）一词通常指全部、所有、一切。一般来讲世界指的是人类赖以生存的地球。世界由概念世界和物质世界组成，概念世界包含所有生命对客观世界的认知以及为记录认知而存在的事物的总和。当"世界"一词用到虚拟世界时，已经从通常的"世界"含义下降了一层。元宇宙的虚拟世界作为与数字化的虚拟世界并列的词语时,在元宇宙中再用虚拟世界必然引起概念的混淆。因此,将元宇宙的虚拟世界概念化时,宜用空间(Space)代替。此外,真实世界与传承(Real world and inheritance)是元宇宙虚拟世界的支点,不管是增强现实,还是生活记录;不管是镜像空间还是虚拟空间,都以此为出发点。随着元宇宙的发展,真实世界与传承世界会发生衍化,即元宇宙对真实世界与传承世界的冲击或真实世界与传承世界的主动变革(见图1-2)。

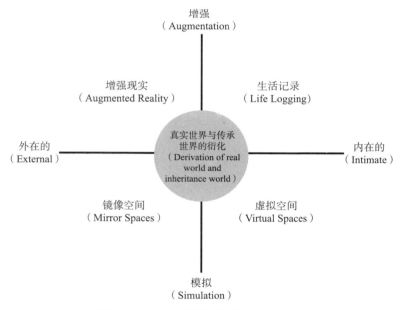

图1-2　元宇宙虚拟世界的维度与分类修正

资料来源:西财全球金融战略实验室

在真实世界之中,或者说在真实世界之外,还存在着一个人类的传承世界,主要是人类的知识体系的传承。事实上,在元宇宙的发展中,真实世界和传承世界一样会衍化。真实世界与传承世界的衍化基于网络平台和数字化。真实世界的衍化是在数字化革命基础上更好地促进真实世界的发展，包括促进真实世界进一步的数字化发展。传承世界和元宇宙的虚拟世界不一样，它是一个体系，随着网络平台和数字化的发展，传承世界也日益数字化，成为数字化虚拟世界的有机组成部分，却是最有价值的核心部分。传承世界的衍化，尤其是向元宇宙的发展，解决的是人与传承世界的距离问题，尤其是人与传承世界的理解与掌握问题，更重要的是人对传承世界的再创造和发展问题。

因此，在元宇宙的衍化中，真实世界的衍化和传承世界的衍化都非常重要。传承世界的衍化的重要性要高度重视，因为它可以促进科技和知识创新，从某种程度上讲，这也是部分学者所说的数字原生的核心内容。

（三）元宇宙的五大特征

元宇宙拥有五个最重要特征：沉浸感、内容创造、社交、经济系统和开放性。

第一，沉浸感。VR设备的进步可以带来超越现实的体验。让人们真正感受到自己活在元宇宙中，这样的沉浸感和端游、手游、主机游戏让玩家在手机、电脑或主机屏幕前获得的游戏的沉浸感完全不一样，是设备和内容的双重叠加的沉浸感。

第二，内容创造。用户在元宇宙中的自由创造很重要。首先，专业内容创造（PGC）的供给永远无法赶上用户消耗内容的速度，只有充足的用户原创内容（UGC）才能满足内容消耗的需求。其次，用户创造是元宇宙的基础，创造产生了数字资产，资产产生之后出现交易，交易促进了经济系统的诞生，而经济系统在元宇宙中也至关重要。

第三，社交。人是社会动物，这是与生俱来的特征，所以就像在现实世界中，人与人之间需要打交道，在元宇宙世界中同样如此。人类的社交网络经过几个时代的变化，从最早期的在互联网上使用虚拟身份进行社交，到后来人们以真实身份进入互联网，真实的社会关系逐渐渗透进社交网络。元宇宙被认为是新一代的社交网络体系，在元宇宙中每个人都会有自己的虚拟形象，真实世界的社会关系将会近乎完全地被代入元宇宙世界中，以更沉浸更立体的形式展现。

第四，经济系统。经济系统是社会的基础，在元宇宙中创造出来的数字资产离不开衡量和评价价值属性的经济系统。而元宇宙想要实现与现实世界的互通，也必须具备独立的经济系统，以及可以与现实货币置换的虚拟货币。这一经济系统需要具有安全性、保证公平、所有人均可参与，区块链技术的发展为其构建提供了合理的解决方案，使得元宇宙中的价值归属、流通、变现和虚拟身份认证等成为可能。

第五，开放性。如同物理世界的探索是开放和自由的，元宇宙也是去中心化的、开放的。元宇宙的开放性体现在两个方面：一是允许各类用户加入并自由活动，二是向第三方开放内容接口，允许第三方自由地添加和丰富内容。用户是元宇宙构成的根本，开放包容每一位用户是元宇宙搭建的基础。

未来元宇宙将会把虚拟世界集合起来，实现更大规模的人群在元宇宙世界中同时在线、自由创作、获得经济报酬，伴随着计算机设备、云技术、宽带、VR/AR、脑机接口等技术的更进一步发展，人们在元宇宙中将会获得更沉浸的体验，内容创造也会不局限于游戏，社交也会拥有更多样的形式。最终，元宇宙将会成为一个可以满足马斯洛提出的人类五大需求中，除生理需求外的，包括安全需求、爱与归属需求、尊重需求、自我实现需求在内的与现实世界相互影响和交织的虚拟世界。

(四) 元宇宙的六大技术

元宇宙技术基础可以用"大蚂蚁"（BIGANT）来概括："B"指区块链技术（Blockchain），"I"指交互技术（Interactivity），"G"指电子游戏技术（Game），"A"指人工智能技术（AI），"N"指网络及运算技术（Network），"T"指物联网技术（Internet of Things）。BIGANT可以说集数字技术之大成。

第一，区块链技术。区块链技术是支撑元宇宙经济体系的基础。通过分布式账本、智能合约、共识机制等区块链技术，元宇宙去中心化的清结算平台和价值传递机制得以建立，保障价值归属与流转。区块链通过提供元宇宙基础的组织模式、治理模式、经济模式所必需的技术架构，能解决身份和经济问题。通过非同质化代币、支付和清算系统、去中心化组织（DAO）、智能合约和去中心化金融等区块链技术和应用，将激发创作者经济时代，催生海量内容创新。基于区块链技术，将有效打造元宇宙去中心化的清结算平台和价值传递机制，保障价值归属与流转，实现元宇宙经济系统运行的稳定、高效、透明和确定性。

第二，交互技术。交互技术分为输出技术、输入技术。输出技术包括头戴显示器、触觉、痛觉、嗅觉等各种电信号转换于人体感官的技术。输入技术包括摄像头、位置传感器、力量传感器等。复合的交互技术还包括各类脑机接口，这也是交互技术的终极发展方向。在交互技术中，VR/AR/MR将成为元宇宙重要的基础设施。人眼分辨率为 16 K，这是没有窗纱效应的沉浸感起点。如果想要流畅平滑真实的 120 Hz 以上刷新率，即使在色深色彩范围都相当有限的情况下，1 秒的数据量就高达 15 GB。元宇宙的移动设备要实现端侧引擎、端侧智能、端侧 16 K 的支持，还要有光追、3D 渲染、透视等，五年之内很难出现这种算力水平的系统级芯片[①]。还有很多交互技术问题需要进一步解决，比如空间感知、动作捕捉、面部捕捉、眼球捕捉，同步定位与建图，头部动显延迟、操作响应时延、肢体动显延迟的改善，需要传感器、算法算力、引擎、操作系统、显示等协同改善，复杂场景、高精度、3D、高分辨率下的时延和渲染问题更为突出。

第三，电子游戏技术。这既包括与游戏引擎相关的 3D 建模和实时渲染，也包括与数字孪生相关的 3D 引擎和仿真技术。前者是虚拟世界大开发解放大众生产力的关键性技术，要像美图秀秀把图像处理的专业门槛下降到普通民众都可以进行一样，只有把复杂 3D 人物事物乃至游戏下降到大众都能做，才能实现元宇宙创作者经济的大繁荣。后者是物理世界虚拟化、数字化的关键性工具，同样需要把门槛大幅下降到普通民众都能操作的程度，才能极大加快真实世界数字化的进程。这里最大的技术门槛在于仿真技术，即要使得数字孪生后的事物必须遵守物理定律、重力定律、电磁定律、电磁波定律，例如光、无线电波，必须遵守压力和声音的规律。电子游戏技术与交互技术的协同发展，是实现元宇宙用户规模爆发性增长的前提，前者使内容极度丰富、后者打造沉浸感。与 Roblox 类似的 UGC 平台是目前最接近元宇宙概念的游戏品类，其兼具强社交性、强开放性、内容创作

---

① 系统级芯片（System on Chip，SoC），也称"片上系统"。

功能和闭环经济系统，但在沉浸感方面有所欠缺。

第四，人工智能技术。人工智能技术在元宇宙的各个层面、各种应用、各个场景中无处不在。包括区块链里的智能合约、交互里的 AI 识别、游戏里的代码人物物品和情节的自动生成、智能网络里的 AI 能力、物联网里的数据 AI 等，还包括元宇宙里虚拟人物的语音语义识别与沟通、社交关系的 AI 推荐、DAO 的 AI 运行、各种虚拟场景的 AI 建设、各种分析预测推理等。

第五，网络与计算技术。网络与计算技术不仅是指传统意义上的宽带互联网和高速通信网，还指包含 AI、边缘计算、分布式计算等在内的综合智能网络技术。网络已不再只是信息传输平台，而是综合能力平台。云化的综合智能网络是元宇宙最底层的基础设施，提供高速、低延时、高算力、高 AI 的规模化接入，为元宇宙用户提供实时、流畅的沉浸式体验。云计算和边缘计算为元宇宙用户提供功能更强大、更轻量化、成本更低的终端设备，比如高清高帧率的 VR/AR/MR 眼镜等。5G 和 6G 具有高速度、低功耗、低时延特点，在目前智能设备、可穿戴设备越来越多地接入互联网的趋势下，也让人们的生活更快进入智能时代。未来，VR/AR/MR 作为元宇宙的重要入口，需要有低延迟的移动通信技术作为技术支撑，才能够满足用户随时接入、低延迟的需求。同时，元宇宙离不开算力的支撑，尽管云计算已经走过了十年的历程，但是随着物联网的快速发展，数据传输量的增大，信息传输延时，数据安全性等问题日益凸显，边缘计算、云计算的作用也日益凸显。

第六，物联网技术。物联网技术既承担了物理世界数字化的前端采集与处理功能，也承担了元宇宙虚实共生的虚拟世界去渗透乃至管理物理世界的功能。只有真正实现了万物互联，元宇宙才能进入虚实共生的阶段。

（五）元宇宙结构演进：一体化

ASF 关于元宇宙虚拟世界、镜像世界（与数字孪生相近）、增强现实和生活记录的四分法，可以看作从个体角度对元宇宙的划分。韩国学者李时韩在《元宇宙新经济》一书中，提出了现实和虚拟现实的二分法：元宇宙就是虚拟现实中的若干个宇宙。现实是元宇宙中诸多宇宙之一：元宇宙包括现实和若干个虚拟宇宙。他认为，ASF 对元宇宙的四种分类是为了接纳初期的元宇宙，而这些分类的界限正在逐渐消失，将四种类型一体化、综合化才是将来最可能的发展趋势，元宇宙的终极形态将会用到这四种分类，但会诞生一个适用新法则的宇宙，如同在地球上出生、在现实世界生活一样。

Roblox 对元宇宙的定义是与现实世界对应的虚拟世界（见图 1-3），实际上仍然属于虚拟世界与现实世界的二分法，尽管将元宇宙定义为虚拟世界，但这个虚拟世界是与真实世界交互的虚拟世界，并且满足相应的特征，而元宇宙本身是多个不同类型的宇宙构成的虚拟世界。

元宇宙可能要经历三个阶段：数字化不断发展而形成的虚拟世界、广泛的虚拟世界的参与者虚拟数字人、虚实共生世界。未来 10 年到 15 年，人类会生活在虚实共生元宇宙世界。[①]

[①] 赵国栋，易欢欢，徐远重. 元宇宙[M]. 北京：中译出版社，2021.

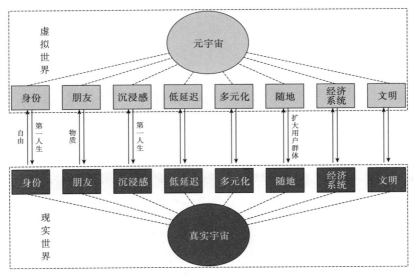

图1-3 Roblox定义下元宇宙与真实宇宙的交互

资料来源：Roblox官网

三、对元宇宙概念和元宇宙系统的新认知

前文对元宇宙系统从定义到技术系统，从两个维度到四个世界，从其特征到超越现实的技术的论述，初步定义了元宇宙系统。但是对于一个新生事物的认识容易出现两个极端：一是极度抬高新生事物，忽略了其与现实世界的真实关系；二是极度否认新生事物，而忽略了新生事物可能给现实世界带来的重大影响。正确认识元宇宙系统在于恰当地将元宇宙定位，说明其与现实世界的正确关系。

（一）元宇宙的"元"

元宇宙是一个复杂的概念，但也是一个诞生不久的概念。Metaverse

由 Meta（元）和 Universe（宇宙）两个词构成。Meta 这个词在哲学上应用得比较普遍，元哲学（metaphilosophy）、元语言（metalanguage）、元学科（metadisciplinary）、元数学（metamathematics）、元科学（metascience）和元理论（metatheory）等概念在 20 世纪六七十年代盛行一时。尽管 Meta 一词在希腊语中有"在……之后或超出"的意思，元哲学等系列概念中的元表达"超出"的含义，因此，元宇宙应该表达的是超出宇宙的宇宙，即超出现实世界的（虚拟）世界，但又具有世界的一般特征。

事实上，围绕着现实（Reality，R），有着虚拟现实（Virtual Reality，VR）、增强现实（Augmented Reality，AR）、混合现实（Mixed Reality，MR）、扩展现实（Extended Reality，XR）和替代现实（Sub-stitutional Reality，SR）等技术或思维。但无论如何，所有的技术或思维都在说明与现实的关系，现实是所有技术或思维的核心（见图 1-4）。

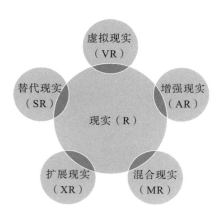

图 1-4　元宇宙技术与现实的关系示意

资料来源：西财全球金融战略实验室

第一，虚拟现实（VR）是一种沉浸式体验，也称为计算机模拟现实。它是指计算机技术使用现实耳机来产生真实的声音、图像和其他感觉，复制一个真实的环境或创建一个虚构的世界。

第二，增强现实（AR）是实时、直接或间接改变用户所看到的真实物理环境，其元素（如声音、视频、图形或GPS数据）通过计算机生成并对感官进行增强（或补充）。

第三，混合现实（MR）是真实世界和虚拟世界的融合，目的是产生真实对象和虚拟对象实时交互的新可视化环境。

第四，扩展现实（XR）是新添加的术语。扩展现实是指利用虚拟技术和可穿戴设备产生的所有人机交互和环境的组合。

第五，替代现实（SR）是混合现在和过去的影像，打造实际不存在的人物或事件，让使用者将虚拟空间认作实际空间的一种技术。

（二）虚拟世界的分类

有人将"虚拟世界"分为广义、较广义和狭义三种。

广义"虚拟世界"指相对于"物理世界"，具有一定规模及结构、可在其自身设置下自成一体的类似物理世界的体系，是人为设计的、抽象的、"世界级"的一类体系，包含于物理世界，但仅在物理世界中具有客观载体和接口，而其内容没有具体的客观存在，需要由大脑或某种媒介具象后才可被认知的世界。

较广义"虚拟世界"指运用计算机技术、互联网技术、卫星技术和人类的意识潜能开发，或形成的独立于现实世界、与现实世界有联系、人们通过虚拟头盔和营养舱以意识的形式进入类似于地球或宇宙的世界。较广义"虚拟世界"不仅包含狭义的虚拟世界的内容，而且还指随着计算机网络技术的发展和相应的人类网络行动的呈现而产生的一种人类交流信息、知识、思想和情感的新型行动空间，它包含了信息技术系统、信息交往平台、新型经济模式和社会文化生活空间等方面的广泛内容及其特征，所以较广义"虚拟世界"是一种动态的网络社会生活空间。"虚拟世界"是一个不同于现实世界的由人工高科技技术如计算机技术、互联网技术、虚拟现实技术等所创造的一个人工世界。

狭义"虚拟世界"指由人工智能、计算机图形学、人机接口技术、传感器技术和高度并行的实时计算技术等集成所生成的一种交互式人工现实，是一种能够高度逼真地模拟人在现实世界中的视、听、触等行为的高级人机界面。

事实上，这种三分法可能未必恰当。核心在于缺乏对虚拟世界的根本认识。虚拟世界是从人的意识和想象创造出来的，早期人的意识和想象就构成了原初的虚拟世界，或称极狭义"虚拟世界"或"元虚拟世界"；人的劳动与创造、意识与想象相结合，对真实世界（包括自然界和社会界）的改造，是原初虚拟世界与真实世界的结合，这种结合一直在持续。在信息时代，出现了以计算机和网络为基础的虚拟世界，即以数字化为特征的虚拟世界，使原初的虚拟世界具备了直接、直观、形象的特点，也有助于提升社会的整体效率，但并没有替代原初虚拟世界（人类进步的原点，还在于原初虚拟世界），并更进一步演变为元宇宙的虚拟世界，具备了更直接、更直观、更形象的特点。因此，从虚拟世界的发展来看，虚拟世界可以分为原初虚拟世界、数字化虚拟世界（简称"数字世界"）和元宇宙虚拟世界（简称"元宇宙"）三种。

(三)虚拟世界与真实世界的演进

原初虚拟世界既是从个人出发的极狭义的虚拟世界,也是由个人汇聚的社会万象和思想的极广义的虚拟世界。数字化虚拟世界是较广义的虚拟世界,元宇宙虚拟世界是狭义的虚拟世界。事实上,个人具有从原初虚拟世界向数字化虚拟世界和元宇宙虚拟世界发展的趋势,但个人的原初虚拟世界仍然独立于数字化虚拟世界和元宇宙虚拟世界而存在,并成为与社会和自然界相互作用的科技与文化的创造源泉,更成为数字化虚拟世界和元宇宙虚拟世界应用于社会和自然界的动力源泉。社会组织也是如此。事实上,个体和社会组织的原初虚拟世界核心在于想象力和创造力,是需要教育和自我培养的。也就是说,社会组织及其功能、自然界的改造,科技发展与基础设施也是这样被创造出来的,虚拟世界的演进和虚拟世界的应用,也都以原初虚拟世界的想象和创造为基础。不仅如此,在原初虚拟世界中不断发展的科技与基础设施基础上,数字技术不断引领和发展了数字虚拟世界和元宇宙虚拟世界,元宇宙技术(本质上也属于数字技术)和数字技术再递次作用于相应的虚拟世界和真实世界(见图1-5)。

从历史的发展来看,在数字化革命的推动下,早期虚拟世界、中期虚拟世界和后期虚拟世界的发展逐步扩展,对社会和自然界的影响也日益加深,其产生的科技和文化也推动着社会的进步和发展,促进着人类对自然界的认识和改造(见图1-6)。事实上,早期虚拟世界可大致对应于原初虚拟世界,中期虚拟世界可大致对应于数字化虚拟世界,后期虚拟世界可大致对应于元宇宙虚拟世界。

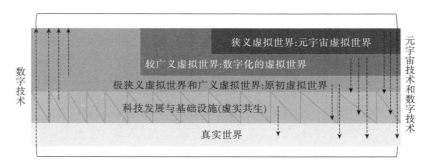

图1-5 真实世界与虚拟世界的结构与动力

资料来源：西财全球金融战略实验室

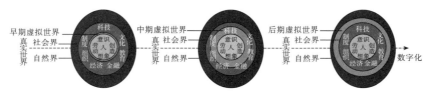

图1-6 真实世界与虚拟世界的衍化发展

资料来源：西财全球金融战略实验室

因此，元宇宙可以看作由数字技术推动的数字化革命。它基于现实世界的人与社会、技术与设备、电力、互联网与移动通信、货币，在数字化进程中衍化出虚拟世界，但同时又带动现实世界的数字化革命，也促进现实世界与虚拟世界的交互提升。因此，虚实共生与衍化不是元宇宙的一种形态，而是元宇宙的一种必然规律，是以数字化为基础动力的必然发展趋势。

第二节　流行的元宇宙金融基石：元宇宙经济

一、元宇宙的价值链与趋势

元宇宙有着独特的价值链、相关的商业模式和发展趋势，应该大力推进元宇宙平台的发展。

（一）元宇宙的价值链

2021年4月，研发工具商Beamable公司创始人乔什·拉德诺（Jon Radoff）在他的博客中详细分析了元宇宙市场的价值链，即构建元宇宙从体验场景到底层技术的七层模型，分为：体验（experience）、发现（discovery）、创作者经济（creator economy）、空间计算（spatial computing）、去中心化（decentralizition）、人机交互（human interface）、基础设施（infrastructure）。更重要的是，他还提出了由创作者支撑、建立在去中心化基础上的未来元宇宙愿景（见图1-7）。

（二）元宇宙产业的相关商业模式

元宇宙的产业商业模式强调了三个方面。

第一章 流行的元宇宙金融概论：支点、基石和内核

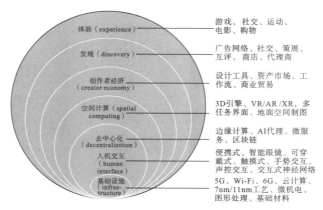

图1-7 Jon Radoff关于元宇宙的七层价值链

资料来源：Medium

1. 内容创作者是驱动元宇宙发展的主要动力

元宇宙首先需要通过互联网驱动，所以消费者数量对元宇宙来说是非常核心的指标。元宇宙不是零和游戏，而是无限游戏，除了通过买卖虚拟游戏物品获利，用户还可通过内容生产或数字服务进行虚拟货物产权交易，再通过虚拟货币资产化获得实际利益。未来在元宇宙里内容创作者是驱动经济发展的主要动力（见图1-8和图1-9）。

项目	完全自生产（PGC）	自生产+二次生产（PUGC）	玩家生产（UGC）
特点	厂商自建平台所有内容，玩家参与互动　GTA	以类"超市"的形式，既有自由，也有外部产品　Fortnite　Minecraft	平台提供market place，所有玩家自由生产交易　Roblox
创作	强中心化——平台是唯一生产方，高故事完整性，低自由度	弱中心化——平台与用户共同生产，具备基本故事性，高自由度	去中心化——纯用户生产，平台维护用户，完全主导
核心能力	工业化——平台具备极强的内容生产与创作能力	延展性——平台与用户生产内容的协同以及较强的可拓展性	生产激励——对创作者提供激励，反哺更好的内容生产
成本控制	高成本——平台需要庞大的研发团队，研发时间较长	中成本——相对完全自制，部分内容可通过外部创意降低部分成本	极低成本——对平台提供基础能力、创作者激励，独立开发者制作，成本主要为给创作者的分成

图1-8 元宇宙生产内容分类

资料来源：行行查研究中心

2. 元宇宙游戏产业的盈利模式

对于元宇宙企业或厂商而言，游戏仍是盈利方式之一：元宇宙发展的初级阶段，必然以游戏平台作为虚拟与现实世界的链接。因此，游戏平台将成为前期游戏发行商的一个重要盈利点。以 Roblox 为例，玩家通过线上付费、游戏付费，付费模式可分为直接购买与月卡订阅，所获利润由游戏开发商、游戏平台、推广渠道与游戏发行成本等分配。游戏分成属于较为传统的盈利方式（见图 1-10）。

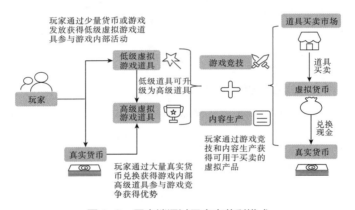

图 1-9　用户端通过元宇宙获利模式

资料来源：行行查研究中心

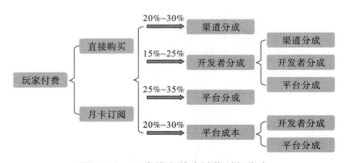

图 1-10　玩家线上游戏付费利润分成

资料来源：Roblox

3. 元宇宙的多类新型盈利模式

除游戏外，元宇宙打造多类新型盈利模式。第一，元宇宙创造虚拟世界，未来平台存在游戏与社交相结合的趋势，这意味着平台方可通过提供相应的社交服务如利用独家技术进行 AI 服务支持，以此获利。第二，进入元宇宙需要配备相应硬件设备，企业可通过出售配套 AR/VR 等硬件设备创造收入。第三，企业可通过社交打造一个全新元宇宙生态系统，形成独立的商业闭环，促进玩家内容生产打造全新的元宇宙商品，并利用元宇宙链上宣传、营销等方式进行收费。第四，企业可通过发放数字货币或利用数字货币交易收取铸币税等相关手续费用，用户基数越大盈利越多（见图1-11）。

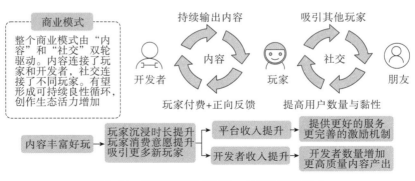

图 1-11 元宇宙厂商"内容+社交"商业模式

资料来源：行行查研究中心

（三）大力推进元宇宙平台的发展

聂辉华、李靖认为现阶段的元宇宙可以理解为一种不完全契约的世界，并可以由此构建一个不完全契约理论模型来分析元宇宙的秩序，着重解决的是元宇宙平台之间的互联互通合作方式问题，并根据元宇宙的不同发展阶段确认最优的互联互通合作方式，可以给出大力推进元宇宙平台发展的政策建议。

他们根据互联互通的程度得出四种模式：诸侯国模式、联合国模式、大一统模式和区块链模式。主要结论是：第一，无论是考虑互联互通的投资，还是考虑社会总福利水平，区块链模式都优于联合国模式，后者又优于诸侯国模式；第二，相对于大企业，小企业更愿意在互联互通方面投资；第三，当互联互通的收益比较低时，两个企业组成一个小的元宇宙比三个企业组建一个大的元宇宙能够带来更多的利润。[①]

目前应该鼓励元宇宙平台做大做强，加强互联互通，并争取制定国际规则的主导权，具体体现在三个方面的政策建议。首先，不同的发展有不同的元宇宙最佳模式。在元宇宙发展的初期诸侯国模式最佳，在元宇宙发展的中期大一统模式最佳，在元宇宙发展的成熟阶段区块链模式最佳。其次，推动元宇宙平台产业大力发展，关键是推动区块链技术落地，提高元宇宙平台企业之间的协调效率，并且鼓励元宇宙企业均衡发展。最后，鼓励国内元宇宙平台做大，并利用中国网民数量大、数字经济发达的优势，进一步走出国门，争取元宇宙的国际规则主导权。

二、元宇宙的数字孪生与镜像世界

元宇宙要素对传统产业数字化发展的推动作用十分重要。数字孪生组织（DTO）可能是企业数字化转型的最终目标，[②] 而数字孪生与

---

① 聂辉华，李靖. 元宇宙的秩序：一个不完美契约理论的视角［J］.产业经济评论，2022（2）.

② 游戏与元宇宙（下）——拉动上游产业发展并引领传统产业数字化转型，https://blog.csdn.net/qq_31985307/article/details/122021000. 上网时间2023年2月10日，全书下同。

镜像世界紧密相关。

（一）数字孪生概述

1. 数字孪生的定义

数字孪生（Digital Twin）由密歇根大学的麦克尔·格里夫斯（Michael Grieves）提出，最开始被定义为"信息镜像模型"，而后被称为"数字孪生"。21世纪初，美国和德国提出了网络-物理系统（Cyber-Physical System，CPS）作为先进制造业的核心支撑技术。CPS目标就是实现物理世界和信息世界的交互融合，通过大数据分析、人工智能等新一代信息技术在虚拟世界的仿真分析和预测，以最优的结果驱动物理世界的运行。数字孪生的本质就是在信息世界对物理世界的等价映射，因此数字孪生恰当地诠释了CPS，成为实现CPS的最佳技术。2012年，美国国家航空航天局（NASA）称数字孪生是指充分利用物理模型、传感器、运行历史等数据，集成多学科、多尺度的仿真过程，它作为虚拟空间中对实体产品的镜像，反映了相对应物理实体产品的全生命周期过程。

数字孪生最大的认知突破就在于物理世界中的实体与数字世界中的孪生体相互映射、相互影响，也就是说，数字孪生体是一起工作的。物理世界中的实体的主要功能是采集数据，并传输给数字世界中的孪生体。数字孪生体汇集数据，做出关联分析，给出具体的动作指令。物理世界中的实体，接收指令，并执行相应的动作。在这个过程中，实体进一步采集数据，并将数据传输给孪生体。或者也可理解为，数字世界的孪生体的主要功能是分析和决策，而物理世界中的实体的主要功能是接收指令和执行动作。

2.数字孪生的标准体系

数字孪生的标准体系共有六个关键点：第一，基础共性标准，包括术语标准、参考架构标准、适用准则三部分，为整个标准体系提供支撑。第二，数字孪生关键技术标准，包括物理实体标准、虚拟实体标准、孪生数据标准、连接与集成标准、服务标准五部分，用于规范数字孪生关键技术的研究与实施，保证数字孪生实施中的关键技术的有效性，破除协作开发和模块互换性的技术壁垒。第三，数字孪生工具/平台标准，包括工具标准和平台标准两部分，用于规范软硬件工具/平台的功能、性能、开发、集成等技术要求。第四，数字孪生测评标准，包括测评导则、测评过程标准、测评指标标准、测评用例标准四部分，用于规范数字孪生体系的测试要求与评价方法。第五，数字孪生安全标准，包括物理系统安全要求、功能安全要求、信息安全要求三部分，用于规范数字孪生体系中的人员安全操作、各类信息的安全存储、管理与使用等技术要求。第六，数字孪生行业应用标准，考虑数字孪生在不同行业/领域、不同场景应用的技术差异性，在基础共性标准、关键技术标准、工具/平台标准、测评标准、安全标准的基础上，对数字孪生在机床、车间、工程机械装备等具体行业应用的落地进行规范。

（二）从数字孪生到镜像世界

数字孪生在很大程度上即是镜像世界，或者说数字孪生的目的就是建设组织的镜像世界。根据埃森哲《技术展望（2021）》，镜像世界的崛起是由领导者推动的，他们正在构建庞大的互联智能双胞胎网络，包括整个工厂、产品生命周期、供应链、港口甚至城市的生活模型。他们将数据和智能结合在一起，既能代表数字空间中的物理世界，又能应对更大的挑战。建立数字孪生是企业走向镜像世界的第一步。领导者们正在将数据和智能结合起来，创造一个灵活、互联的未来。

通往镜像世界的道路，有三件事需要考虑：第一，你能释放数据的力量吗？第二，你能自由实验吗？第三，你能看到大局吗？①

（三）数字孪生组织：数字化转型的最终目标

1. 数字孪生组织

由反映组织运作的软件模型和源源不断的各类数据构成的整体就是数字孪生组织，即用数字模型表示企业如何构造、运营和发展，包括：第一，为企业建模，如战略、组织、流程、支持运营的技术；第二，添加实时运营数据，如市场份额、资源成本、技术生命周期、绩效；第三，可视化和分析，如投资重点、成熟度、合规；第四，更改，决策关键是分析影响，并敏捷计划；第五，改善模型，不断检查质量并改进。

2. 数字化转型成功标志：DTO 的建成

企业的数字化转型，需要将企业相关的各类角色和角色之间相互作用的过程全部数字化。具体包括客户、员工、合作伙伴、供应商和消费者等。数字化之后，企业可以形成其数字资产，综合利用各种数字技术，完成数据采集、挖掘和分析，形成业务决策，从而为客户创造价值。

---

① 曹钟雄.元宇宙——数字经济的全球新一轮产业布局和科技博弈［Z］.澎湃新闻. 2022-01-05.

客户应该获得全新的体验，服务需要满足五个标准：一是实时（RealTime），自动驾驶的服务，甚至要求响应的实时性达到毫秒的级别；二是按需（On-demand），这是个性化的基础，可以实现千人千面的定制品；三是完全在线（All-online）；四是服务自助（DIY），用户自助服务，可以帮助自身加速业务创新，也可以提升用户的参与感；五是社会化（Social），企业可以为用户群体提供分享经验、使用心得、吐槽的社交平台，从而形成固定的粉丝群体，给用户归属感，增加用户黏度。具备元宇宙特征的游戏就是可视化的 DTO。

第三节　流行的元宇宙金融内核：元宇宙金融

一、元宇宙金融的当前认知

加密投资机构 Outlier Ventures 的"MetaFi：元宇宙的去中心化金融报告"创造了元宇宙金融（MetaFi）一词，将元宇宙金融定义为元宇宙的去中心化金融。① 此外，安德鲁·斯坦沃德（Andrew Steinwold）关于 NFT 的流行商业模式的文章，也是对元宇宙金融的思考。②

---

① BAERISWY J，BURKE J，MORALES R, et al. MetaFi：DeFi for the Metaverse［Z/OL］. https://outlierventures.io/wp-content/uploads/2021/12/OV_MetaFi_Thesis_V1B.pdf.
② STEINWOLD A. 简述 NFT 流行商业模式：DeFi 治理代币与收入分成等［Z/OL］. https://andrewsteinwold.substack.com.

（一）MetaFi 的定义与框架

1. MetaFi 的定义

MetaFi 是一个全方位的术语，指的是使 NFT 和同质化代币（及其衍生品）实现复杂的金融互动的协议、产品和/或服务。例如，如今通过 MetaFi，个人可以使用 NFT 的碎片部分作为 DeFi 借贷平台的抵押品。

为了理解 MetaFi，必须首先强调让 DeFi 得以推行的两个核心原则：（1）不可阻挡性；（2）可组合性。这两个原则作为开发者的一种"货币乐高"，加起来可以形成一个高度创新的平行金融系统。

世界各地的开发商可以公开参与和竞争，以提供最高的收益率。同时，监管机构只能限制它们监管的基于法币的系统与 DeFi 的交互方式，但不一定能限制 DeFi 自身的运作方式（只要项目及其团队本身充分去中心化）。

MetaFi 通过非同质化和同质化代币的混合，结合新颖的社区治理形式，如去中心化自治组织（Decentralized Autonomous Organization，DAO），①将这些 DeFi 原则带到了更广泛的元宇宙。这些不同的加密货币的组合使得一个成熟的平行经济成为可能，在未来十年内为加密货币生态系统带来数亿乃至数十亿的用户。MetaFi 的五个关键趋势会加速这一过程：第一，金融工具的开放；第二，一切金融化；第三，DAO 服务的改进；第四，风险的相互作用；第五，金融的游戏化。

---

① 有时也将去中心化自治组织称为 Decentralized Autonomous Corporation，简称为 DAC。

2. 元宇宙需要加密技术

元宇宙首先是一个经济系统，元经济体（Meta-Economy）的地位可以高于任何一个数字经济、虚拟世界或游戏，而这些应该被视为元宇宙中的单个例子，或者说是其中一个子宇宙（Verse）。事实上，在足够长的时间内，当元经济的综合 GDP 超过国家的 GDP 时，相比基于法币的经济，它也将享有更高的优势。至少开放元宇宙是开放和无须许可的元经济的一个版本，可以通过加密技术来实现。而在如今没有其他元经济的情况下，元宇宙需要加密技术，加密技术就是元宇宙。

人们可以通过两个主要概念来理解元宇宙：一是界面层。终端用户可以通过各种硬件和软件技术来体验元宇宙，如桌面浏览器、移动应用程序或 XR/VR/AR。二是金融计算层。执行元宇宙计算的地方，可以建立一个去中心化、透明和民主的基础，决定终端用户基于何种经济逻辑操作进行商品、服务和货币的交换，开发者可以在此基础上建立元宇宙。

元宇宙中的任何数字领域都必须基于 Web3.0 技术，以便在元宇宙的各个领域（或垂直领域）提供基本的产权、互操作性和无须权限的价值转移。

由于去中心化和无须许可的性质，元宇宙的创新速度无人可比，传统系统很难跟上。因此，特别是在 DeFi 的背景下，元宇宙有可能在国家监管机构的管辖范围之外，或者至少是在国家监管机构开始管辖之前蓬勃发展。

另外，元宇宙代表一种非正式经济，其产品通常是数字市场的商品，可能出现在传统市场，也可能不出现在传统市场。

促进元宇宙增长的 DeFi 组件将在全球范围内实现前所未有的金

融包容性。此外，元宇宙中的经济活动将促进代际间的财富转移，造福未来的几代人，能够包容数字原住民、数字创意人、数字打工人、游戏玩家和音乐家等拥有数字价值的个人，而这样的价值目前还不被传统金融体系所承认。

3. MetaFi 的框架

元宇宙的开放框架主要由三个部分组成：（1）0层、1层和2层作为基础；（2）DeFi；（3）宇宙（应用）（见图1-12）。

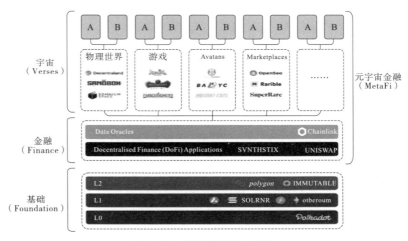

图1-12　开放的元宇宙框架

资料来源：BAERISWY J, BURKE J, MORALES R, et al. MetaFi：DeFi for the Metaverse

第一，基础部分，由标记为0层、1层和2层的核心框架（或协议）组成，比如Polkadot、以太坊和Polygon。这些核心框架由于具有共享应用逻辑和安全性，所以允许在其之上构建应用程序。同时，它们还具有统一的通信层（分别通过执行和共识获得许可，但也包括桥梁和类似的跨链技术），所以可以实现横向价值转移。

第二，DeFi，由小型金融应用组成，可在上述核心协议中使用，这些应用可以称为"货币乐高",被认为是无人能挡的应用,并通过智能合约实现复杂的金融动态化。

第三,宇宙,由一组领域或平行宇宙组成,构成了元宇宙的整体。虚拟世界等垂直领域必须在兼容性和自由价值转移的基础上与基础层连接起来。

元宇宙中的 DeFi(以及在此基础之上的 MetaFi)出现在垂直和水平部分的交叉点之间。这是特定领域的资产(主要是 NFT)与同质化组件(基础和金融)互动之处。从本质上讲,MetaFi 是一种发生在同质化和非同质化交汇处的现象。

(二)MetaFi 的 Web3.0 与活动集合

1. Web2.0 面临的困境

如今,有数十亿美元的价值被困在专有的网络平台,如社交媒体(Facebook、Instagram 或 TikTok)或游戏(Fortnite 和 Roblox)上。

Web2.0 积极地按计划建立了"护城河",由此尽可能长时间地捕获这些资金和用户,以便尽可能多地提取"终身价值",为股东带来利益。通常来说,Web2.0 公司的运作原则是股东至上,甚至或尤其是以牺牲用户的利益为代价。

Web2.0 数字平台存在着较大的局限性:第一,有限的包容性;第二,动态条款和条件;第三,孤立的设计。

2. MetaFi 中的 Web3.0 的应用

相比之下,在由加密货币、DeFi 和 NFT 组成的 Web3.0 世界中,整个范式都围绕用户和他们的主权展开:他们的身份、数据和财富。在 Web3.0 中,甚至数据本身也可以是数字财富和收入的一种形式。

从 Web3.0 的早期成功可以发现，当"护城河"被移除、可转让性成为可能时，人们会在他们喜欢的平台上花费更多的时间和金钱，如区块链游戏 *Axie Infinity*。长期而言，元宇宙及其平台将采用 Web3.0 的技术和原则。

3. MetaFi 的活动集合

垂直领域的数量及其各自的定义将随着元宇宙的发展而不断变化，存在着一些新兴的核心活动集合。

第一，虚拟世界。虚拟世界是以社交、商业或游戏为目的的数字空间，可能模仿也可能不模仿现实世界及其物理现象。当模仿时，它们通常包括以 NFT 为代表的稀有元素，这些元素可以自由购买、交易和构建。

第二，游戏。可以将游戏定义为主要用于娱乐的数字活动。元宇宙中的游戏的与众不同之处在于，它们通常包含了边玩边赚①（Play-to-Earn，PTE）的元素，即用户因其对游戏的贡献而获得代币报酬，这就产生了整个游戏内经济，资本与劳动相连，产生价值。

第三，头像。头像是专门为用户创造独特的数字身份而设计的，包括在各种元宇宙空间中可互用的 3D 头像，并经常作为生成性的简介头像项目（Profile Picture Projects，PFP）而大量制作。PFP 可以理解为著名的社交俱乐部，在其项目的基础上用同质化代币加强 NFT，通常包括治理权等功能。

第四，装备。装备是可以在元宇宙中展示的数字物品。目前在游戏中最有价值，但在不久的将来会扩展到其他元宇宙类别。越来越多

---

① 参见 https://outlierventures.io/research/understanding-p2e-2-0-axie-infinity-deep-dive。

的设计师品牌正在使用 NFT 来开拓全球 27 亿游戏玩家的市场。玩家现在可以拥有由顶级时尚品牌设计的独特皮肤，并在网上向数百万人展示他们的品位。

第五，市场。市场是匹配供应和需求的数字场所，能够让我们发现更多的 NFT，促进交易。像 OpenSea、Superrare 和 Rarible 这样的平台允许用户自由交易和直接发行 NFT。由此，这些 NFT 就可以作为金融资产使用。细分功能允许通过其高价值的 NFT 分割成同质化代币后按比例拥有，从而获得流动性。

第六，产生收益的 NFT。NFT 可以通过两种方式产生收益——间接或直接。间接产生收益包括使用 NFT 作为贷款的抵押品，然后以更高的利率对贷款的资金进行再投资。一个持续的趋势是 NFT 项目会增加一个本地代币，进而为 NFT 增加了另一个产生收益的元素。

第七，访问代币。既可以是同质化代币，也可以是非同质化代币，可以让持有者获得各种形式的价值，通过接近某个社区，特定的人或未来铸造的代币的形式。

上述类别并不是单独发挥作用的，在很多情况下是重叠的。例如，像 *Axie Infinity* 这样的边玩边赚的项目的用户可以持有能够产生收益的 NFT，并且还能将其转移到其他游戏中。同样，还有一些已经成功建立的加密协议（以同质化代币为中心）推出了 NFT 作为互动方式，例如 Gitcoin 出售 NFT 用于资助数字公共产品。在不久的将来会有更多上述类别的组合以及全新 MetaFi 类别的创建。

（三）MetaFi 的新工具 NFT

1. DeFi 协议中的 NFT

在 2021 年初 NFT 艺术爆发之前，即像加密朋克和无聊猿等蓝筹 NFT 出现之前，以及区块链游戏类别边玩边赚游戏取得突破性成功之前，NFT 通常比同质化代币的流动性更差，可以用在 DeFi 协议中作为一种抵押形式的保证。DeFi 和 NFT 的结合已经开始在 MetaFi 中发挥作用了。

为创作者阶层而生且由创作者所产生的同质化和非同质化社交代币的相互作用，已经大大降低了对中介机构的需求，人们能够获得创作者或社区特许权的份额。社交代币现在的总价值约为 11 亿美元[①]，并且还在不断增长。

2. NFT 的流行商业模式

目前流行的 NFT 商业模式大致可以分为直接销售模式、DeFi 模式和复杂模式等三种。

其中，NFT 的直接销售模式包括直接向用户出售 NFT 模式、二级市场交易手续费模式和游戏内部经济中的交易费模式。在 NFT 领域，来自游戏内部的交易费用仅占整个经济体的一小部分，因此公司很难从中获得可观的收入。但是，一旦 NFT 发展壮大，坐拥数百万用户，这种类型的交易费用可能会对企业营收产生重大影响。

---

① 参见 https://www.coingecko.com/en/categories/social-money。

(四) MetaFi 的局限性与未来

1. MetaFi 需要克服的局限性

MetaFi 的现状仍然面临着几个需要克服的局限性,由此才能带来广泛的接受度。

第一,NFT 评估。为了能够购买、出售或以 NFT 为抵押借款,持有者需要知道他们的 NFT 的价值。NFT 金融(NFTFi)解决了这个问题,用户可以在 NFTFi 网站上列出他们的 NFT 作为抵押品,贷款人会根据自己眼中这些 NFT 的价值,向借款人提供贷款。评估基本上是由贷款人完成,而非无利害关系的第三方。

第二,碎片化相关的法律和管理问题。目前,如果将一个 NFT 分成 100 份,并将其分配给不同的人,且该 NFT 带有投票权或收益权等权利,如何管理这些权利的机制还不是很清楚。

第三,跨区块链的标准。当前元宇宙已经不再只是建立在以太坊上,它还建立在 0 层或 1 层区块链上,这些区块链还没有达到 100% 的可互相操作性,这意味着价值无法互通在短期内是不可避免的。

为了充分解锁 DeFi 对元宇宙的价值,需要 NFT 能够很容易地插入 DeFi 协议中,例如 NFT 需要能够被交易、借入、借出、反借,虽然 DeFi 目前只适用于同质化代币,但连接 NFT 和 DeFi 的新方法正在探索中。具体而言:

第一,NFT 的碎片化。这意味着将非同质化代币划分为许多同质化代币。人们可以把碎片部分看作 NFT 所有权中的一份股权。例如,模因(meme)创造者可以使用资产创造平台来创造 meme,将其碎片化为高度同质化的代币,并使用 Unsiwap 等 DeFi 去中心化交易所

（DiFi DEX）进行交易。值得注意的 NFT 碎片化项目包括 Fractional 和 DAOFi 等。

第二，DeFi 的 NFT 化。这意味着升级 DeFi 协议，使其能够接受 NFT 作为一种抵押品。例如，创建者可以在虚拟世界中创建资产，并将其作为抵押品在 Centrifuge 或 Pragmafy 等平台上借款。

第三，NFT 作为衍生品。创建一系列流动的数字资产，其价值将取决于链外资产、游戏中的物品、社会资本等的价值；这些数字资产以 NFT 的形式表示，并可能与数据指令相连，以确定其形态。例如，数字艺术家可以创造艺术，创造一个 NFT 衍生品，并用它作为抵押品在 Synthetix 上铸造合成资产，如稳定币、合成黄金或股票。

元宇宙金融指的是使非同质化代币和同质化代币（及其衍生品）产生复杂的金融互动的协议、产品和（或）服务。它包括区块链空间的基本构成部分（如作为 0 层、1 层和 2 层的基础）、DeFi 栈和各种宇宙。MetaFi 继承了 DeFi 协议的两个核心特征：不可阻挡性和可组合性。它的发展受到一些关键趋势的推动，如风险的相互化、金融的游戏化、金融工具的发展和 DAO 服务栈的改进。

2. MetaFi 的未来

预计在短期到中期内会看到以下发展。

第一，不同的 MetaFi 类别的组合和全新类别的创建，例如用户在虚拟世界中创建游戏，拥有自己的经济体或产生非同质化资产，如装备或头像。

第二，MetaFi 项目用户体验/用户界面的改善，可能会加入 VR 元素。为了让 MetaFi 真正取得成功，它需要让普通百姓得到更广泛的了解以及更完美的体验。

第三，DeFi2.0 的进一步创新会转移到 MetaFi 上，类似于在 Olympus DAO、Alchemix 上看到的创新，这需要更好的解决方案来解决 NFT 的碎片化问题，特别是有关法律和治理的问题，以及 DeFi 的 NFT 化。

第四，基础技术（比如 1 层）的改进，这些改进将降低交易费用、提高用户人数、实现扩展，整体而言，使访问区块链协议上的应用程序变得更容易。

二、对元宇宙中虚拟货币地位的反思

国际货币基金组织和国际清算银行等关于数字货币和加密资产的系列讨论文章，就数字货币与加密资产的定义、机遇、挑战、风险和监管等进行了讨论。加密资产的繁荣给金融稳定带来新挑战。[1] 随着加密资产站稳脚跟，各国监管机构需要加大监管力度。两种类型的央行密码货币（Central Bank Cryptocurrencies，CBCC）——零售和批发，将其与现金和储备等其他形式的央行货币区分开来。[2] 国际货币基金组织新系列金融科技报告的发布，从数字货币的兴起分析了科技公司如何加强与大型银行和信用卡公司的竞争。随着电子货币的使用不断增加，监管机构需要关注消费者保护和整个支付系统的稳健。[3] 加密

---

[1] DRAKOPOULOUS D, NATALUCCI F, PAPAGEORGIOU E. Crypto Boom Poses New Challenges to Financial Stability [R]. IMF, 2021-10-01.

[2] BECH M, GARRATT R. Central bank cryptocurrencies [R]. BIS Quarterly Review, 2017.

[3] DOBLER M, GARRIDO J, GROLLEMAN D J, et al. Monetary and Capital Markets and Legal Departments [R]. IMF, 2021-12-15.

货币的分散信任模式限制了它们取代传统货币的潜力。^①下面笔者对元宇宙中加密货币的地位和作用做一个分析。

（一）货币之花的加密货币

支付和市场基础设施委员会（CPMI）2015年发布的一份关于加密货币的报告^②试图为使用相同技术出现的比特币和altcoins（比特币的替代品）所代表的新货币类别提供定义。该报告指出了加密货币的三个关键特征：电子化、不是任何人的负债、具有点对点交换功能。加密货币利用分布式账户（DLT），在缔约方之间缺乏信任的情况下，允许远程对等传输电子价值。通常，货币的电子表示形式（如银行存款）是通过中央基础设施进行交换的，在中央基础设施中，可信的中介机构清算和结算交易。这些特征中的一些——但不是全部——也适用于其他形式的货币。大多数商品货币（如金币），也可以点对点的方式进行转移，但其既不是任何人的负债，又不是电子货币。现金是点对点的，但它不是电子的，是中央银行的负债。商业银行存款是发行银行的负债，现在也以电子形式存在，并以集中的方式在给定银行的账簿中或通过中央银行在不同银行之间进行交换。中央银行数字货币（CBDC）早期也称为央行密码货币。在货币经济学中以原始方法描述货币的分类，识别了零售和批发两种类型的央行密码货币，将其与现金和储备等其他形式的央行货币区分开来（见图1-13）。

---

① SHIN H S. Cryptocurrencies: looking beyond the hype [R]. V of BIS Annual Economic Report, 2018-06-17.
② 该报告的标题是数字货币，但也指出，此类方案也通常被称为"加密货币"，反映了加密技术在其发行与交易验证中的应用。

Bech 和 Garratt 建立了一个新的货币分类法。发行人（中央银行或其他）、表格（电子或实物）、无障碍（通用或有限）和传输机制（集中或分散，即点对点）。这种分类法反映了实践中出现的情况，并区分了两种潜在的 CBCC 类型——中央银行发行的和点对点的。其中一个面向公众（零售 CBCC），另一个仅面向金融机构（批发 CBCC）。四个椭圆形被称为货币之花，显示了两种潜在的 CBCC 类型如何融入整体货币格局（见图 1-14）。

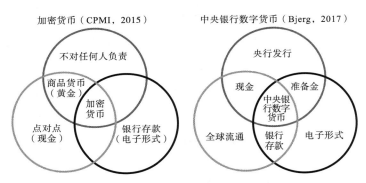

图 1-13 货币新形式的两种分类法

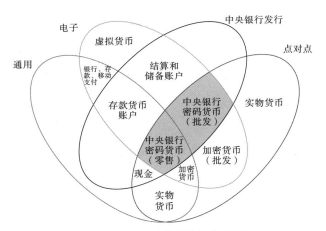

图 1-14 货币之花（货币的分类）

原则上有四种不同的中央银行电子货币：两种 CBCC（阴影区）和两种中央银行存款。最常见的央行存款形式是商业银行持有的存款，通常被称为结算账户或准备金。另一种形式至少在理论上是公众持有的存款，即存款货币账户（DCA）。到目前为止，中央银行通常选择不提供 DCA。

非中央银行发行的通用货币形式包括（私人创建的）加密货币、商品货币、商业银行存款和移动货币。加密货币与 CBCC 类似，因为只有一个属性不同。其他三种货币形式被删除得更多，因为它们是实体货币或"非点对点"货币。许多其他形式的货币并非普遍可用。如图 1–14，实物货币，即可以在参与组织的特定地理位置使用的货币，填充在花朵的右侧花瓣上。左上角的花瓣包含虚拟货币，即 ECB 所称的"由开发者发行并控制的电子货币，在特定虚拟社区的成员中使用和接受"。也有可能出现私营部门批发版的加密货币。它将通过分布式账本以点对点的方式转移，但只能在某些金融机构之间转移。

（二）货币之树上的加密货币

"货币树"（Money Tree）概念，是将数字货币放到货币体系中研究的一种有用方法。[1] IMF 在 2021 年 9 月发布了同样题目的报告，指出快速的技术创新正在开启一个公共和私人数字货币的新时代，在效率和包容性方面带来重大好处。为了获得充分的利益和管理风险，世界各地的当局必须应对新的政策挑战。[2]

---

[1] The Rise of Digital Money（imf.org），2019-07-15.
[2] The Rise of Digital Money（imf.org），2021-07-15.

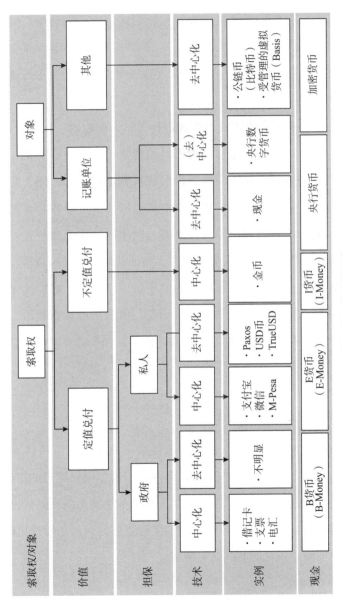

图1-15 货币树示意

资料来源：IMF

Tobias Adrian 等人借用了 Bech 和 Garratt 在货币经济学中植物类比的原始用法，用一个简单的货币树概念框架来比较和对比不同的支付方式和货币种类。突出支付方式的四个属性：类型、价值、支持和技术（见图 1-15）。[①]

（三）对元宇宙的经济系统和货币体系的反思

对元宇宙的经济系统和货币体系反思如下。[②] 首先，元宇宙不是用来重新定义娱乐行业的，而是辅助现实世界的一种工具。元宇宙的核心价值是"与现实世界的连接"，它无法像纯娱乐版本的虚拟世界一样，彻底脱离现实，必须考虑现实世界的法币如何与设计的元宇宙连接的问题。同时，一定要考虑到现实存在的各国政府和法币的管理体系会如何影响虚拟货币的问题。其次，就算元宇宙真的实现，也很难做到前期投入巨大建设底层网络的公司不把虚拟资产中心化地管理起来。所以元宇宙可能很长时间都难以实现真正的去中心化，成为没有国家民族政府边界的、不受寡头跨国公司控制的、理想化的、通用的虚拟货币系统。追求这样形式的元宇宙，反而可能阻碍了元宇宙的发展。最后，在整个区块链应用中，NFT 借助了智能合约技术，确保了虚拟数字资产的确权和利益分配机制，不一定必须使用完全去中心化的加密货币，也能使用在法币体系之内的加密货币。正如区块链技术的优点和价值也可以被应用于发行数字法币一样，并不一定非要使用比特币或以太坊。

---

① BECH M, GARRATT R. Central bank cryptocurrencies [J]. BIS Quarterly Review, 2017-09.
② 许怡然. 我怎么看元宇宙和游戏行业的未来（上）[Z]. 2021-10-18.

(四) 虚拟货币的脉络

数字货币可以分为三大类：私人数字货币、主权数字货币（法定数字货币）和超主权数字货币（国际法定数字货币）。[1]事实上，不能简单地从货币角度将数字货币分为私人数字货币和主权数字货币，不能被网络空间的话语性权力诱导。央行数字货币与数字货币有着绝对的界限，核心要从货币本身的差别出发。

虚拟货币是指非真实的货币，但有着在一定范围内的货币支付功能和价值尺度功能，但这种功能本身没有脱离现实的货币计价体系。货币本身是社会广泛和通用的价值尺度，具有公共信用，它本身具有稳定性和流动性，同时货币供给量较为灵活。因此，虚拟货币还没有成为广泛和通用的价值尺度，而其中的非央行的数字货币反而成了暴涨暴跌的资产，使用范围也极为有限，因而只是称谓上被称为货币，但并非事实上的货币。

当虚拟货币应用于一定范围内的支付时，它实际上是一种代币。虚拟货币可分为中心化的代币和去中心化的代币（数字货币）。中心化的代币主要是各平台和商家发放的代币，包括游戏币、阅读币、论坛币、充值卡和购物卡等，如百度公司的百度币，腾讯公司的Q币、Q点，盛大公司的点券，新浪推出的微币（用于微游戏、新浪读书等），侠义元宝（用于侠义道游戏），纹银（用于碧雪情天游戏），等等。现在已经广泛出现了游戏币与道具交易平台，可以货币或代币进行交易。去中心化的代币包括同质化代币和非同质化代币两种。同质

---

[1] 熊建宇.数字货币的前景展望[J].时代金融，2020（31）：34-36.

化代币主要是指数字货币,大致可以分为加密数字货币和稳定币两大类,而加密数字货币又可以分为比特币、山寨币、特定行业加密货币和平台币等,稳定币也有很多种类,全球存在着众多的数字货币交易平台。非同质化代币指各种不同价值的数字资产,但可以用于交换或投资(见图1-16)。当然,在部分平台的游戏中,数字货币也称为可交换代币。

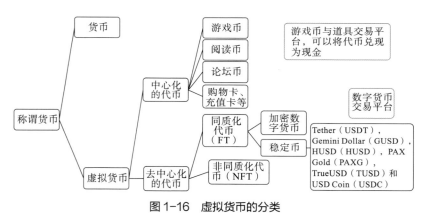

图1-16　虚拟货币的分类

资料来源:西财全球金融战略实验室与北京睿信科信息科技有限公司

(五)确立法币体系在元宇宙中的重要地位

对于货币的权力特质其实不需要重复,因为由加密货币、加密资产、非同质化代币等构成的去中心化金融,就起源于加密朋克和赛博朋克的互联网世界的权力构想,本身就是对法定金融体系的挑战。

元宇宙中数字货币是多余的。数字货币平台、加密货币和加密资产至少到目前为止并不是元宇宙平台,去中心化金融也并未在元宇宙中发展。但当元宇宙游戏概念诞生之后,这些要素都被添加上去了,并且向非同质化代币发展。实际上,元宇宙中只要有中心化代币即可，不需要去中心化的同质化代币和非同质化代币，其对元宇宙生态没有什么实质性的影响。从货币发展史的角度来看，在一定治理范围内的货币尺度必须单一化，否则必然会出现系统性风险。目前的货币体系已经较为完善了，且随着电子货币和中央银行数字货币的诞生，货币体系正在进一步完善之中（见图1–17）。

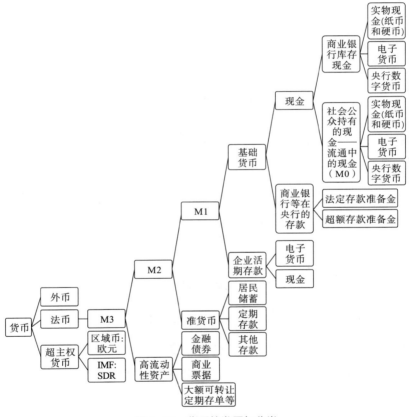

图 1–17　货币的发展与分类

资料来源：西财全球金融战略实验室与北京睿信科信息科技有限公司。

第一章 流行的元宇宙金融概论：支点、基石和内核

衍化的元宇宙金融应该建立自身的核心体系，即以法币为基准的价值尺度的央行数字货币、商业银行电子货币和非商业银行电子货币的多层次货币体系。在这个体系中，私人加密货币、加密资产应该被禁止，但部分某一领域或平台内价格稳定的代币（主要是中心化代币），则在该领域或平台内具有存在价值，行使部分价值尺度的功能，可允许在平台内存在。

因此，衍化的元宇宙货币体系应该是双层一体化货币体系，内层是平台的中心化代币。

第二章

衍化的元宇宙金融支点：数字化革命

衍化的元宇宙可看成数字化的世界。信息化时代的数字技术快速发展，但数据流动受到诸多限制，联邦学习在一定程度上可以帮助解决联合国对数据流动的关切，进一步推动数字化革命，进而推动元宇宙的衍化发展。金融科技的发展推动着金融的数字化革命。元宇宙在金融领域的应用也可看成金融科技的发展，也将进一步推动金融的数字化革命。数字化革命是衍化的元宇宙金融支点。

元宇宙的衍化与虚实共生的元宇宙在某种程度上可等同。数字化虚拟世界的衍化，也可以被看作数字化革命。数字化革命既是虚拟世界发展的基础，又是现实世界发展的基础，也是虚实共生元宇宙世界发展的基础，还是元宇宙应用和发展的基础。联邦学习是深度学习的进一步发展，可以在很大程度上保证隐私和商业机密，并促进数字经济和元宇宙的发展。当然，隐私保护的机器学习技术并非只有联邦学习，但联邦学习是其中重要的技术之一。机器学习技术的进步可能解开难以解开的难题，但如果有人不正当利用机器学习技术，也可能随时回到隐私侵犯或不安全的原点。衍化的元宇宙数字经济将随着数字化革命和联邦学习等相关技术发展而不断发展。金融科技的发展推动了金融数字化革命，元宇宙将进一步推动金融数字化革命，金融数字化革命将进一步推动衍化的元宇宙金融的发展。

第一节　信息化时代的数字化革命

在人类第四次科技革命中,信息化时代不期而至,数字化发展成为必然。人工智能、大数据、云计算、区块链等新技术集群融合发展,推动着技术范式的转变,并与各行各业广泛渗透和融通,成为新工业革命的主要驱动力,数字经济加快发展,信息社会快速形成,数字化革命的进程正在决定未来。

一、第四次科技革命与数字技术革命

每一次科技革命都会引发从产业、财富、制度、金融到全球化的一系列的改变。始于18世纪60年代的第一次科技革命,以蒸汽机的发明为标志,引发了产业革命,使资本家的财富积累,并促进人类社会向资本主义社会发展,正规的商业银行出现了,并引发了殖民地扩张、美洲的殖民地革命和国际贸易网络的形成。始于19世纪70年代的第二次科技革命,以电力、内燃机等为代表,推动了汽车、铁路和飞机等产业革命,推动了资本主义向垄断资本主义发展,并为社会主义革命奠定了物质基础,银行的跨国发展加速,全球化深化,帝国主义国家争夺殖民地的战争加剧,两次世界大战爆发。20世纪40年代和50年代的第三次科技革命,以原子能、计算机和航天技术为基础,推动了计算机、航空航天领域的发展,金融全球化和计算机化逐步推

进，民族国家独立、国际组织和区域化组织出现。20世纪90年代开始的以微型计算机、互联网、手机和生物技术等为核心的第四次科技革命，推动了微型计算机、手机和互联网等信息产业的革命，导致世界出现了以互联网发展为基础的财富革命，金融的科技化发展也在逐步推动，人类命运共同体的建设正在进行。

所有的科技革命都以人为核心，围绕着空间距离和信息距离展开。前三次科技革命以缩短空间距离为主，主要解决的是局部区域发展受到环境影响的问题；第四次科技革命解决的是信息距离问题，伴随着信息技术的发展、互联网技术和移动终端与移动互联网技术的发展和普及而诞生的新的信息与人、人与人、人与物和物与物之间的链接和交互，并随着云计算和大数据支持的发展，人工智能、区块链等技术的充分应用，将进一步重构整个社会。信息技术革命与前三次科技革命最大的不同还在于，它是一个仍然在进行中的革命。

二、数字前沿技术正在快速发展

"前沿技术"是一组充分利用数字化和联通性、结合在一起后能够产生多重倍增效应的新技术。联合国贸易促进委员会的报告中涵盖了11种前沿技术：人工智能、物联网、大数据、区块链、5G、3D打印、机器人、无人机、基因编辑、纳米技术和太阳能光伏。这些技术可以用来提高生产率和改善人民生活。例如，人工智能与机器人技术相结合可以改变生产流程和业务流程；3D打印能够实现更快、更便宜的小批量生产，以及新产品原型的快速迭代制作。总体而言，这11种技术覆盖了3 490亿美元的市场，到2025年，这个市场可能会增长到超过3.2万亿美元（见图2-1）。金融公司已经将这些技术用于例如信贷决策、风险管理、欺诈防范、交易、个性化银行和流程自动化方面。制造业已经将其用于预测性维修、质量控制和人机结合工作。这些技术的许多主要供应商来自美国，美国是主要云计算平台的所在地。中国也是一个主要生产国，特别是在5G、无人机和太阳能光伏技术方面。对于上述技术，美国和中国分别贡献了30%~70%的专利和出版物。

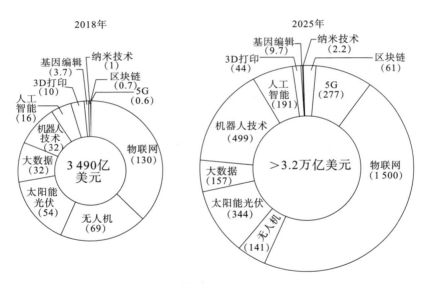

图2-1　前沿技术市场规模估计（按10亿美元计）

资料来源：联合国贸易和发展会议参考了以下作者/来源的预测数据：Froese（2018）、Markets 和 Markets（2018）、Sawant 和 Kakade（2018）、Business Wire（2019）、Chaudhary 等（2019）、Globe Newswire（2019）、Markets 和 Markets（2019）、Market Watch（2019a）、Market Watch（2019b）、Raza（2019）、Tewari 和 Baul（2019）、Wagner（2019）、Mordor Intelligence（2020）

三、前沿技术受到了广泛重视

目前虽然仅有数个国家开发前沿技术,但所有国家都需要为前沿技术的广泛应用做好准备。为了评估各国公平使用、采纳和调整这些技术的能力,联合国贸易和发展会议制定了一个"准备度指数"(见图2-2)。该指数包含五个组成部分:通信技术部署(ICT部署)、技能、研发活动、产业活动和融资渠道。根据这一指数,准备度最佳的国家是美国,其次是瑞士、英国、瑞典、新加坡、荷兰和韩国。一些发展中经济体在这份榜单中的排名也很高,譬如中国排名第25位,俄罗斯排名第27位。准备度指数最低的国家大多数在撒哈拉以南非洲,而且一般都是发展中国家(见表2-1)。排名高的国家大多是发达国家,但也有不少发展中国家表现特别出众,其表现明显优于人均GDP所反映的水平,其中表现最好的是印度,其次是菲律宾。若以该指数中的研发构成部分进行评估,中国和印度表现良好,部分原因是这两个国家拥有大量高技能但相对廉价的人力资源。此外,两国拥有庞大的本地市场,吸引了跨国企业的投资。越南和约旦也表现良好,反映出政府的扶持政策发挥了作用。

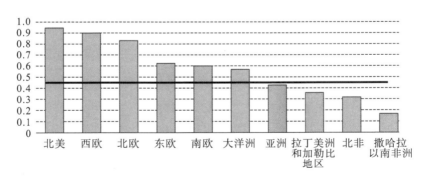

图2-2　按地理区域划分的平均指数得分

资料来源:联合国贸易和发展会议

表 2-1　选定国家对前沿技术的使用、采用和适应的准备情况

国家	总排名	ICT 排名	技能排名	研发排名	产业排名	金融排名
总排名前十名						
美国	1	14	17	2	20	2
瑞士	2	7	13	13	3	3
英国	3	17	12	6	11	14
瑞典	4	1	7	16	15	16
新加坡	5	4	9	18	4	18
荷兰	6	6	10	15	8	23
韩国	7	19	27	3	9	8
爱尔兰	8	24	6	21	1	87
德国	9	23	16	5	10	39
丹麦	10	2	4	25	21	5
部分转型经济体和发展中经济体						
中国	25	99	96	1	7	6
俄罗斯	27	39	28	11	66	45
巴西	41	73	53	17	42	60
印度	43	93	108	4	28	76
南非	54	69	84	39	71	13

资料来源：联合国贸易和发展会议

当然，数字前沿技术还可以从元宇宙的 BIGANT 所代表的六个方面来看。

第二节　联邦学习推动金融数字化革命

数字化革命除包括数字技术的发展外，另一个重要的方向就是数

据流动。只有数据有效流动，数字技术才能有效地利用数据创造出社会效益，促进社会发展。《联合国 2021 年数字经济报告》对数字经济发展的问题提出了建议，尤其强调缺乏数据和数据跨境流动的共识，强调需要形成新的机制以应对全球数据治理挑战，需要付出更大的努力弥合分歧，使数据流动造福所有人[①]。但是，数据流动，尤其是数据跨境流动成为难题，因为涉及数据安全和隐私保护的难题。数据的分割更是限制了数据的使用和创新创造的发展。在数据脱敏交易的思路之外，联邦学习、同态加密等技术异军突起，在一定程度上可以化解联合国关于数据跨境使用的担忧，为数字化革命和数字经济的发展提供了新的想象空间，也为元宇宙的发展带来了更大的可能。

一、联邦学习的背景与定义

联邦机器学习也称联邦学习、联合学习、联盟学习。联邦机器学习是一个机器学习框架，可帮助多个机构在满足用户隐私保护、数据安全和政府法规等要求的情况下，合规进行数据使用和机器学习建模。

（一）数据孤岛和隐私难题

数据是机器学习的基础，但数据也是稀缺资源。在大多数行业中，由于行业竞争、隐私安全、行政手续复杂等问题，数据常以孤岛形式存在。即使在同一个公司的不同部门之间，也存在数据孤岛现象，数

---

① UNCTAD. Cross-border data flows and development：For Whom the Data Flow[R/OL]. https://unctad.org/system/files/official-document/der2021_overview_en_0.pdf.

据集中整合同样面临阻力。在现实中想要将分散在各地、各个机构的数据进行整合几乎是不可能的，或者说所需的交易成本是巨大的。

随着人工智能的发展，重视数据隐私和安全已经成为世界性趋势。每一次公众数据的泄露都会引起媒体和公众的极大关注。同时各国都在加强对数据安全和隐私的保护，欧盟最近引入的新法案《通用数据保护条例》（General Data Protection Regulation，GDPR）表明，对用户数据隐私和安全管理的日趋严格将是世界趋势。要解决大数据的困境，仅仅靠传统的方法已经出现瓶颈。两个公司简单的交换数据在很多法规包括 GDPR 框架下是不允许的。用户是原始数据的拥有者，在用户没有批准的情况下，公司间是不能交换数据的。

（二）联邦学习的诞生

针对数据孤岛和数据隐私的两难问题，多家机构和学者提出解决办法。针对手机终端和多方机构数据的隐私问题，谷歌公司和微众银行分别提出了不同的联邦学习算法框架。谷歌公司提出了基于个人终端设备的联邦学习算法框架，而国际先进人工智能协会（AAAI）[1]学者杨强教授与微众银行随后提出了基于联邦学习的系统性的通用解决方案，可以解决个人（2C）和公司间（2B）联合建模的问题。在满足数据隐私、安全和监管要求的前提下，设计一个机器学习框架，让人工智能系统能够更加高效、准确地共同使用各自的数据。

---

[1] AAAI 是国际 AI 领域最权威的学术组织，历届 AAAI 学者入选者均为人工智能领域公认的著名学者，每年严格限制不超过 10 位（通常是 5 位）入选，因此被誉为国际人工智能领域的名人堂。

二、联邦学习的特点与分类

(一) 联邦学习的特点

虽然联邦学习非常重视隐私保护，但分布式机器学习的最新研究也密切关注隐私保护的分布式系统。分布式处理是在中央服务器的控制下，通过通信网络将不同位置的多台计算机连接起来，使每台计算机承担同一任务的不同部分来完成它。因此，分布式处理主要是为了加快处理阶段，而联邦学习则专注于构建一个没有隐私泄露的协作模型。联邦学习是一种分散的技术，使分散的客户或组织能够自主地训练协作模型，同时保持数据本地化。这种方法可以支持企业组织在不共享任何原始数据的情况下共享协作模型。联邦学习有四个方面的特点。

第一，跨组织场景的通用性。从本质上讲，谷歌提出的联邦学习是一种加密的分布式机器学习技术，它允许参与者建立联合训练模型，但在本地维护基础数据。联邦学习的原始概念被扩展到所有隐私保护分散式协作机器学习技术。因此，在协作学习环境中，联邦学习不仅能够根据样本处理水平分区的数据，而且能够根据特征处理垂直分区的数据。

第二，大规模非同一独立分布。在联邦学习中，数据广泛存在于数以万计的边缘节点或移动设备中。每个节点中的可用数据不得超过节点总数。而在分布式系统中，主要目的是提高并行度，以减轻中央服务器的计算或存储压力。分布式系统中的节点数量无法达到联邦学习的数量级。

第三，分散技术。从严格的技术意义上讲，权力下放并不意味着完全的权力下放。权力下放只会淡化中心节点的意识。没有中心来决定每个客户，每个客户都会影响中心模型。节点之间的影响将通过客户端形成的网络产生非线性关系。

第四，每个节点的地位平等。在这一合作框架内，各方享有平等地位和一定自治权，实现共同繁荣。在传统的分布式协同训练中，谁拥有大量数据，谁就占据了主导地位。因此，对拥有大量数据或带有标签类型图像的组织的偏好可能会对工业领域合作学习的发展产生不利影响。对于深度学习网络中的联合培训，拥有大数据的机构可以操纵预测模型，因此中小型组织没有参与联合培训的动力。

（二）联邦学习的分类

联邦学习有两种分类方式：一是根据数据特点分类，二是根据场景分类。

第一，根据数据特点可分为横向、纵向和迁移等三类。根据训练数据在不同参与方之间的数据特征空间和样本ID空间的分布情况，联邦学习可被分为横向联邦学习、纵向联邦学习、迁移联邦学习。

横向联邦学习，即特征对齐的联邦学习，要求联邦学习的参与方数据具有重叠特征，即数据特征在参与方之间是对齐的，但是参与方拥有的数据样本不同。可根据重合维度进行对齐，取出参与方数据中特征相同而用户不完全相同的部分进行联合训练。

纵向联邦学习，即样本对齐的联邦学习，要求联邦学习参与方的训练数据有重叠的数据样本，即参与方之间的数据样本是对齐的，但是在数据特征上有所不同。纵向联邦学习用户重合较多，根据用户ID进行匹配，取出参与方数据中用户相同而特征不完全相同的部分进行联合训练。

迁移联邦学习（FTL）适用于参与方的数据样本和数据特征重叠都很少的情况。数据孤岛和隐私保护问题是当前机器学习大规模产业化过程中遇到的突出问题，迁移联邦学习是在打破数据孤岛障碍的同时保护数据安全和用户隐私的有效方法。比如，一家医院的一些疾病诊断和治疗信息可以通过 FTL 传输到另一家医院，以帮助其他疾病的诊断。目前 FTL 的研究还在深化中，要使在不同的数据结构下更加灵活仍有很大的增长空间。

第二，根据场景可分为跨设备和跨孤岛等两类。联邦学习根据不同场景可以分为两大类：跨设备和跨孤岛。

跨设备类型着重于整合大量移动端和边缘设备应用程序。比如，谷歌的 Gboard 移动键盘，苹果在 iOS 13 中使用跨设备联邦学习用于 QuickType 键盘和"Hey Siri"的人声分类器等。

跨孤岛类型只涉及少量相对可靠的客户端的应用程序，比如多个组织合作训练一个模型。具体例子包括再保险的财务风险预测、药物发现、电子健康记录挖掘、医疗数据细分和智能制造等。

三、联邦学习在金融领域的应用

金融行业的高度数字化，是目前联邦学习技术落地应用最重要的领域。2021 年 2 月中国人民银行发布的《金融业数据能力建设指引》明确了金融业数据工作的基本原则，从数据战略、数据治理、数据架构、数据规范、数据保护、数据质量、数据应用、数据生存周期管理等方面提出了建设目标和思路，为金融机构开展金融数据工作提供全面指导，并将进一步促进隐私保护技术在金融领域的应用和推广。但是，金融行业的安全关乎国家经济运行稳定与人民财产安全，金融领域对数据的管控更为严格，在实现大规模落地过程中仍面临着各种问题。

在金融应用过程中，联邦学习在数据探查、模型训练以及推理阶段中的跨机构数据协同过程是联邦技术的核心。联邦学习的安全性保证是实现金融领域规模化应用的基础。

联邦学习在金融实践中的应用领域包括：第一，智能风控；第二，联合营销；第三，智慧运营；第四，供应链金融；第五，数据要素交易；第六，生物识别。

四、联邦学习需要关注的问题

虽然联邦学习非常有前景，可以应用于大多数场景，但随着人们继续学习，联邦学习的挑战性问题也暴露出来。这个问题可以分为两大类：一类是联邦学习本身存在的技术问题，另一类是联邦学习相关的隐私与安全问题。

（一）联邦学习应用挑战

联邦学习过程涉及多个客户端上传参数，中央服务器接收本地参数，全局聚合，最后将更新后的参数返回给每个客户端。因此，模型中毒攻击的可能性很高。一旦涉及恶意节点，它们可能会以高度的可信度对输入进行错误分类，从而导致模型中毒。此外，即使每个客户端上传的是本地梯度而不是原始数据，恶意节点仍然有办法从梯度中恢复原始数据的内容。同时，在某些场景中，不同客户机的数据不是独立的、相同分布的，客户机的设备也非常不同。在这些情况下，联邦学习的性能也值得探索。

除模型中毒与相关数据安全问题外，联邦学习具体的应用挑战还包括以下三点。

第一，通信费用。由于发送原始数据可能会导致隐私问题，因此在每个设备上生成的数据必须保存在本地。这使得通信成为联邦学习的瓶颈。为了降低沟通成本，研究人员应该关注两个方面：一是减少沟通轮的总数，二是减少每轮沟通中的信息量。

第二，系统中的异质性。由于人们的设备、网络状态、存储和设备处理能力的不同，计算和通信能力的培训过程也会有所不同。这种异质性的存在加剧了延迟缓解和容错。

第三，统计数据的异质性。由于生成和收集方法不同，来自不同用户的数据很容易异构。

（二）隐私与安全问题

隐私是联邦学习最关心的问题。大多数模型攻击研究都假设攻击者几乎无法访问模型输入，因为训练模型的数据在内部保持机密。然而，当我们考虑现实世界的情况时，我们发现，大多数服务提供商要求用户上传私人数据进行培训。一旦上传结束，用户将失去对数据的控制，他们无法知道数据是如何使用的，也无法主动删除数据。联邦学习通过向每个用户提供局部梯度信息而不是原始数据，在保护隐私方面取得了很大进展。

第一，联邦学习的隐私风险。尽管在联邦训练过程中，患者的私人数据从未从本地存储出来，这可能会缓解隐私问题。然而，该系统不够安全，因为梯度和部分参数的传输可能会导致间接隐私泄露。由于原始数据存在被反向演绎破解的风险。一般攻击类型主要分为以下三类：一是数据中毒攻击；二是模型中毒（也称为对抗性攻击）；三是推断攻击。

第二，联邦学习中的隐私保护技术。间接隐私披露给联邦学习的发展带来了巨大的挑战。潜在的威胁通常来自内部对手和外部对手。内部对手，包括诚实但好奇的聚合者、勾结方和恶意参与者，在培训过程中窃取隐私。诚实但好奇的聚合者意味着服务器将遵守隐私协议，但会尝试探索有关客户端的更多信息。勾结方或恶意参与者不可靠，无法传输错误的更新，也无法从其他良性客户那里了解更多信息。外部对手指的是那些能够窥视中间输出的人或有权访问最终模型的用户。面对这些漏洞，现有的增强隐私保障的方法主要集中在客户端的信息加密或服务器端的安全聚合，以及联邦学习框架的安全保护。

第三节　金融科技的发展与金融数字化革命

根据金融稳定理事会（FSB）的定义，金融科技是基于大数据、云计算、人工智能、区块链等一系列技术创新，全面应用于支付清算、借贷融资、财富管理、零售银行、保险、交易结算等六大金融领域的新应用，是金融业未来的主流趋势。中国金融科技快速发展，

2022年初人民银行发布了《金融科技发展规划（2022—2025年）》，其中包含不少元宇宙的要素，中国金融的数字化革命正在展开。数字化革命既可以是元宇宙的基础，也可以是元宇宙的结果。一方面，数字化革命已经并将继续推动元宇宙的发展；另一方面，元宇宙正在并将继续推进社会的数字化转型。不仅如此，衍化的元宇宙发展必然要求更高水平的数字化革命。

一、金融科技的发展趋势

（一）金融科技的发展与应用

2021年12月29日，毕马威发布《2021中国领先金融科技企业50》报告。该报告指出，随着金融行业的数字化转型进一步加速和数字技术的日新月异，以A、B、C、D（人工智能、区块链、云计算、大数据）为代表的核心技术要素，将是金融科技基础设施的重要发展基础。麦肯锡咨询公司认为，在未来10年，七项关键技术将持续影响金融科技总体发展趋势，驱动业务模式重构，并左右金融业竞争格局，具体包括：第一，人工智能，基于自动因子发现的机器学习、知识图谱和图计算，以及基于隐私保护的增强分析将发挥更大价值；第二，超自动化，流程机器人等自动化技术继续代替人工；第三，区块链，智能合约、零知识证明、跨链技术等带来新机遇；第四，云计算，敏捷化、高弹性、微服务化的云原生优势更受重视；第五，物联网，万物互联构建全新诚信体系，物联网与金融服务的融合潜力无限；第六，开源、软件即服务和无服务架构，让企业利用新技术快速创新而不需要担心技术运营和基础架构投资；第七，无代码开发平台，无代码和低代码方式重新定义程序开发（见图 2-3）①。

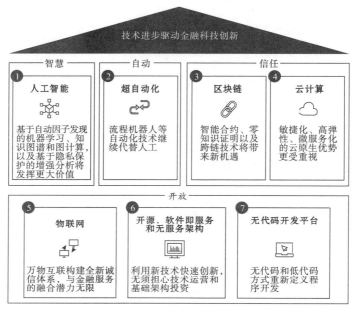

图 2-3　持续影响金融科技发展的七项关键技术

资料来源：麦肯锡咨询公司

（二）金融科技的全球竞争

在互联网技术突飞猛进的当前，科技与金融相互融合的金融科技领域也日益成为全球焦点以及各国相互角逐的"阵地"之一。例如在 IMF 和世界银行等的多个国际会议上，金融科技已经成为来自 40 多个发达国家和新兴经济体代表讨论的议题之一。目前，IMF 已经对虚拟货币、金融服务和金融科技公布了研究报告，其将力促 IMF 成为

---

① 参见中国金融业 CEO 季刊《Fintech 2030：全球金融科技生态扫描》（2021 年夏季刊）。

各国有关金融科技经验交流以及达成共识的平台。

金融科技是数字化时代全球金融创新和金融竞争的制高点，谁掌握好这一最先进的生产力，谁就拥有最强的金融核心竞争力。

为落实大数据国家战略，美国联邦政府各部门都制定了明确的大数据战略，全面支持大数据技术的研发和应用。这为美国金融科技创新提供了坚实的人才支撑、资金支持和政策保障。美国各大银行正在对金融科技领域进行战略性押注，项目重点是资本市场、数据分析、支付业务、区块链、会计与税务和房地产。

英国将保持金融业的全球竞争力视为其国家战略的重要组成部分，并始终引领全球金融监管改革的潮流。英格兰银行充分肯定金融科技的变革力量，同时积极探索新的监管模式，确保金融科技能够最大限度地为社会创造机会，并将风险降至最低。英格兰银行正在积极拥抱金融科技，2019年的七大战略重点中涉及多项金融科技创新发展事项。

2019年12月13日，欧盟委员会负责审查现有欧盟法律法规对金融科技行业适用性的专家小组完成了审查调研工作，并发表了《金融科技监管、创新与融资的30条建议报告》。该报告指出，金融科技是一个不断发展变化的产业，欧盟地区监管机构未来应该继续秉持多维、协作监管思路，努力保持高标准的消费者保护、市场完整性和金融体系稳定性。专家小组特别建议在加密资产、金融数据方面采取更加大胆的政策行动，调整现有法规的适用性，紧跟市场发展变化的速度。

中国金融科技领域处于世界前列。2019年8月22日，中国人民银行印发《金融科技（FinTech）发展规划（2019—2021年）》，明确提出未来三年金融科技工作的指导思想、基本原则、发展目标、重点任务和保障措施。2022年初，中国人民银行印发《金融科技发展规划（2022—2025年）》，着重在解决金融科技发展不平衡不充分等问题，推动金融科技健全治理体系，完善数字基础设施，促进金融与科技更深度融合、更持续发展，更好地满足数字经济时代等方面提出新要求、新任务。

其他发展中国家也十分关注金融科技领域。印度央行认为，金融科技或将促进印度金融繁荣，监管者需要以全新的监管模式对此作出迅速反应。墨西哥金融监管相关人士表示，金融科技技术创新需要一个新的监管框架，这将有助于监管当局降低相关风险并维持市场合理竞争。

二、金融业数字化转型发展与数据能力建设

（一）金融业数字化转型发展

随着高科技初创企业大规模进入传统金融服务领域，利用大数据和人工智能等技术开发创新型金融产品和服务模式，进而推动整个传统金融业的转型升级，并对金融市场和货币金融政策产生了广泛影响，金融科技不断推动金融数字化发展和转型。同时，随着主要国家经济活动不断线上化、数字化和智能化，必然要求金融业也要加快数字化转型[①]，全面覆盖营销、投顾、风控、客服等金融业务流程，催

---

① 金融行业的数字化转型是指利用新兴技术在数字环境中联结与金融机构相关的人员、事物、组织、场景和主题，以数据的形式存在，实现数据决策和智能交互，以及最终重塑金融机构价值。

生了移动支付、网络保险等众多新型金融服务模式。在金融行业数字化进程中，未来的科技驱动力将逐渐加强，用户核心服务要素将不断升级优化。从业务角度来看，金融行业数字化转型包括三个方面：一是业务交易的线上化以及数字化；二是业务经营管理的数字化和智能化；三是业务发展的平台化和场景化。

金融科技是金融数字转型和发展的基础。金融科技自20世纪80年代兴起，经历金融信息化、互联网金融、金融与科技深度融合三大阶段。中国未来的金融科技市场将出现以下趋势：第一，传统金融机构发力金融科技创新，金融科技不再是科技巨头一枝独秀；第二，大数据技术推动金融生产力，大数据技术公司专业领域出现分化；第三，自然语言处理和知识图谱技术开始颠覆金融领域知识工作者的传统低端领域；第四，基于联盟链的区块链技术已经从实验室走向应用，但是大规模实践仍存挑战；第五，以线上及线下智慧保险销售为创新突破口，保险科技业态持续创新；第六，基于贸易、物流或物联网平台的供应链融资开始在对公信贷领域快速拓展；第七，对内对外在线金融服务云化趋势明显，带来企业级服务效率的显著提升。

在金融科技快速发展的支持下，新冠肺炎疫情全面释放了金融数字化转型需求，金融行业各领域的线上化、数字化和智能化改造将会得到快速发展，金融数字化发展趋势将会呈现以下三个特点：一是金融服务方式将会不断得到重塑。以云计算、大数据、物联网、人工智能、5G为代表的新技术集群不断融合发展，推动着技术范式的转变，也持续在投资顾问、智能营销、风险防控等领域深化应用，这将会使金融机构服务长尾客户的成本大幅降低，实现风险防控和客户体验的"双提升"。二是金融机构与科技公司将从竞争竞合到融合共赢。三是

"监管沙箱"将成为监管部门推动金融数字化创新的常态化机制。

(二)金融业数据能力建设

2021年2月9日,中国人民银行发布了推荐性行业标准《金融业数据能力建设指引》,明确了金融业数据工作的基本原则,从数据战略、数据治理、数据架构、数据规范、数据保护、数据质量、数据应用、数据生存周期管理等方面划分了8个能力域和29个对应能力项(见表2-2),提出了每个能力项的建设目标和思路,为金融机构开展金融数据工作提供全面指导[①],该指引旨在为金融机构开展数据工作指明方向、提供依据,引导金融机构加强数据战略规划、着力做好数据治理、强化数据安全保护、推动数据融合应用,充分释放数据要素价值,为金融机构加快数字化转型发展夯实数据基础,打造适应数字经济时代发展的金融核心竞争力。

表2-2 金融业数据能力的能力域与能力项

能力域	能力项
数据战略	数据战略规划
	数据战略实施
	数据战略评估
数据治理	组织建设
	制度建设
	流程规范
	技术支撑

---

① 金融标准全文公开系统(cfstc.org)。

第二章 衍化的元宇宙金融支点：数字化革命

续表

能力域	能力项
数据架构	元数据管理
	数据模型
	数据分布
	数据集成
数据规范	数据元
	参考数据和主数据
	明细数据
	指标数据
数据保护	数据保护策略
	数据保护管理
	数据保护审计
数据质量	数据质量需求
	数据质量检查
	数据质量分析
	数据质量提升
数据应用	数据分析
	数据交换
	数据服务
数据生存周期管理	数据需求管理
	数据开发管理
	数据维护管理
	历史数据管理

资料来源：中国人民银行《金融业数据能力建设指引》

三、元宇宙推动金融数字化革命

2022年初人民银行发布的《金融科技发展规划（2022—2025年）》提出新时期金融科技发展指导意见，明确金融数字化转型的总体思路、发展目标、重点任务和实施保障。其核心思想是：稳妥发展金融科技，加快金融机构数字化转型。围绕着愿景，有相应的指导思想、基本原则、发展目标和实施保障，还有八大重点任务（见图2-4）。

该规划中提到的愿景为：力争到2025年，整体水平与核心竞争力实现跨越式提升，数据要素价值充分释放、数字化转型高质量推进、金融科技治理体系日臻完善、关键核心技术应用更为深化、数字基础设施建设更加先进，以"数字、智慧、绿色、公平"为特征的金融服务能力全面加强，有力支撑创新驱动发展、数字经济、乡村振兴、碳达峰碳中和等战略实施，走出具有中国特色与国际接轨的金融数字化之路，助力经济社会全面奔向数字化、智能化发展新时代。指导思想的主要内容为：以加快推进金融机构数字化转型为主线，加快健全适应数字经济发展的现代金融体系，为构建新发展格局贡献金融力量；四大基本原则为：数字驱动、智慧为民、绿色低碳和公平普惠；六大发展目标为：金融业数字化转型更深化，数据要素潜能释放更充分，金融服务提质增效更显著，金融科技治理体系更健全，关键核心技术应用更深化，数字基础设施建设更先进；五大实施保障为：注重试点示范，加大支撑保障，强化监测评估，营造良好环境，加强组织统筹。

围绕着愿景，还有八个方面二十六个具体任务。其中，多处体现了元宇宙金融要素。

第二章 衍化的元宇宙金融支点：数字化革命

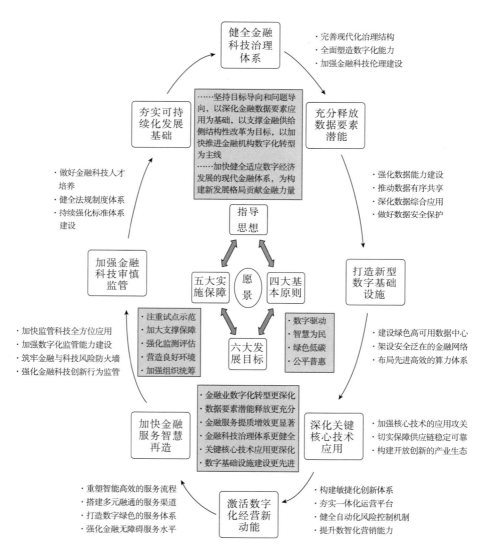

图 2-4 《金融科技发展规划（2022—2025 年）》的核心内容

资料来源：西财全球金融战略实验室与北京睿信科信息科技有限公司

一是充分释放数据要素潜能。包括强化数据能力建设、推动数据有序共享、深化数据综合应用和做好数据安全保护四个方面的内容。做好数据安全保护这里未涉及。首先，强化数据能力建设。其次，推动数据有序共享强调了联邦计算等技术手段。最后，深化数据综合应用提到了数字孪生等元宇宙金融要素。

二是打造新型数字基础设施。首先，建设绿色高可用数据中心强调数据中心绿色化建设与改造。其次，架设安全泛在的金融网络强调建设高可靠冗余网络架构和网络资源虚拟化，同时强调了物联网和IPv6的应用，更重要的是强调了区块链技术的应用。最后，布局先进高效的算力体系提到了云计算、智能边缘计算和量子技术。

三是激活数字化经营新动能，包括构建敏捷化创新体系、夯实一体化运营平台、健全自动化风险控制机制和提升数智化营销能力等四个方面。这里只分析后面三个方面的内容。首先，夯实一体化运营平台提出了技术底座、可视交互和嵌入式产品创新等元宇宙金融特征。其次，健全自动化风险控制机制提到了事前、事中和事后的自动化风险控制机制。最后，提升数智化营销能力在获客、活客和留客等方面多次提出了场景化营销。

四是加快金融服务智慧再造，包括重塑智能高效的服务流程、搭建多元融通的服务渠道、打造数字绿色的服务体系和强化金融无障碍服务水平等四个方面内容。重塑智能高效的服务流程和搭建多元融通的服务渠道是金融科技的应用，已经具有了元宇宙金融的影子。首先，重塑智能高效的服务流程。其次，搭建多元融通的服务渠道。

五是加强金融科技审慎监管，包括加快监管科技全方位应用、加强数字化监管能力建设、筑牢金融与科技风险防火墙和强化金融科技创新行为监管等四个方面内容。首先,加快监管科技全方位应用提出了自然语言处理、模式识别、知识图谱等技术,也提出了监管科技平台和合规机器人等元宇宙金融监管概念。其次,加强数字化监管能力建设。最后,筑牢金融与科技风险防火墙。

第三章

衍化的元宇宙金融基石：数字经济学与元宇宙经济学

数字化革命推动数字经济的发展，数字经济的发展是元宇宙的基础，元宇宙也是数字经济的有机组成部分。如果没有社会的数字化革命，元宇宙不可能诞生，元宇宙经济形态不可能出现；如果没有数字经济的发展，元宇宙不可能有根基，也没有长远发展的基础。数字经济学的出现，是数字经济发展到一定阶段的必然产物。在反思元宇宙经济学的基础上，可以对衍化的元宇宙经济学的基本假设和生产要素论进行重构，为元宇宙经济学的建设和发展探索奠定必要的基础。

密码货币产生了加密经济；加密经济从加密经济系统出发，产生了加密经济学；数字化革命产生了数字经济。那么数字经济系统是什么样的，相应的数字经济学又是什么样的？数字经济系统是元宇宙经济的基础，数字经济学也为元宇宙经济学提供参考。

元宇宙经济学和元宇宙经济一样尚不成熟。我们有必要回到数字经济学、加密经济学等相关领域中进行系统思考，思考经济学的变与不变。经济学的变与不变需要认真甄别。经济学包括元宇宙经济学。它的体系与逻辑仍然在不断完善中，需要注意的是，元宇宙虚拟世界的经济学并没有真正突破经济学的前提与假设，也没有突破其核心内容，但的确发展了其部分内容，发展的部分内容与数字经济学的内容有极大的相关。

第一节　数字经济的发展

没有数字革命就没有元宇宙，没有数字经济就没有元宇宙经济。从本质上讲，元宇宙经济是数字经济的有机组成部分。

一、全球数字经济的发展

随着数字信息技术的发展，数字经济①成为继工业经济之后，全球经济增长最快的新经济形态。中国信通院最新数据显示，2020年，全球数字经济规模达到32.61万亿美元，同比名义增长3.0%，占GDP比重为43.7%。

从不同经济发展水平的规模与占比来看，2020年发达国家数字经济规模达到24.4万亿美元，占全球数字经济总量的74.7%；发展中国家数字经济规模为8.2万亿美元，占全球数字经济总量的25.3%。从不同收入水平来看，2020年高收入国家数字经济规模为25.3万亿美元，占全球数字经济总量的77.5%；中高收入国家数字经济规模为6.2万亿美元，占全球数字经济总量的20.3%；中低收入国家数字经济规模为7 035亿美元，占全球数字经济总量的2.2%。

产业数字化代表数字经济在实体经济中的融合渗透，是数字经济的关键组成部分，发展潜力巨大。从不同经济发展水平产业数字化占数字经济比重来看，2020年，发达国家产业数字化占数字经济比重达到86.4%，发展中国家产业数字化占比为78.3%。从不同收入水平来看，2020年，高收入国家产业数字化占比为86.1%，中高收入国家产业数字化占比为79.4%，中低收入国家占比为70.1%。

---

① 数字经济是以数字化的知识和信息为关键生产要素，以数字技术创新为核心驱动力，以现代信息网络为重要载体，通过数字技术与实体经济深度融合，不断提高传统产业数字化、智能化水平，加速重构经济发展与政府治理模式的新型经济形态。数字经济由数字产业化和产业数字化构成。数字产业化是数字经济的基础，即信息产业，包括电子信息制造业、信息通信业、软件服务等。产业数字化代表数字经济在实体经济中的融合渗透，是数字经济的关键组成部分。

全球数字经济快速增长,产业渗透率不断提升。三大产业数字化占比,从不同经济发展水平来看,2020年,发达国家第一、第二、第三产业数字经济占比分别为14.0%、31.2%和51.6%,发展中国家占比分别为6.4%、13.3%和28.7%。从不同收入水平来看,2020年,高收入国家第一、第二、第三产业数字经济占比分别为12.5%、28.8%和48.4%,中高收入国家占比分别为7.9%、16.7%和33.9%,中低收入国家占比分别为3.3%、6.4%和19.5%。

作为未来革命性发展趋势的全球数字经济发展并不均衡。一方面,不同区域的数字经济发展水平不同。欧洲、美洲、亚洲数字经济发展水平显著高于大洋洲和非洲。2020年,欧洲数字经济规模为7.5万亿美元,占全球数字经济总量的22.8%,同比增长2.7%;亚洲数字经济规模为10万亿美元,占全球数字经济总量的30.7%,同比增长5.2%;美洲数字经济规模为14.7万亿美元,占全球数字经济总量的44.6%,同比增长1.8%。另一方面,数字经济规模主要集中在美国、中国、德国、日本、英国等国家。2020年,美国数字经济规模达到13.6万亿美元,占全球的41.7%,蝉联世界第一;中国数字经济规模为5.4万亿美元,位居世界第二;德国数字经济规模为2.5万亿美元,日本数字经济规模为2.5万亿美元,英国数字经济规模为1.8万亿美元,分别居世界第三位、第四位、第五位。从占比看,德国、英国、美国的数字经济在国民经济中占据主导地位,占GDP比重超过60%。从增速看,中国数字经济同比增长9.6%,位居全球第一,爱尔兰、保加利亚同比增长超过8%。

二、数字经济的全球竞争

数字经济全球竞争十分激烈。2019 年，发达国家数字经济增加值规模为 23.5 万亿美元，占 47 个经济体数字经济总量的 73.9%，发展中国家数字经济增加值规模为 8.3 万亿美元，占 47 个经济体数字经济总量的 26.1%。美国凭借技术创新优势，走在全球数字经济前列，数字经济规模蝉联全球第一，2019 年达到 13.1 万亿美元；中国凭借强大的国内市场优势，倒逼技术革新与模式创新，数字经济体量位居全球第二，规模为 5.2 万亿美元；德国、日本分别居第三位、第四位，数字经济规模均超过 2 万亿美元；英国、法国分别居第五位、第六位，数字经济规模均超过 1 万亿美元。韩国、印度、加拿大、墨西哥、巴西、俄罗斯、新加坡、印度尼西亚和比利时等 17 个国家数字经济规模介于 1 000 亿美元和 1 万亿美元，另有 24 个国家数字经济规模不足 1 000 亿美元。整体来看，全球数字经济两极分化较大，排名前五的国家数字经济规模占 47 个经济体数字经济总量的 78.1%，排名前十的国家数字经济规模在 47 个经济体数字经济总量中占比高达 88.7%。

数字化发展已经成为坚定的社会共识，数字化转型正成为全球政企战略性与常态化诉求。伴随着数字经济快速发展及其在经济社会各领域的不断渗透，世界主要经济体都在加快数字化转型，并把数字化作为推动全球价值链重构和经济发展的新动能。

面对全球未来发展趋势，以习近平同志为核心的党中央高度重视数字化发展，明确提出数字中国战略。中国先后发布了《"十二五"国家战略性新兴产业发展规划》《智能制造发展规划（2016—2020

年)》和《智能制造"十三五"发展规划》等一系列鼓励数字经济发展的政策规划,先后三次将数字经济写入《政府工作报告》,并在《中共中央关于制定国民经济和社会发展第十四个五年规划和二〇三五年远景目标的建议》中提出,要发展数字经济,推进数字产业化和产业数字化,推动数字经济和实体经济深度融合,打造具有国际竞争力的数字产业集群。

面对突如其来的新冠肺炎疫情,数字化转型成为众多企业抵御冲击、寻求机遇的新抓手,数字经济与实体经济深度融合被列为政府重点工作之一。中国数字经济已经成为当前发展最快、创新最活跃、辐射最广泛的经济活动。2020年,我国数字经济规模占GDP比重已近四成,对GDP贡献率近七成。中国社科院在《数字经济蓝皮书:中国数字经济前沿(2021)》中预测,"十四五"时期,我国数字经济整体的年均名义增速为11.3%,到2025年,数字经济增加值规模将超过30万亿元。

当前,全球经济正在开始加速挣脱疫情影响,在持续防疫基础上完成经济发展质量与效率提升,需要以数字化为基础。政企数字化转型经过长时间积累与升级,对于数字化的高度与深度增加了更加多元、立体、垂直的需求。

三、数字经济发展的新阶段

2022年1月13日,以"数字发展:构建新格局、构筑新优势"为主题的2022零壹智库数字经济年会在上海隆重召开。笔者在这里引用横琴数链数字金融研究院学术与技术委员会主席朱嘉明在本次年会上的观点，并进行分析和论述。朱嘉明发表了《2022年数字经济迈向历史新阶段》的主题演讲。他指出，2022年数字经济在十个方面都会有非常重要的突破和表现：第一，数字经济的技术基础会有更大的突破；第二，数字经济的新型价值形态会全面和充分地显现；第三，数字经济的经济制度开始成熟；第四，数字经济的法律体系在趋于完备；第五，数字经济在区域发展、产业发展方面，正走向均衡；第六，支撑数字经济的新型组织的作用也在全面显现；第七，数字经济产业政策正在体系化；第八，数字经济正在成为GDP增长的重心；第九，数字经济形态的国际贸易将成为未来国际贸易的主要形态；第十，数字经济正在影响民众生活的各个方面。

在数字经济发展过程中，朱嘉明强调，一方面数字经济造成了数字之间的新型的社会差异、新型的数字的差异，也就是数字经济的鸿沟。但是另一方面，数字经济也有能力缩小这些差异，缩小这样的鸿沟。这是我们所期望的，未来的数字经济应该成为人类数千年来所追求的共享经济。尽管数字经济的发展未必以去中心化金融和私人数字货币为基础。

第二节　加密经济学与通证经济学

从区块链经济到密码经济，再到加密经济学（有时也被称为密码经济学），其背后的逻辑以及一般意义上的经济学原理与规律。尽管不少人有着维护币圈的立场，但其思考仍然有一定的参考价值。帕

第三章　衍化的元宇宙金融基石：数字经济学与元宇宙经济学

克·汤普森（Parker Thompson）是硅谷有名的风险投资人，他曾说："加密经济学的概念是愚蠢的，它就是经济学。发明新的术语只是为了找个借口忽略已经广为人知的概念。"那么，存在解释区块链经济的加密经济学吗？来自 coindesk 的《理解加密经济学》一文，可以让我们更准确地理解加密经济的内涵[①]。也有学者称区块链4.0的核心内容之一是通证经济学，或者说区块链的理论基础是通证经济学，但对区块链在元宇宙中的地位也有学者提出了质疑。

一、加密经济学

（一）比特币是加密经济学的产物

比特币的创新之处在于，它允许许多互相不认识的实体就比特币区块链的状态可靠地达成共识。这是通过结合经济激励和基础的加密工具来实现的。

比特币的设计依赖于经济激励和惩罚。经济奖励被用于招募矿工以支持网络。矿工们贡献他们的硬件和电力，因为如果他们生产出新的区块，就会得到大量的比特币作为回报。经济成本或罚款是比特币安全模式的一部分。攻击比特币区块链最简单的方式是控制该网络的大部分哈希[②]能力（51% 攻击），这将让攻击者能可靠地审查交易，甚至改变区块链的过去状态。如果没有这些经过仔细校准的经济激励措施，比特币将无法运转。如果挖矿成本不高，便很容易发动 51%的攻击。如果没有对挖矿的奖励，就不会有购买硬件并支付电费为网

[①] 参见 coindesk.com。
[②] 哈希（Hash），指把任意长度的输入通过散列算法变换成固定长度的输出。

络做贡献的人。

加密经济学是违反直觉的。因为我们大多数人都不习惯把货币看作设计或工程问题，也不习惯把经济激励设计作为一项新技术的重要组成部分。加密经济学要求我们从经济学的角度思考信息安全问题。

（二）加密经济学着重于机制设计

经济学研究的是选择，即人们和群体如何对激励做出反应。加密货币和区块链技术的发明并不会改变这一点。

加密经济学与机制设计最相似，机制设计是一个与博弈论相关的领域。在博弈论中，我们观察一个给定的战略交互（一个"游戏"），然后试图理解每个玩家的最佳策略，以及如果两个玩家都遵循这些策略可能产生的结果。例如，我们可以用博弈论来研究两家公司之间的谈判，国家之间的关系，甚至进化生物学。

机制设计通常被称为"逆向博弈理论"，因为机制设计从期望的结果开始，然后反向设计一个游戏，如果玩家追求自己的利益，就会产生想要的结果。例如，假设我们负责设计拍卖规则。我们有一个目标，那就是希望投标人能够投出对一件商品的真实估价，为了实现这一目标，我们运用经济学理论将拍卖设计为一种游戏，任何参与者的占优策略都是始终投出其真实估价。解决这个问题的一种方法是维克里拍卖（Vickrey auction），在维克里拍卖中，出价是秘密的，拍卖的赢家（定义为出价最高的玩家）只支付出价第二高的金额。

与机制设计一样，加密经济学的重点是设计和创建系统。在加密经济学中，用于创建经济激励的机制是使用加密技术和软件构建的，设计的系统几乎都是分布式或分散的，比特币就是这种方式的产物。

在大多数情况下，加密经济学用于提供分布式系统的安全保证。

当然，机制设计并不是万能的。我们在多大程度上可以依赖激励因素来预测未来的行为，是有限度的。加密经济系统的安全保障在一定程度上取决于其对人们如何对经济激励做出反应的假设。

（三）加密经济学是特定约束与经济学的结合

加密经济学是针对特定情况的经济学。第一，加密经济学领域中制定的任何机制都必须是完全明确的。第二，无论规则中有什么奖励或惩罚的内部机制，这些内部机制必须被指定为一段代码。这个过程比政策制定者制定法律要严格得多。第三，区块链中所有身份都是匿名的，在现实中这意味着不能将个人的信用降到 0 以下。从本质上讲，加密经济学就是将经济学与这些特定的约束相结合，然后再将加密货币领域的一些特性加入其中，尤其是密码学、信息论、数学和分布式系统，也包括围绕共识算法、哈希函数、数字签名、零知识证明等的理论研究，以及我们对所有这些代码的理解。

二、区块链 4.0 与通证经济学

区块链的理论基础是通证经济学。区块链 4.0 包括的命题有通证经济学、中心化与去中心化、由"劣币驱逐良币"到"良币驱逐劣币"以及区块链 + 人工智能[1]。以下分别对这四点进行探讨。

首先，通证经济学三要素是代币、社群和共识。代币经济，社群

---

[1] 擎励.区块链 4.0（合集）[J].系统科学学报，2019（1）；吕乃基.虚实之间的"区块链"[J].高技术与产业化，2017（7）.

对应于政治，共识则对应于文化。围绕"通证"，一种新的经济学、社会学和文化学正在形成之中。哈耶克（Hayek）的"货币的非国家化"，有可能在通证经济学中得以实现。

其次，中心化与去中心化。中心化的互联网与去中心化的区块链在技术层面还有合作的空间。通证经济学涉及在公链基础上的私链及若干私链连接起来的联盟链。云计算可以加速区块链技术成熟，推动区块链从金融业向更多领域拓展。物联网以传统的中心化网络模式进行管理，需要巨大的数据中心基础设施建设及维护投入，基于中心化的网络模式也存在安全隐患；区块链的去中心化特性为物联网的自我治理提供方法，帮助物联网中的设备理解彼此，实现对分布式物联网的去中心化控制。区块链的本质是去中介化，关于区块链的发展，核心是做好监管。

再次，由"劣币驱逐良币"到"良币驱逐劣币"。区块链的最大价值就是信用。由现实世界进阶到由区块链建构的虚拟社会，就是由无信用或弱信用社会进入信用社会。"我管人人，人人管我"就是良币驱逐劣币。在通证经济学中，数字货币的每一笔动向都有"链"可查，无须经由中心或中介，进一步推进良币驱逐劣币的进程。

最后，区块链+人工智能。人工智能代表先进生产力，区块链代表新的生产关系。人工智能与区块链相互赋能。通证是将我们导向下一代互联网新经济的关键。通证系统是将区块链作为一种服务实体的手段和媒介，所以通证经济系统在现实生活中用区块链进行交易、消费、验证、流转并服务实体。

三、对区块链在元宇宙中地位的反思

未来可能出现不依赖于区块链的加密经济共识协议，区块链或许不能成为加密经济学的基石。有的区块链是加密经济学的产物，有的区块链并不是加密经济学的产物。对于某些应用来说，简单的分布式账本就很有用，它们并不依赖于加密经济设计来达成共识或产生协调激励机制，与比特币和以太坊不同。

将区块链作为元宇宙的底层技术和元宇宙经济系统基石的逻辑是站不住脚的。第一，区块链的不可篡改和去中心化解决的是信任问题和公正问题，它本身不涉及生产力，只涉及生产关系；第二，区块链解决问题的方式在结果上是完美的，但在过程上是有成本的，比如冗余、效率和能耗；第三，现实中人类社会的信任问题、公正问题已经有现成的解决方案；第四，从目前来看，区块链解决方案在大部分情况下并没有比现实中已有解决方案表现得更优越；第五，区块链并没有广泛应用的原因在于技术问题、效率问题、共识问题、协作问题；第六，区块链在现实世界面临的应用问题在元宇宙里没有理由会自然消失，这些问题依然存在。

因此，受成本限制，微信公众号不是用 NFT 而是用古典的原创标识来解决文章的版权问题，支付宝不是用智能合约而是用传统的方式来解决确认收货再付款的问题。元宇宙第一股 Roblox 的所有游戏玩法都不是基于 NFT 技术来保护原创，它的经济系统也不是基于区块链的加密货币。信任问题、公正问题并非人类面临的唯一问题，甚至也不是最大问题，它只是人类面临的所有问题的一个小的子集。

第三节　数字经济学的发展

数字经济学是描述和分析数字经济与数字经济系统规律性变化的学科。数字技术是比特信息的表现形式,降低了存储、计算、传输信息的成本。① 同时,数字经济可以为社会带来福利,与政府的治理紧密相关。

一、数字经济推动的经济成本下降

数字技术通常意味着可能减少经济活动的成本。因此,数字经济学研究标准的经济学模型,在这些成本急剧下降甚至接近于零之后,会发生什么变化。我们强调成本的变化可以被划分成五种类型:降低搜索成本(search costs)、降低复制成本(replication costs)、降低运输成本(transportation costs)、降低跟踪成本(tracking costs)和降低验证成本(verification costs)。

在数字环境中,搜索成本更低使得搜索的潜在范围和质量提升。数字产品能够以零成本的方式复制,意味着数字产品常是非对抗性的。数字产品与信息在传输的过程中,地理距离远近变化所带来的成本变动也接近于零。数字技术使追踪某个人的行为变得简单。数字验

---

① GOLDFARB A, TUCKER C. Digital Economics [J]. Journal of Economic Literature, 2019–03.

证使验证个人、企业、组织的声誉和可信度变得更简单。前述每一种成本的变化都利用了一套不同的经济学模型：搜索模型、非对抗产品模型、运输成本模型、价格歧视模型以及声誉模型。

（一）搜索成本的降低

搜索成本是寻找信息的成本。因而每一项收集信息的活动都会产生搜索成本。数字经济活动中一个非常简单的道理是，与线下相比，在线上寻找和对比关于潜在交易的信息要简单很多。搜索成本的降低使得消费者能够更加容易地对比价格，从而降低相似产品的价格。这会同时降低价格和价格离散。

降低的搜索成本可以促进更广泛的交换，通常由大型电子平台实现。低搜索成本可能会提升买卖双方匹配的质量。其中的一些市场被称为共享经济，因为人们使用别人不怎么使用的物件或者技能。大部分的分享经济平台并不是幼儿园，消费者需要为他们享受的分享服务付费。

低成本的电子信息流能够增加中心化程度，使得总部和组织的领导者能够了解很远的地方在发生什么。低成本通信会减少中心化，能够使一线员工获得信息，这些信息以前只有高层领导才知道。除了对企业的内部边界产生影响，搜索成本的降低同样会导致国际雇用和外包的增长。

（二）数字产品的复制成本为零

数字产品生产函数的关键转变不是编辑成本为零。事实上，由原子组成的物品与由比特组成的物品的最大区别是，比特是非对抗性的，这意味着比特可以被一个人消费而不会减少其他人的消费。

数字产品的非对抗性使得人们开始思考如何才能制定多品类、零成本的货物的价格，生产者是否应该收费。当两件或者更多产品一起销售的时候会出现捆绑销售。数字产品的非对抗性意味着大量的数字产品可以捆绑，而不需要实质上增加成本。因此，一个简单和有用的视角是，有些时候，将成千上万个数字产品捆绑起来是最优的。

信息提供者可以故意地选择不排除从而提供数字公共产品。两个非常突出的非对抗性公共产品案例是开源软件和维基百科。开放数据会使更多的参加者走向成功。更一般地，数字技术的非对抗性能够使发展中国家的消费者和工人能够获得和发达国家一样的信息，如果这些消费者和工人能够使用互联网的话。但是，也存在福利可能会减少的情形，因为数字产品被广泛传播而没有受到限制。不限制非对抗性产品的传播降低了生产信息产品的动机，后面的版权政策部分将会进行讨论。这同样会产生负外部性。开放性，根据定义，意味着隐私的减少。

（三）更低的运输成本

与复制成本的降低相似，传输以比特形式存储的信息的成本也接近于零。但不一样的是，数字产品的分销成本接近于零。换句话说，数字产品的分销成本接近零，近距离通信和远距离通信的成本差异接近零。此外，数字购买还降低了运输成本。

信息的低运输成本意味着数字商品的分销成本接近于零，而近距离和远距离通信的成本差接近于零。大众媒体已经探讨了低运输成本的潜在影响。信息传输成本的下降将导致"距离的死亡"，孤立的个人和公司将能够融入全球经济。农村消费者可以像其他人一样获得相同的数字产品和服务。知识将在全球传播。

(四) 降低跟踪成本

数字活动很容易被记录和存储。事实上，技术会自动化地存储所有的信息，企业和消费者需要做一个慎重的决定去丢弃数据。跟踪成本的下降使得个人化以及一对一市场成为可能，使得已经建立的非对称信息和差异化产品（比如价格歧视、拍卖和广告模型）有了新的兴趣。

能够使用数字技术跟踪个人的能力使得个性化的市场成为可能。数字经济学中另一种受到关注的价格歧视形式是版本控制。对于价格歧视的实证支持是非常有限的，即使有非常多的关于潜在个性化定价的理论讨论。

给定强调了行为价格歧视和线上货物个性化定价的可行性之后，我们看到很多产品的价格为零。因此，降低跟踪成本的最大效应可能不是个性化定价，而是展现给这些消费者更加合适的、相关的、有利可图的广告。

在线媒体通过向广告商出售稀缺的消费者注意力来支持其业务。新技术正在兴起，允许消费者屏蔽在线广告。在线广告的兴起，加上个人层面的跟踪技术，已经造成了一个难以解决的定价问题：一家公司如何为成千上万的广告选择价格，而这些广告的定价可能与数百万甚至数十亿的客户存在差异。经济学家早就认识到，拍卖是发现价格的一个特别有用的工具。因此，数字市场通常使用拍卖来确定广告价格。拍卖也用于为其他一些商品定价。与跟踪成本关系不大的是，在线拍卖也被用于商品的价格发现，尤其是在 eBay 上。

（五）降低验证成本

追踪成本的降低还导致与身份和声誉验证相关的成本降低。此外，除跟踪成本下降外，数字技术还使身份验证变得更加容易，并创造了数字声誉。在缺乏此类技术的情况下，早期企业提供可靠质量信息的长期解决方案是以品牌的形式建立声誉。

最常见的机制是一种在线评级系统。在该系统中，过去买家和卖家的评级被发布，供未来市场参与者查看。因此，声誉文献最初的重点是作为在远程交易中建立信任的平台。这样的机制将使在线和离线的各种市场活动成为可能。一个关键的应用是提供有关产品质量的信息。评级可以让消费者了解平台中可用的最佳产品，而不是增强特定卖家的信息。提供此类信息可能符合平台的利益，从而引导消费者购买更高质量的产品。使用在线声誉机制更容易建立在线声誉，但以消费者投诉的形式损害声誉的机制也变得更容易。

二、数字经济带来的福利改善

数字经济包括一长串在其他类型经济体中看不到的显著特征。维基百科等免费商品和服务、Gmail 等电子邮件服务以及谷歌地图等数字地图都是当代数字经济的组成部分，具有巨大的经济价值。从经济学的角度来看，这就是为什么数字经济产生了大量非常有价值但几乎没有成本的服务，并且边际成本为零，因为这些服务没有被纳入经济绩效的衡量标准。

（一）数字无形资产为公司创造价值

在数字经济中，数据和通过数据创造价值的能力成为生产要素。这可能包括算法或分析大数据以在各种环境中产生价值的能力。尽管这些因素是无形资产的一个重要类别，但除确定无形资产的存在外，很难准确计量无形资产的价值。然而，关于公开市场估值的研究表明，无形资产正在成为估值的一个日益重要的组成部分。美国有几家公司的估值为1万亿美元，而美国最大、最强的银行是摩根大通，市值为2 000亿美元。

近几十年来，物质资本对企业价值的重要性有所下降，而知识资本的重要性有所上升，特别是在高科技行业，从1970年占总资产价值的24.9%上升到2010年的44.8%。重要性的上升表明，我们必须在无形资产方面取得进展。

（二）数字经济减少了金融市场中的信息摩擦

数字经济的另一个显著特征是信息无处不在。数据因素是金融市场投资决策的核心参考变量，在减少信息摩擦方面发挥着重要作用。数据的引入通过降低信息获取成本提高了价格信息性，并随后对投资者产生两种影响。一方面，当价格能更准确地反映未来收益时，经理人就没有机会利用他们关于未来收益的私人信息进行交易。另一方面，企业基本面数据可以揭示当前业务的衰退趋势或未来实现增长的机会，这可以通过引导投资者在形势恶化时减少投资、在机会扩大时增加投资来提高投资效率。

从经济角度看，几乎所有市场中存在的信息差距和不对称正在部分消除，这将带来显著的积极特征和潜在的挑战。负责任的数据使用可以创造和推动以前不存在的市场。例如，人们可以向那些对传统银行系统几乎匿名的人提供信贷。这是非常强大的，并鼓励包容性经济增长。

（三）数据的正外部性产生有用的公共信息并改善社会福利

数字经济创造了新的外部性。在数字经济中，个人信息可以被其他人使用。例如，如果一个人想要设计一种新药，就需要从尝试过该药物的个人那里获得信息。如果消费者计划购买某个产品，他们会希望获得其他有相关体验的消费者的反馈。这种外部性产生了有用的公共信息，改善了每个人的社会福利。

还有更多的例子表明，数字技术可以在经济福祉的多个方面增加包容性，例如参与经济、健康、教育等；在初级保健领域，以图像识别为形式的人工智能被广泛应用于诊断远程和低访问人群。

最后，生产要素数据还通过协助社会部门的决策过程改善了社会福利。大数据分析可以通过政策周期模型支持政府对政策效果的持续实时评估。在这方面，政府可以在每个阶段替代甚至暂停无效政策，提高决策效率。随着更多数据转化为可用信息，并通过预测分析技术指导决策，社会部门也将能够最大限度地发挥社会支出对社会福祉的积极作用。

（四）数字巨型平台提升供需匹配效率

在数字经济中，不止一个巨型平台的存在是市场健康的标志。然而，大型平台必须充分重叠。美国有谷歌、亚马逊和 Facebook 等平台，中国有腾讯、阿里巴巴、京东和拼多多等平台。在美国，亚马逊是在结构上与阿里巴巴最接近的大型平台，尽管两家公司仍存在显著差异。然而，一开始，eBay和阿里巴巴就非常相似，它们的发展道路也非常相似。虽然eBay现在落后了，但它曾经是世界上每一个大型平台的灵感来源。因此，大型平台学会了捕捉如何创造市场的最基本特征，即为买家和卖家提供联系的方式。

当今巨型平台的数字技术之所以如此强大，部分原因在于它们正在弥合信息鸿沟。如今，买家和卖家可以找到对方，大型平台也找到了解决信任问题的方法，将孤立的市场和交易转变为重复交易。解决信任问题的另一个组成部分是Airbnb等平台上的双向评估系统。这改变了市场的信息结构和激励结构。如果有人通过一个在线平台租了一套公寓，然后把它彻底扔掉，他会发现很难再通过同一个平台租了。然而，在这些平台发明之前，这些信息可能已经丢失，犯罪者可能会继续租房，也许会留下一条被毁坏的公寓通道。通过评估系统、支付系统和可以收集的大量数据，公司可以找到信息，并对没有这些数据的人做出推断，从而形成更具包容性的模式。例如，MyBank向可能只有五名员工的企业提供贷款。有数以百万计的小公司，它们规模太小，无法与传统银行打交道，因为它们没有抵押品，可获得的记录也有限。如今，在金融巨型平台上，数据已经成为新的抵押品。

上述巨型平台的演变仍在进行中，在经济形态和功能方面几乎是革命性的。巨型平台拥有巨大的市场力量，可以成为支持创新的网络枢纽。

三、数字经济给社会福利带来的挑战

（一）个人隐私

数据可以产生有用的信息，既可以提高金融市场的效率，也可以改善社会福利。另外，侵犯数据隐私和数据安全也是巨大的风险。保护隐私和生成公共有用信息之间存在潜在冲突。当数据可以以负责任的方式汇集和共享时，它是最有用的。随着ICT的快速发展，公司获取用户数据的手段和能力得到了极大的提高。尽管消费者从基于大数据分析的目标产品推荐中受益，但他们也承担了因侵犯个人隐私而造成的金钱成本和负面效用。

大数据分析的很大一部分需要高速数据类型，例如与移动设备的点击流和GPS数据相关的数据类型，这些数据类型可用于进行高精度的短期预测。然而，这些类型的数据高度敏感，因为它们被滥用很容易导致与消费者隐私和安全相关的问题。然而，一些公司在没有完全同意的情况下从事可疑的数据收集和共享做法。消费者越来越关注组织的数据收集方法，尤其是跟踪技术的使用，如cookies和GPS跟踪器。虽然公司通过分析这些数据获得提供了大量关于消费者口味、价格敏感性及其在人群中分布的知识，但大多数消费者通常缺乏对公司产品各个方面的认识。这种不对称可能使消费者处于相对不利的地位。对于贫穷、未受教育和技术知识匮乏的消费者来说，负面福利效应尤为显著。一些分析师认为，企业的大数据举措可能会对低收入和少数群体消费者的福利产生更负面的影响。

尽管拒绝共享个人数据可能会提高消费者的隐私利益，但这种做法将不利于从数据的非竞争性中获得经济利益，并破坏数据聚合的范围经济效应，导致数据市场的失败。因此，数据的经济利益和个人私人利益之间的权衡不能一刀切。

（二）国家安全

数字经济仍处于早期阶段，随着这种新经济形式的发展，我们已经看到一些问题出现。除了个人权利和集体利益之间的紧张关系，还有国际合作问题——我们需要处理国家安全与数据、信息和技术在世界各地自由流动的巨大利益之间的潜在冲突。

决策者在信息和数据流方面面临着艰难的选择。一方面，政府希望鼓励信息跨境流动，以促进商业、教育、技术和科学进步；另一方面，政府官员必须限制信息的自由流动，以实现重要的政策目标，如防止垃圾邮件、盗版和黑客攻击，以及保护国家安全、公共道德、隐私以及经济和金融体系中的关键基础设施。此外，决策者必须找到办法确保跨境信息管理规则在国家和系统间有效运作，实现全球互操作互联网的理想。

值得注意的是，我们正在进入物联网的世界，在这个世界上，不仅服务器和通信设备连接到互联网，其他一切都连接到互联网。

这引起了必须解决的极其重要的安全问题，但这肯定不是私营部门自愿做的事情。如果任由私人部门自行决定，私人部门将继续发布不安全的物联网产品，有可能泄露我们生活各个方面的信息——从我们的相机、冰箱到汽车。在美国，大约三年前在主要平台上发生了一次拒绝服务攻击，该攻击主要通过物联网上缺乏基本安全性的设备发起。当然，物联网也会带来一些好处，并提高日常生活的效率，但我们必须认真考虑它的安全含义。这不仅包括国家安全，还包括对来自任何地方的恶意攻击的脆弱性。

（三）劳动力市场的不稳定性

在数字经济中，调整经济结构和劳动力也很重要，以便在一个日益建立在数字基础上的经济体中奖励生产性就业。一些人担心，人工智能和数字机器人等数字技术将导致自动化，从而导致工作岗位短缺。这是一个重要的主题，自然会引出这样一个问题：社会保障体系——广义的定义，以及我们必须进行这些转型时的支持机制——对个人和家庭有多好？这些系统是一种投资，它回避了一个问题：谁将为西方的此类投资买单？我们还想知道全民基本收入是否是个好主意。

人工智能和基于数据分析的机器学习技术不断提高生产和决策活动的自动化和智能化。计算机和人工智能可以与人的能力竞争，以更高的效率和更低的边际成本完成某些任务。这必将导致大部分传统职业被机器取代，从而降低劳动力在国民收入中的比例。如果这是真的，那就意味着流入资本的收入份额将增加。如果资本所有权集中，显然会出现收入不平等加剧的问题。

此外，在行业数字化的趋势下，只有那些采取大胆战略和进行破坏性创新的企业才能在激烈的竞争中生存。这场数字化革命将加速"创造性破坏"的进程，并消除一些传统工作。尽管数字经济创造了大量新工作岗位，但劳动力从现有岗位向新创造岗位的重新分配将是一个缓慢的过程。一方面，找一份新工作需要时间；另一方面，新工作需要新技能。当教育部门的发展无法为新出现的工作岗位充分准备劳动力时，劳动技能和新技术之间的不匹配肯定会使调整过程复杂化，并阻碍新技术带来的生产率提高。

（四）数字巨型平台与滥用市场力量

到目前为止，在数字时代，大型平台往往集中在美国和中国。这可能会随着时间的推移而改变。大型平台具有巨大的市场影响力，能够获取新技术，阻止适当的技术创新。这些大型平台可以保护自己，理由是它们为许多人提供低成本或免费的好处。然而，它们也可能阻碍许多正在开发新技术的公司进入市场，因为如果允许这些公司发展壮大，它们可能有潜力与大型平台竞争。

ICT和无形资本（包括数据）的竞争优势催生了超级明星公司。这些公司的特点是高附加值和低劳动力份额，导致市场集中度显著提高和劳动力收入下降。大多数"超级明星公司"已经积累了大量的数字资本——与IT资产（如硬件和软件）记录投资互补的生产要素，但这些要素并未记录在公司的资产负债表上——这导致了一定程度的垄断。这种垄断力量可能会造成或加剧获取私人数据的不平等，并导致进一步的掠夺性或歧视性定价行为。

四、政府在数字经济中的作用

（一）政府在数字经济中的地位

自由放任的方法不适用于数字经济。相反，政府必须发挥不可或缺的作用——它必须以公平和公正以及社会政治和社会凝聚力的名义进行干预。

第一，数字经济中政府的必要性。进入数字时代，在某些时期，市场在主导的动态分配方面是相当良性的，而在其他一些时期则不是。当分配问题足够严重时,社会契约可能破裂——导致冲突、暴力、无法做出一致的公共部门决策等——这是市场上的一个严重问题。因此,自由放任的方法不适用于数字经济。相反,在不太有利的时期,政府扮演着不可或缺的角色,以公平和公正以及社会政治和社会凝聚力的名义进行干预。除了这些分配问题,还有许多其他问题是市场在没有政府干预的情况下无法自行解决的,包括外部性问题和信息差距问题。尽管正如我们已经讨论过的那样,技术目前在解决巨大信息差距的有害影响方面做得相当好,但这种能力取决于对大量数字数据的访问。将信息转换为数字形式大大降低了访问和使用信息的成本。

第二,平衡私人数据的社会价值和个人价值。个人数据的共享和保护可能在个人和社会层面产生积极和消极的后果。数据形式的个人信息既有私人价值,也有商业价值。一方面,数据共享可以减少市场摩擦,促进交易;另一方面,利用数据的商业价值通常会降低私人效用,有时甚至会降低整体社会福利,包括零售市场的价格歧视、保险和信贷市场的数量歧视、垃圾邮件、身份盗窃风险等。政府面临的一个挑战是与私营部门合作解决这些问题。这是一个平衡的行为,因为数据共享的好处是诱人的,但我们必须认真考虑政府在政治和社会上可接受的数据隐私和数据安全的处理。数据共享成果有许多正面和负面的例子。从积极的一面看,我们看到了金融科技和电子商务的包容性增长模式,特别是在中国。从负面来看,点对点贷款并不十分成功。

第三,平衡数字技术创新与国家安全。关于技术和国家安全问题,世界各国政府始终自行决定,当信息和技术的自由流动对国家安全产生负面影响时,它们有权进行干预。显然,政府在数字经济中扮演着复杂的角色。它们一方面需要促进创新,另一方面也需要避免市场上不受监管、混乱的局面。因此,政府被迫通过技术创新来平衡国家安全和经济活力。

（二）政府在数字经济中可以发挥的作用

政府也不能把自己孤立在当代数字经济中,而必须共同努力迎接数字时代的新挑战。

第一,控制市场准入,加强市场力量监管,促进创新。

大型平台之间的动机存在显著差异。一些大型平台打算负责任地使用它们的力量来刺激创新。事实上,这种能力可以以非常有益的方式使用,因为大型平台有机会充当整个业务生态系统的架构师。这是一种协调经济活动、产生新的经济活动、创新和支持创业活动的令人吃惊的新方式。

数字经济也在发生类似的事情。在大部分工作中,创业活动明显增加。独角兽正在繁殖。这一趋势至少有一部分可以追溯到数字经济中的机遇和低进入壁垒。这些平台是这个过程的一部分。然而,由于这些平台都是由数据涡轮增压的,它们可以在大规模和更广阔的战线上运行。

中国经济规模如此之大,以至于在各个领域都存在着相互竞争的大型平台,比如移动支付系统。然而,我们不能期望所有平台都具有相同的负责任动机,也不能期望现有大型平台保持其意图不变。超级明星企业的ICT和数字资本积累创造了全新的垄断市场力量。当这种权力被滥用时,就会出现掠夺性和歧视性的定价行为,严重阻碍创新活动。政府必须限制这一点，并确保一个拥有多个巨型平台的健康市场，以保证消费者剩余和创新活力。

第二，在科斯定理失败的情况下适当地分配数据属性。

数字经济的运行创造了大量的数据。有人可能会想，为什么我们不应该遵循科斯定理来定义个人数据权利，让人们进行交易，让政府站在一边。人们是否能够交易他们的数据权利，导致有效的结果？尽管人们有权使用他们的数据，但实际上他们并不完全拥有数据，因为他们必须为数据的使用付费。如果每个人都拥有自己的数据，即使他们允许数据用于特定目的，每次使用数据时也都需要一份合同，很难想象这个世界将如何运转。这是一个专家和政府尚未完全解决的问题。在经济数字化过程中，人们是否应该从巨大的价值创造中获益，这是一个分配问题。目前，企业正通过数字和无形资产以及相对较少的人员创造大量价值。就业和价值创造正在分离，高价值资产的所有权明显集中。显然存在分配问题，但允许人们拥有自己的数据可能不是正确的解决方案。

鉴于个人隐私与数据因素非竞争性带来的利益之间的冲突，以及消费者所经历的"数字隐私悖论"问题（表示对数据隐私的担忧，但在现实中很容易披露数据），将数据财产完全移交给公司或消费者并非最佳选择。相反，政府应该干预分配。政策制定者应该参与这个规范问题，考虑哪些活动在社会上是可接受的，并相应地阐明默认规范。在这样做的过程中，他们应该根据潜在的隐私风险评估数据使用的价值，检查获得真实和知情同意的可行性，并牢记数据流限制的可执行性。

第三，为数字经济设计合适的税收和激励制度。

数字经济中的税收是棘手的，因为数字交易跨越国界。传统意义上，税收制度的基础与产品的生产地和消费地有关，但在数字世界中，这一点模糊不清，难以追踪。总体而言，数字经济中存在与税收相关的重大问题，其中一些是新问题，必须加以解决。

中国发展的一个关键经验是，在过去四十年中，政府为经济发展制定了正确的激励措施。随着经济的增长，政府获得了更多的税收，并以各种形式从私营部门获得了更多的捐款。因此，政府和企业家的激励是一致的。在美国，目前大部分联邦政府收入来自个人所得税，部分收入来自利润税。假设互联网经济或数字经济被适当征税，成为美国州政府和联邦政府税收的主要来源，在这种情况下，州和联邦两级的美国政府官员将有更大的动力支持数字经济。美国在朝着这个方向前进。

第四，加强国际合作，迎接数字经济的新挑战。

在数字经济时代，政府间和跨境合作至少与实物贸易时代的国际合作同等重要，甚至更为重要。由于数字贸易具有规模经济，当主权政府合作时，消费者可以从源自其他国家的平台中获益，而无须等待国内平台的出现。例如，欧洲消费者可以从亚马逊或阿里巴巴等其他国家的现有平台中获益。如果各国政府不合作，其结果将是贸易体制在全世界范围内受到许多阻碍，反过来伤害那些没有自己成功的国内平台的国家。考虑到目前的格局，对中国和美国的损害可能相对温和，但数字贸易壁垒对欧洲以及一系列新兴经济体和发展中国家的影响将相当负面。

由于数字经济往往具有非常高的固定成本和更低的边际成本，公司可以通过建立更多的竞争和更大的创新基础来利用规模经济的好处。开放存取允许大量的利益和资源流入这些数字技术的主要中心。

然而，为了获得这些好处，政府必须共同努力回答之前讨论的有关数据隐私、位置、安全和使用的问题。尽管目前还不清楚解决方案是什么，但至少必须达成一项协议，即各国拥有主权权利，在如何使用其数据方面发挥作用。虽然可能代价高昂，数据必须在任何可行的国际体系中让位于国内，并且在某种程度上主要由代表数据所在地人民利益的实体控制。

第四节　衍化的元宇宙经济学猜想

传统经济学以实物商品为核心，元宇宙经济学以虚拟商品为核心，数字经济则包含实物商品的数字化过程。从这个意义上讲，元宇宙经济学是数字经济学的有机组成部分，是最活跃、最具代表性的部分。已有的元宇宙经济学指出，认同决定价值而非劳动，边际效益递增而非递减，边际成本递减而非递增，交易成本趋于零而非居高不下；元宇宙经济学四大要素是数字创造、数字资产、数字市场、数字货币；"四个统一"是计划和市场统一、生产和消费统一、监管和自由统一、行为和信用统一。[①]

不过，在纯粹虚拟的元宇宙或数字经济中，或许存在着一些经济学假设和原理的修正，但并非颠覆了经济学假设和规律。目前流行的

---

① 赵国栋，易欢欢，徐远重.元宇宙[M].北京：中译出版社，2021.

元宇宙经济学提出的规律，即使放在虚拟世界里也难以成立，更何况是在一个不断衍化的元宇宙虚拟世界中。而被作为元宇宙基石的数字货币，存在着一定法理上和理论上的缺陷，因此，对流行的元宇宙经济学的反思是必要的。

一、对元宇宙经济学的反思

（一）对元宇宙经济学基本逻辑的反思

物质产品和数字产品的二分法为基础，对经济学进行划分，可以把数字产品的创造、交换、消费等所有在数字世界中进行的经济活动称为元宇宙经济。元宇宙经济是数字经济中最活跃、最具革命性的部分，对数字产品的创造、交换、消费等所有在数字世界中进行的经济活动的研究就是元宇宙经济学。[1]

这一对元宇宙经济学基本逻辑的论述是否站得住脚呢？第一，物质产品和数字产品的二分法是恰当的吗？第二，存在纯粹的数字世界吗？第三，物质产品和数字产品有交互吗？第四，数字世界与物质世界有交互吗？这四个问题的答案是明晰的：首先，物质产品和数字产品的二分法忽略了物质世界的数字化过程；其次，不存在脱离物质世界的纯粹数字世界；再次，物质产品和数字产品有交互；最后，数字世界以物质世界为基础，数字世界不能脱离物质世界。

人们在元宇宙中，摆脱了物理世界的一些"俗务"，不用吃饭应酬，不会生病，也不会死去（除非永远离开元宇宙），主要的活动就

---

[1] 赵国栋，易欢欢，徐远重. 元宇宙 [M]. 北京：中译出版社，2021.

是体验、创造、交流和交换。这其实是对元宇宙的时间和经济行为假设。不过，人的生命是有限的，人不可能随时都在元宇宙中存在，人也不可能永远在元宇宙中生存，人在元宇宙中可能难以为人类的发展创造有益的价值。元宇宙经济行为其实仅仅是个体的一部分行为，因而不具有普适性。事实上，绝大多数时间人是在真实世界和衍化的元宇宙中存在的，包括生活、学习和工作。

显然，这里所指的元宇宙是纯粹的虚拟世界，元宇宙经济学也是这个纯粹虚拟世界的经济学。不论是从广义还是狭义的元宇宙概念来看，元宇宙经济现在以及未来都不会完全脱离物质世界而存在，那么，以纯粹虚拟世界的元宇宙经济来构建元宇宙经济学就存在逻辑上的悖论，因为经济学作为一门学问，有其必然、具体、一般性的规律，一般性的规律就会超出人为划定的元宇宙经济，如果所称的元宇宙经济学不能解决这一悖论，其所称的元宇宙经济学也就不能成立。

（二）对元宇宙四个经济要素的反思

元宇宙的生活必须具备四个基本要素。我们在阐述这四个基本要素的同时，也进行反思。

第一，通过数字创造出元宇宙中的产品。元宇宙是否繁荣，第一个重要的指标就是数字创造者的数量和活跃度。元宇宙的缔造者需要提供越来越简便的创作工具，降低用户的创作门槛。根据数字产品的生产方式，其可以分为PGC和UGC，随着AI技术的成熟，还将出现AIGC。这是在游戏世界较为成熟的模式，未来可以向多类产业的元宇宙共创平台发展。

第二，数字资产的产权。区块链提供了数据拷贝受限的解决方

第三章　衍化的元宇宙金融基石：数字经济学与元宇宙经济学

案，综合利用加密算法、签名算法、共识机制等，确保数据每一次拷贝都被登记在册，确保数据不被非法篡改、拷贝，从而奠定了数据成为资产的技术基础。通过加密，可以把数据资产化，人们可以通过共识机制对交易进行验证和确认，为交易行为留下不可被篡改的记录。这能够帮助元宇宙的参与者完成对数字产品的确权，建立数字资产。数字资产（数字产品）通过区块链确认产权无疑是可行路径，但目前诸多的数字资产的交易并非通过区块链确认产权，而是通过中心化平台确认产权的，因此不能把数字产品的产权确认绝对化。

　　第三，数字市场。其代表着数字世界交易的场所和必须遵循的规则。元宇宙的核心是纯粹数字内容的交换，如给某段视频或图文材料进行"打赏"，在游戏中"购入"一栋"大楼"、一个"城镇"、一辆"汽车"或一套"皮肤"等。成熟的元宇宙的数字市场，其中交易的产品的创造过程和实际交易应该是在元宇宙中完成的。"限量供应"是元宇宙经济的核心手段。玩家购买游戏中"皮肤"的原因大致有两条：首先，满足其内心的精神需求；其次，不同的游戏体验以及在社交网络获得引人注目的满足感。目前，内容付费已经流行起来，数据交易所正在兴起（如北京国际数字交易所），数据市场既可以是平台内的市场，也可以是交易所的市场，未来可能还会有跨平台的非交易所市场。限量供应和资产价格炒作在一定程度上与数字市场的发展相悖。事实上，数字市场的最大特点是交易成本低、不限量和廉价。

　　第四，数字货币。银行体系要能促进而不是阻碍数字货币的发展。在工业时代，人类社会完成了实物货币向法币的转换。数字时代，人类社会必将完成从法币向数字货币的转换。元宇宙经济是全面应用数字货币的试验田。在元宇宙中，没有给法币留下空间。元宇宙经济的核心问题，就是数字货币的应用问题。要实现游戏币和法币的双向兑换，不仅有技术问题，还包括经济问题。

(三) 对传统经济学假设的反思

在元宇宙中，我们的时间和精力同样是稀缺的，我们的创造性也不是必然存在的。如果元宇宙世界数字产品极大丰富，那么数字产品转化为财富的可能性同样也是稀缺的。从另一方面讲，元宇宙供给平台本身存在差异，其供给和服务本身也在不断升级，优质的服务在某种程度上也是稀缺的。因此，元宇宙并没有改变资源稀缺性假设，只是改变了稀缺资源的种类，或者是更根本性的稀缺，并未颠覆传统经济学的假设。

元宇宙中的数字人摆脱了生老病死的生理问题，是人们在精神世界的化身。Avatar 天然是要追求马斯洛需求模型中的最顶端需求，也就是自我实现甚至超越自我的需求。而自我实现的精神愉悦就来自创造和分享，来自超越束缚、抛掉理性。当摆脱了生理需求诱惑，在精神世界翱翔的时候，Avatar 或许就是以创造为荣，以分享为乐，体验重于结果。分享取代自私，利他取代利我，成为元宇宙共同的价值选择。

事实上，即使是从纯粹虚拟的元宇宙来看，只要有人的参与，经济学的基本前提都未必被打破。这一点是需要高度注意的地方。

(四) 对元宇宙经济规律的反思

在数字世界中消费数字世界原生的数字产品，是传统经济学家们没有遇到的新现象。在物理世界中，已经建立的基本经济概念和认识是否会在数字世界中面临颠覆。我们来看元宇宙的五大经济规律,并对此进行反思。

第一,否定劳动决定价值理论,建立认同决定价值理论。劳动决定价值理论是传统经济学的支柱。无论商品价格怎样变化,商品中无差别的一般性的人类劳动,就是价格变化的核心点。数字世界中的数字商品,与劳动没有正比例线性关系。

笔者以为,劳动创造价值,交换确定价值(价格),交换的前提自然是认同。劳动价值论以社会必要劳动时间的衡量为基础,确实没有充分考虑创造性成果的价值,也忽略了其他要素的价值贡献。数字商品或满足精神层面的产品不会完全遵循劳动决定价值的理论,但它们仍然是劳动创造的。认同并不决定价值,也并不一定确定购买和交换,认同或许仅仅是确定交换的价格,价值仍然包括劳动并且核心是由劳动等多要素共同决定的。

第二,否认物理世界中的边际效益递减理论,确立元宇宙中的边际效益递增规律。在物理世界中,商品的边际效益往往是递减的。在游戏中,玩家越多越有趣,游戏时间越长,获得的激励和快感越多。每天登录还有奖励。如果满足边际效益递减的法则,就不会有沉迷。元宇宙社交网络中,存在明显的网络效应,用的人越多,网络效应越显著。

笔者以为,最好区分个体的边际效应与商品的边际效益。从个体的角度而言,"沉迷"并不意味着没有边际效应递减。如果没有边际效应递减,为何还要有奖励?众多互联网公司发红包或者通过现金等方式奖励争抢流量的行为,本身也是边际效应递减规律的体现。从网络游戏角度和社会角度而言,当沉迷不创造自我价值和更大社会价值时，往往造成社会劳动的极大浪费。从商品的角度而言，每增加一单位产品的销售，其边际收益可能降低。如果没有边际效益递减，为何数字商品在销售时要采取"限量供应"的销售策略呢？

第三，否认物理世界中的边际成本递增理论，确立元宇宙的边际成本递减规律。在物理世界中，商品的成本曲线呈"U"形——生产时，随着产量的提升，边际成本越来越低；生产线饱和时再去增加产量，就会面临生产成本大幅上升的局面。在数字世界中，所有产品的原材料都是二进制的"0"和"1"代码。没有生产线，没有工人，没有仓储，没有物流，随时可以暂停或启动生产。产品一旦被创造出来，永远有效、不会磨损、不需折旧，再生产成本几乎为零。边际成本递增的法则在元宇宙中被打破了。

边际成本是每一新增单位的产品所带来的总成本的增量。边际成本在长期和短期内，实际情况中都是可增可减的。边际成本递增是说达到一定产量时，再增加产出的话会使成本呈现递增的趋势。边际成本递增是由边际产量递减造成的，也就是由边际报酬递减造成的。举个简单的例子，当工厂进行流水线生产时，在假定所有流程、工人工资都保持不变的情况下，随着机器的折旧，可能出现边际成本递增的规律。在数字化世界和平台经济中，通常都存在着边际成本递减规律，即当服务客户的规模或产品销售达到一定程度时，产品或服务的边际成本呈现下降趋势。显然，元宇宙的边际成本递减规律并不是唯一的，也可能不是必然的。

第四，物质世界中市场建设成本高，元宇宙中市场创立成本低。在数字世界中建立市场的成本远远低于物理世界。理论上，数字世界中将会产生丰富多彩的新型市场，从而起到繁荣经济的作用。加密数字资产市场，就是数字世界市场的典型，其代表是比特币、以太坊。在以区块链技术为基础的加密数字资产市场中，规则一旦发布，任何人、任何组织都没有权利修改，除非"自治社区"绝大部分人都同意修改，这就实现了"去中心化"的治理模式。

笔者认为，商品市场和金融市场的数字化早已开始，但都带有中心化金融的特点，依赖于中心化的特定金融基础设施。依赖于区块链技术和去中心化金融逻辑的加密数字资产市场是数字世界市场这个说法极难成立。事实上，数字货币市场暴涨暴跌的价格，不断出现的黑客盗窃案件，以及层出不穷的诈骗和洗钱等案件，说明私人发行的数字货币仅仅是郁金香似的泡沫资产。因此，加密数字资产市场并不是数字世界的典型市场，未来的数字市场也未必一定是去中心化的以区块链为基础的市场。更为重要的是，数字市场仍然有安全性问题，这是目前和未来去中心化金融市场难以解决的问题。而现在带有元宇宙特点的游戏服务商中，基本上都没有以区块链的去中心化加密货币的影子。

第五，物理世界的交易成本高，元宇宙中的交易成本趋零规律。交易成本区别于市场的运营成本。交易成本是买卖双方在达成交易的过程中所支付的费用。在物理世界中，交易成本有很多种类，有些种类并不是靠代码规定的交易规则就能涵盖的。其突出表现是在企业市场中签合同所需的费用，很可能占合同金额的10%~20%，甚至更高。而在数字世界的数字市场中，几乎没有交易费用。

笔者认为，数字市场的交易成本较低，但仍然以其基础设施的成本和市场维护监管成本为核心衡量标准。物理世界的交易成本较高这一说法表面看来有道理，但实际上中心化金融基础设施成本远低于去中心化的金融基础设施成本，并较为充分地解决了运营的安全问题。

去中心化市场的交易成本除金融基础设施成本高、安全性较低外,获得加密货币或资产还要消耗大量的能源和计算设施,其整体的交易成本并不低。因此,认为数字市场的交易成本趋零显然过于理想化了。

二、对元宇宙经济系统的思考

(一)对元宇宙作为一种经济体系的反思

元宇宙关键要素之一在于,它并非出自哪一家行业巨头之手,而是数以百万计的人们共同创作的结晶,每个人都通过内容创作、编程和游戏设计为元宇宙做出自己的贡献,还可以通过其他方式为元宇宙增加价值。因此,元宇宙将是一种大规模的参与式媒体。如果它的背后没有经济支撑,那么它自身就要成为一种经济体系。[①]

元宇宙和完全由一家公司管理的人工智能产品不同。例如,Facebook 就是人工智能产品,Facebook 所有的利润都来自广告。用户创建一个 Facebook 主页,Facebook 可以通过主页广告赚取数百万美元。YouTube 也可以投放广告,但创作者同样能通过广告赚钱,只是 YouTube 平台仍然赚取大量的广告收益,这是一种折中模式。元宇宙作为一种未来媒介,能够成为比现存的任何封闭系统都更高效的引擎,推动经济效率提升。

(二)创作者经济的可行性与对区块链模式的反思

元宇宙可能成为某种形式的创作者平台。要确保创作者经济的可

---

① KIM J. 元宇宙平台,可以撑起一套新的经济系统吗[Z]. 2021-05-21.

行性，设计的这种经济体系由大量组件组成。关键是要意识到，这个体系实际上背负着大量运营成本。这些成本不能和我们所知道的运营商店的成本相提并论。运营商店的成本包括支付 2.5%~3% 手续费，还有 CDN 带宽费，需要向 Akamai、亚马逊或其他公司购买。这些成本约占收入的 1%。此外还有客户服务成本，约占收入的 1%~5%。因此一家商店的运营成本在 5%~7%，除外之外，商店抽成中所有超过此比例的金额都是利润。不过，元宇宙或者类似的平台还需要托管数以百万计的服务器，这些服务器用于提供用户内容和运行 3D 模拟，包括逼真的物理模拟。这些是新的成本要素。

最重要的是保证透明和竞争。实现这个目标的最佳途径就是采取更多的标准，逐步开放经济体系，最终达到理想的开放状态，而不是一开始就完全摒弃旧有的模式。

（三）建立公平的经济体系

作为游戏开发者，非常有利的一点就是你可以在整个市场四处闲逛，挑选出最适合自己的组件。你可以使用 Epic 在线服务，也可以使用 Gamesparks，或者任何你想要的服务。你可以使用虚幻引擎，也可以选择 Unity，没有人为的障碍。

Epic Services 的所有服务都与竞争者的服务实现了相互操作，而且没有施加任何许可、技术或业务限制。Epic 正在一家公司的游戏基础上构建元宇宙，构建日益开放的平台，我们要确保这个平台的所有组件都对竞争者开放，确保最优秀的竞争者能够在这个平台上生存和成功，即使他们正在与 Epic 的核心业务或者其他业务直接竞争。

Epic 不仅要建立一个 3D 平台和技术标准，还要建立一个公平的经济体系，所有创作者都能参与这个经济体系，获得回报。这个体系必须制定规则，确保消费者得到公平对待，避免出现大规模的作弊、欺诈或诈骗，也要确保公司能够在这个平台上自由发布内容并从中获利。

三、构建元宇宙经济学的基本假设

目前，对元宇宙、元宇宙经济体系理解仍然不充分，对元宇宙经济学的理解依然众说纷纭。从第一性原理出发，笔者根据原初的虚拟世界、数字化的虚拟世界和元宇宙的虚拟世界的划分与互动，以及元宇宙衍化的理解，尝试进行元宇宙经济学假设的构建。

（一）经济学基本假设的第一性原理

这里的经济学假设是从第一性原理出发谈的，具有如下几个特点：第一，它不是微观经济学和宏观经济学的假设，而是整个经济学的假设。比如微观经济学的假设是市场出清、完全理性、充分信息，认为"看不见的手"能自由调节实现资源配置的最优化；宏观经济学的基本假设是市场失灵，假定市场机制是不完善的，政府有能力调节经济，通过"看得见的手"纠正市场机制的缺陷。第二，它是反映现实的假设，而不是便于推理而设定的某个定理。比如科斯定理假定交易成本为零，市场机制充分发挥作用，与斯密"看不见的手"契合，但不是真实的世界。第三，它是本原性假设，是公理性假设，而不是定理和推理性假设。第四，它是抽象的假设，因而具有普适性。

为什么经济学的基本假设要以资源稀缺性和经济人假设为前提呢？其实也非常简单，因为人生存需要资源，每个人都需要资源，资源自然是稀缺的,即资源相对于人生存的稀缺性;人要生存必然是理性的、自利的,每个人都以自身利益最大化为目标,因为资源是稀缺的,如果不自利、理性则不能生存,这就是经济人假设。这两个基本假设在逻辑上是互洽的,建立在抽象的人与社会的关系之中。

(二) 经济学基本假设的发展方向

对经济学基本假设的发展有两个方向:一个方向是对两个基本假设的发展;另一个方向是加入其他基本假设,构建新的假设体系。

首先,从假设的发展角度来看。在资源的稀缺性假设当中,除了自然资源的稀缺性,还有时间资源的稀缺性和创新资源(人力资本)的稀缺性。此外,尽管数据资源日益丰富,看似具有充分性而不是稀缺性,但由于数据资源分属于不同的平台,跨平台应用非常困难,在某种程度上仍然满足数据资源稀缺性的特点。正如水和空气一样,本身并不稀缺,但如果受到污染或者受到控制,则仍然会出现稀缺性特点。因此,数据资源的稀缺性仍然存在。从经济人假设(或称理性人假设)来看,人的行为是趋利避害的,在斯密的理论中,人的自利行为在自在经济中会促进社会整体福利的增进。同时,它也并不妨碍个体人生价值的实现。成熟的个体会更多地追求人生价值的自我实现,追求自我的充分发展乃至全面发展,追求创新创造和人力资本化价值,最终实现自我的社会价值。

其次,加入其他假设构建新的经济学假设体系,难度非常高。一定要区分经济学的基本假设和生产要素。生产要素是生产价值的决定要素,可以称之为要素理论。要素及相关理论不能被称为经济学的基本假设。

(三) 现实世界的两个新的基本假设

在现实世界中，随着科斯定理的出现及推论，人们充分认识到交易成本不为零，因此才会有市场、才会出现政府对经济的干预。随着疫情全球大流行，气候和环境问题日益受到全球关注，也让人们充分认识到环境并不是天然安全的。因此，在现实世界中，经济学假设可增加交易成本为正和环境安全成本为正这两个基本假设。

交易成本为正假设：真实的社会中交易成本为正，因此市场不能自然地解决一切问题，需要产权的确认，需要企业组织的出现，企业组织需要横向和纵向的联合；市场可能失灵不能完全出清，可能出现经济危机和金融危机，需要政府的宏观政策和必要的危机干预。在交易成本假设中，货币的统一是降低交易成本的重要条件。而目前看到的元宇宙经济学，实际上首先违背交易成本假设的这一重要条件，即货币的统一，试图建立去中心化的金融，包括加密货币、加密资产以及NFT。假如元宇宙世界真的如此建设，那么交易成本将极大地上升，将远远地超出数字经济和区块链共识带来的交易成本下降。这里是假设如宣传所说区块链分布式技术带来的交易成本是下降的，但实际上有可能是推动交易成本上升的，而且可能是大幅上升的，因为其交易更为烦琐，需要所有人认同，还面临着各种风险冲击。

环境安全成本为正假设：人类的经济行为和社会生活通常会默认环境安全，也就是环境安全成本为零。但是环境并不天然安全，从人类诞生之初，环境安全成本就不为零，自然环境、病毒、气候、社会稳定等都是有条件、有成本的。从一定程度上讲，环境安全成本与交易成本存在着一定的相关性，与科斯的社会成本理论有着更为直接的相关性，但又显然不同——科斯的社会成本理论解决的是私人产品的外部性问题，从资源或产权的配置来看，要求逐渐降低社会成本，提高社会收益。事实上，科斯的社会成本理论既是其交易成本理论的发展，社会成本也从属于其交易成本。

（四）元宇宙虚拟世界的创造性假设

在衍化的元宇宙之中，这四个基本假设自然仍能成立，但元宇宙及衍化的元宇宙发展，是否可能出现新的经济学假设呢？让我们先回到科斯的思想市场理论。科斯的思想市场理论大致有四层含义：第一，思维空间越广阔，人们在思想市场里思维受到的束缚越小，创新的可能性就越大；第二，思想信息的流动性越强，所创造的社会财富和社会价值就越大；第三，思想市场是种虚拟的市场，人的行为是现实空间的，虚拟的东西不应该受到其他各种约束；第四，如果消除垄断，思想市场会产生一种自动筛选真理、淘汰谬误的机制。[1]

事实上，在元宇宙虚拟世界中，和数字化虚拟世界一样，都或多或少地存在着思想市场的特征，并且为思想市场的发展提供了更多的方便，尤其是为原初的虚拟市场（个人思想）提供了极大的方便。随着社会数字化发展，人与知识的距离大大缩短，降低了思想市场的交易成本；而元宇宙虚拟世界的发展与衍化，正在缩短并且日益缩短人与知识理解和掌握的距离。尽管也可能出现数字化噪声，但数字产品的日益丰富正在改变人类思想市场的创新创造性。这种创新创造性既与人的自我发展相关，与人力资本的形成相关，也与社会发展紧密相

---

[1] 李怀.科斯对社会成本理论的贡献及其启示[J].学术界，2014（1）：7-11.

关,是未来社会的人力资本化红利。

因此,元宇宙经济学可以增加的假设是创造性假设:人类知识传承越容易,知识与个体的距离越短,知识与个体理解和掌握的距离越短,人类的创新性和创造性越强,对社会的推动性越强;对人类知识传承的限制越少,合作共创的可能性越大,社会创新和创造将出现几何级数的增长,人力资本将快速提升,并与传统的资本共同推进社会的创新发展,并将极大地缓解资源稀缺性,极大地降低交易成本和社会安全成本,人类社会可能出现爆发式的发展。而且,在元宇宙虚拟世界中,创造性假设日益体现出共创性的特征来。

由此,元宇宙经济学增加了创造性假设,与传统的经济人假设、资源稀缺假设和新增的交易成本为正假设和社会安全成本为正假设一起,构成衍化的元宇宙经济学的五大假设。当然,这五大假设是否能够真正成立,尚需要进一步的研究和讨论。

需要特别说明的是,在元宇宙虚拟世界经济学中确立了创造性假设,是不是等于元宇宙虚拟世界的经济学就是创造性假设,其他四个经济学假设无效呢?答案当然是否定的。元宇宙虚拟世界中五个经济学假设都是成立的,但创造性假设是元宇宙虚拟世界的独特贡献。同样,在元宇宙虚拟世界经济学中确立了创造性假设,是不是等于真实世界中不能有创造性假设或者创造性假设不适用呢?答案当然也是否定的。这里因为元宇宙虚拟世界让创造性假设凸显出来,但创造性假设其实早就在真实世界中生根发芽了。当然,作为经济学假设的通用性,我们便用了"创造性假设"这一表述,如果要更能体现元宇宙虚拟世界的特点,可以称为"共创性假设"。

(五) 创造性假设在衍化的元宇宙中的作用

事实上,横贯人类历史的创造性假设在元宇宙经济学中的地位和作用非常重要,因为数字化缩短了人类传承中人与知识的距离,而元宇宙相关技术缩短了人类传承中人与知识理解与掌握的距离,更重要的是还提供了共创社交平台,使共创具有直观可视化,降低了创新创造的难度。这一革命性的变化将随着元宇宙的衍化而推动传统真实世界的变革。创造性假设在衍化的元宇宙中将发挥非常作用的重要,并将逐步改变真实世界的四个经济学假设(见图3-1)。

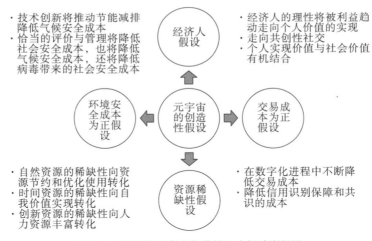

图3-1 衍化的元宇宙经济的五大经济学假设

资料来源:西财全球金融战略实验室

衍化的元宇宙中经济人假设的改变可能会体现在三个方面:一是经济人的理性将被利益趋动走向个人价值的实现,但并不否认利益驱动的核心作用;二是走向共创性社交;三是个人实现价值与社会价值有机结合。

资源稀缺性假设的改变可能体现在三个方面：一是自然资源的稀缺性向资源节约和优化使用转化；二是时间资源的稀缺性向自我价值实现转化；三是创新资源的稀缺性向人力资本丰富转化。

交易成本为正假设的改变可能体现在两个方面：一是在数字化进程中不断降低交易成本；二是利用恰当的机制（可能是分布式机制），降低信用识别保障和共识的成本。

环境安全成本为正假设的改变可能体现在两个方面：一是技术创新将推动节能减排降低气候安全成本；二是恰当的评价与管理将降低社会安全成本，也将降低气候安全成本，还将降低病毒等带来的社会安全成本。

四、衍化的元宇宙的生产要素论

衍化的元宇宙是数字经济的有机组成部分，但是衍化的元宇宙经济学却并不一定隶属于数字经济学。衍化的元宇宙经济学是更为宏观的经济学，是抽象地概括传统经济学、数字经济学和元宇宙虚拟世界的经济学。从这个角度上讲，从衍化的元宇宙经济学五大假设出发，进而可以构建生产要素理论，进而确认相应的经济学规律。

生产要素理论与经济学的基本假设有相关性，但两者又有很大的不同：生产要素理论也可以称为价值来源理论，即价值是由哪些要素决定的，而经济学的基本假设是针对真实世界中存在着什么的支点，从这个支点出发可以推演出整个经济学规律。

生产要素理论要解决三个问题：生产要素是什么，生产要素之间是什么关系，与经济系统是什么关系。按生产要素分配的基本理论依据即生产要素理论,生产要素论和按生产要素分配论是统一和不可分割的整体。①

(一)生产要素论的发展

在真实世界中,从威廉·配第的"土地是财富之母,劳动是财富之父"的两要素论,向斯密的"土地、劳动、资本"的生产三要素理论发展,资本在其中发挥着重要的作用;西方经济学史上第一位系统性地论述生产三要素理论的是法国经济学家萨伊,他认为财富或效用是由劳动、资本和自然力创造的。其中,自然力以能耕种的土地为最重要的因素但不是唯一因素。劳动创造了工资,资本创造了利息,自然力(土地)创造了地租。英国的经济学家西尼尔把生产的三要素归结为劳动、自然要素和节欲(或称节制)。生产的主要手段是劳动和不借助于人力的、由自然予以协助的那些要素。"劳动是为了生产的目的、在体力或脑力方面的自觉努力。"这种努力同时也是工人放弃自己的安乐和休息所作出的牺牲。自然要素是指其力量不是来源于人类动作的一切生产要素,主要包括土地、矿山、河流、天然林及林内的野生动物,以及海洋、空气、光和热等。节欲则是人类的自我节制行为,具体地说,就是资本家牺牲个人消费而有意识地将其所能支配的资源用于未来成果的生产的行为。

古典经济学的集大成者约翰·穆勒进一步丰富和完善了生产要素理论。在生产要素的构成上,他继承了前人的观点,将其归纳为土地、

---

① 晏智杰.关于按生产要素分配的理论依据问题——兼评一种观点[J].吉首大学学报(哲学社会科学版),2001(1);晏智杰.分配制度改革和价值理论重建[J].马克思主义与现实,2002(2).

劳动和资本，但他比前人在一般形式上更加详尽地论述了各种生产要素，特别是劳动和资本的存在方式、性质和条件。劳动按其进行方式分为直接劳动与间接劳动两种形式。直接劳动是指直接生产对人类有用的物品的劳动，例如面包师在制作面包时施加在物品本身上的劳动。为这种直接劳动做准备的多种劳动，或者说是"用于生产的预备性作业"的各种劳动，则被称为"间接劳动"。劳动产物的积累被称为资本，并划分为流动资本和固定资本。土地是由自然提供的原料和动力。

马歇尔提出了四要素论，在三要素基础上增加了一个新的生产要素——组织，或称企业家。他首先肯定了三要素的存在，然后又在资本中分解出组织要素来。资本大部分是由知识和组织构成的，知识是我们最有力的生产动力，它使我们能够征服自然，并迫使自然满足我们的欲望。组织则有助于知识，它有许多形式，从企业到国家组织。马歇尔的组织是指资本家对企业的管理和监管，后来也有人把组织要素视为企业家的经营和管理能力，即企业家才能。马歇尔认为工资、利息和利润分别是劳动、资本和组织的均衡价格，地租是使用土地的代价。他认识到生产要素本质上只有自然和人类。严格地讲，如果把知识也从资本中分离出来的话，马歇尔的理论也可以称作"五要素论"。

有人称新制度学派的领袖人物加尔布雷思在生产要素中增加了知识要素，但实际上不准确。[1]加尔布雷思在生产要素中增加的是技术结构阶层，即经理、工程师、科学家、工厂经营管理人员和律师等，对应于资本主义的高度发展和科学技术迅速发展阶段，实际上新增的要素是较企业家更为普遍的人力资本。这为舒尔茨和贝克尔等人的人

---

[1] 于刃刚.西方经济学生产要素理论述评[J].河北经贸大学学报，2002（05）.

力资本理论所确认，但又局限于人力资源层次。

贝克尔沿用他在家庭经济学中的分析，认为人力资本是指个人具备的才干、知识、技能和资历，并且还有时间、健康和寿命，同时更强调人力资本的获得途径，指出人力的投资主要是教育支出、保障支出、劳动力国内流动的支出或用于移民入境的支出等。同样，贝克尔也没有说明人力资本与资本的关系，而更多地强调有关投入。而曼昆在论述生产率的决定要素时，将物质资本、人力资本、自然资源和技术知识并列。

此外，还有各种各样的多要素理论，如把信息、技术、管理、教育资源、知识型劳动力、金融、创新能力、核心技术、制度、政府行为、经济政策甚至宏观经济管理等都当作生产要素。

（二）衍化的元宇宙中增加的生产要素

根据生产要素论与按要素分配论的统一逻辑，任何生产要素都要有代表性主体，并最终参与分配。我们来看看真实世界、数字化虚拟世界和元宇宙虚拟世界分别可以增加什么生产要素。

加尔布雷思认为，在任何社会发展的任何阶段，都有一种生产要素是最重要和难以替代的，因而掌握这种最重要生产要素供给的阶层就具有极其重要的地位。例如在封建时代最重要的生产要素是土地，因此掌握土地的地主阶级在社会中就起着主导作用；在资本主义时代，资本代替土地成为最重要生产要素，因此资本家就在社会中起着主导作用。对应于资本主义的高度发展和科学技术的迅速发展阶段，新增了人力资本要素。我们称人力资本为与资本并列的生产要素，尤其强调人力资本的创造性特征。因此，人力资本成为与资本并列的生产要素，作为人力资本的个体是人力资本创造收益的收取者，收益包括高工资和股权红利等。

在真实世界里,市场制度作为一种经济机制,成为财富快速创造的前提和基础。在很大程度上,它是一种生产要素。如果不是市场经济机制,财富的创造或许受到影响。中国改革开放以来的巨大成就是中国共产党领导的社会主义市场经济机制的成功。它创造的是社会的整体公共收益,是最重要的公共品,为国家、政府、企业和人民所共享,包括经济增长、就业和税收等。统一稳定的货币和经过实践检验并修正的市场经济的法律体系等,都是市场制度的重要组成部分。

随着疫情的全球大流行,环境安全(包括自然环境和社会环境)也日益成为生产的要素,甚至也成为一种前提。在地震、泥石流、海啸等自然灾害前,在全球大流行的疫情前,当社会处于政治动荡、恐怖主义横行、战争之中,气候与环境不断受到污染和破坏,人们日益受到雾霾、污水、有毒空气的影响,人们的公共福利受到极大的冲击。反过来,安全稳定的环境可以降低交易成本,促进社会财富的创造与传承,极大地推进社会生产。由此,我们可以把环境安全作为一种生产要素,而政府应对行为和宏观政策等都是维护环境安全的重要内容。

在数字经济时代,在数字化虚拟世界的发展中,生产要素自然增加了数据要素。但是,难题出现了,数据与土地、劳动、资本、人力资本、企业家等要素不一样。尽管数据大都掌握在平台和组织手里,数据具有交互性,所有涉及的主体都涉及隐私和安全问题,很难有独立、分割的所有权,而更多地体现为共有产权。更为重要的是,数据的独立和分割很难产生真正的价值,或者说降低了数据创造效益的能力。数据作为生产要素参与收益分配的主体是什么呢?如果没有参与分配的主体,数据是否可以作为一种生产要素呢?事实上,数据作为生产要素参与收益分配的主体是政府代表的整个社会,数据通过降低交易成本提升生产效率推动财富增加和经济增长,既增加了数据创造财富的能力,也提升了社会服务能力和政府的税收水平。因此,尽管数据产权或许不清晰,却具有公共品的特性。因此,将数据要素纳入数字化的虚拟世界以及正数字化的真实世界具有合理性。

那么,在元宇宙的虚拟世界中,新增加了什么生产要素呢?有人说是平台,有人说是数字产品。事实上,元宇宙的虚拟世界带来的新生产要素是数字化共创平台,与元宇宙虚拟世界的共创性假设对应。数字化共创平台也归属于组织这一生产要素之中,使组织在数字化变革之中具有更多的共创属性。

需要注意的是,在数字化的虚拟世界里并没有基本的经济学假设产生,但在生产要素论中,数字化的虚拟世界里存在数字这一生产要素。根据数字化的虚拟世界包含元宇宙的虚拟世界的逻辑,数据这一生产要素也存在于元宇宙的虚拟世界里。按照衍化的元宇宙发展规律来看,数据这一生产要素也存在于真实世界里。

(三)衍化的元宇宙生产要素论

衍化的元宇宙生产要素论是说明相关生产要素的结构,包括两个生产前提要素——环境安全和市场制度,两个核心因素——资本和人力资本。人和人口是财富之因,土地是财富之母,劳动是财富之父,组织是财富之匙,数据是财富之杖。没有人就没有社会,没有一定规模的人口就不可能存在国家或政权,人和人口的消费需求是财富之因;数据是数字化虚拟世界的诞生的要素,既有充分性也有稀缺性,还具有规模经济性和可再创造性;组织包括企业组织、金融机构和公益组织等,也包括数字化共创平台,而数字化共创平台是元宇宙虚拟世界的重要生产要素;土地(自然资源和自然力)是劳动之母,包括资源开发和生态环境保护;劳动分为被动的人力资本(劳动力或人力资本Ⅰ)和主动的人力资本(人力资本Ⅱ),人力资本Ⅱ包括政治家、科研人员、企业家和金融家等。人力资本Ⅱ实际上也是管理、科技与制度的不断积累优化,包括人类传承的知识体系和创新(见图3-2)。更为重要的是,人力资本化的发展成为制衡财富和资本代码传承的重要手段,社会的良性可持续发展,同时也在相互制衡合作中推动的个人的充分发展和自我价值的实现。

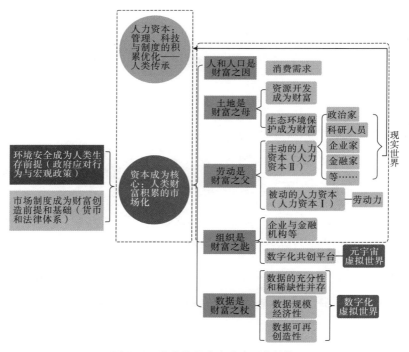

图3-2 衍化的元宇宙生产要素结构

资料来源:西财全球金融战略实验室

第四章

**衍化的元宇宙金融内核：
金融权力与法定货币**

数字货币的诞生与发展，实际上源于权力争夺，即互联网空间对现实世界货币权力的争夺。但数字货币的发展经历，再次证明了去中心化金融和数字货币既难以保障互联网交易安全，也因不稳定的价格难以充当稳定的价值尺度，同时去中心化的多头数字货币模式大大增加了社会交易成本，因而难以有中心化货币的效率和低交易成本。因此，央行发行的实物法币、央行允许存在的电子货币和央行数字货币必然替代私人数字货币成为数字经济和元宇宙经济的核心，而私人数字货币、数字资产和非同质化代币等必将消失。不过，在相对独立的元宇宙之中，虚拟货币（中心化的代币）仍然存在一定的发展空间，能发挥支付功能和价值储藏职能，但其既受法定货币尺度支配，也受通用市场价值规律的支配，从而形成不可或缺的内外双重的元宇宙货币体系的主要组成部分。

美国风险投资家马修·鲍尔将元宇宙支付定义为"对数字支付流程、平台和操作的支持,其中包括法币与数字货币的兑换,以及诸如比特币和以太坊在内的币币交易金融服务,以及其他区块链技术"。从元宇宙到元宇宙金融的发展,实际上存在着金融权力之争:一是数字货币或数字资产为寻找经济环境促进自身价值的提升,进行财富的再分配;二是元宇宙衍化中的金融变革以及金融权力的变革,重新塑造金融权力,变革之中也可能促进金融权力的变革。

第一节　数字货币诞生于权力之争

数字货币诞生于权力之争。从加密朋克到赛博朋克,加密社区都在争夺保护隐私的支付权力。但是数字货币的发行者日益发现,必须超越早期密码朋克的个人主义,同时不能完全去中心化,至少必须实现逻辑上的中心化。实际上,货币权力之争使人们发现,当私人数字货币成为数字资产,也会带来诸多风险。假如真的存在无障碍网络

（全球共用一个网络）恐怕也免不了利益之争。

一、加密朋克宣言与行动

（一）1993年的《加密朋克宣言》

20世纪70年代以前，密码主要由军事机构和间谍机构秘密使用。1985年，大卫·乔姆（David Chaum）发表了一篇名为《无须身份证明的安全性：让"老大哥"成为过去式的交易系统》的论文，讨论了匿名数字现金和匿名声誉协议——无身份验证的安全性。

1992年底，艾瑞克·休斯（Eric Hughes）、约翰·吉尔摩尔（John Gilmore）和蒂莫西·梅（Timothy May）成立了密码朋克或称加密朋克（Cypherpunks）小组，小组每月都会在吉尔摩尔位于旧金山湾区的公司Cygus Solutions碰面。三人创立了早期加密朋克的邮件列表，然后将其发展为全球的邮件列表。从梅于1992年11月发布的《加密无政府主义者宣言》到休斯在1993年3月9日发布《加密朋克宣言》，其价值主张都是激进的自由无政府主义言论，在加密货币与区块链成为新的技术趋势和经济革命之前，这两篇重要的宣言提到的技术价值，当前的技术公司正在逐渐使其实现。

《加密朋克宣言》的出发点是隐私的保护，包括用电子货币（数字货币的早期称呼，不是后来央行允许发明和使用的电子货币）。"开放社会中的隐私需要匿名交易系统。到目前为止，现金一直是此类系统的主要功能。匿名交易系统不是秘密交易系统。匿名系统使个人能够在需要时且仅在需要时才透露自己的身份……密码朋克，致力于构建匿名系统。为了捍卫我们的隐私，我们用密码学，用匿名邮件转发系统，用数字签名，用电子货币……加密实际上是从公共领域抹掉我们的信息……要使隐私权的意识广为传播，它必须成为社会契约的一部分。"①

（二）密码朋克与比特币的诞生

密码朋克所追求的匿名性和隐私性，与比特币所追求的独立性、去中心化不谋而合。作为密码朋克早期成员的中本聪，相隔了近17年，才将这种思想灌注到了比特币理念中，这和基础技术的特定的历史以及经济环境有关。

20世纪90年代末，大卫·乔姆发明了电子现金（E-Cash）系统。Ecash系统主要用以弥补借记卡的持有人被中心化银行掌握消费数据的缺陷。大卫的Ecash系统能够安全地以匿名的方式实现互联网支付。然而，这个系统没能在全世界范围内应用。

1997年3月，密码朋克邮件小组成员收到了一封"哈希现金邮资计划正式实施"的公告信。发件人是同为密码朋克组织成员、时年26岁的密码学家亚当·贝克（Adam Back）。后来人们都尊称他为"哈希之父"，哈希算法于比特币具有重要意义，代表的是技术的积累和传承。

1998年，戴伟提出了分布式的匿名现金系统——B-Money。在密码朋克圈中，这个项目影响力甚广，但是存在的设计缺陷使得其无法就矿工"公开计算成本并讨论达成统一价格"。

1999年，点对点技术（Peer-to-Peer，P2P）成熟并大范围流行，

---

① 参见 Eric Hughes 于 1993 年 3 月 9 日发布的《加密朋克宣言》。

奠定了比特币的框架。网络的参与者共享他们所拥有的一部分硬件资源（处理能力、存储能力、网络连接能力、打印机等），这些共享资源通过网络提供服务和内容，能被其他对等节点（Peer）直接访问而无须经过中间实体。

6年之后，优良保密协议（PGP）软件的另一发明者哈尔·芬尼（Hal Finney）设计出了"复用工作量证明"（RPOW），这是一种对分布式现金达成共识的机制，催生了比特币POW机制。尼克·萨博（Nick Szabo）将这个思想在名为《比特黄金》的文章中进一步细化，并在2008年再次发表。这篇文章成为比特币哲学体系的形成过程以及数字财产权发展史上的里程碑事件。比特黄金的第一个核心属性是工作量证明，从一个"候选字符串"开始。

中本聪在2008年匿名发表的文章《比特币白皮书：一种点对点的电子现金系统》，直接对互联网世界产生了划时代的影响，从而开创了比特币的世界，以及随后的数字货币世界。

（三）密码朋克去中心化的交易自由

朱利安·阿桑奇的著作《密码朋克：自由与互联网的未来》中提出重新定义权力关系，创造去中心化的电子现金以获得交易自由。[①]

他在"引言：对密码武器的一个呼吁"中指出，随着国家与因特网的融合，全球文明将成为监控型反乌托邦的强制性权力，针对新型监控型国家对密码武器的控制进行了反思，声称必须用加密技术来重新定义权力关系。

---

① 朱利安·阿桑奇.密码朋克：自由与互联网的未来［M］.北京：中信出版集团，2017.

他在"互联网与经济"一章中指出集中化的金融体系的本质可以影响和全面限制人们在其他领域的选择并会被滥用。因此，创造去中心化的电子现金获得经济交易的自由："创造电子现金绝对是一笔大买卖，因为控制交易媒介是组成国家的三种基本要素之一……比特币更倾向一种去中心化的处理方式，因此，不必像美联储那样……如果你有一个集中化的建构，即便由世界上最好的人来控制它，它也会吸引混蛋，而那些混蛋会利用他们的权力去做那些设计者本来没想去做的事……无论从哪个角度看，我们都能发现，这跟金融体系的本质有关，即使人们怀有最好的动机，这都无关紧要。"

二、加密社区应超越早期密码朋克运动的个人主义

以太坊（Ethereum）是一个开源的有智能合约功能的公共区块链平台，通过其专用加密货币以太币（Ether，ETH）提供去中心化的以太虚拟机（Ethereum Virtual Machine）来处理点对点合约。以太坊作为平台，提供各种模块让用户来搭建应用，如果将搭建应用比作造房子，那么以太坊就提供了墙面、屋顶、地板等模块，用户只需像搭积木一样把房子搭起来，因此在以太坊上建立应用的成本和速度都大大改善。以太坊的合伙创始人维塔利克·布特林（Vitalik Buterin）在2018年7月的一次采访中，阐述了加密经济学等有关问题。2019年3月，他在密歇根州底特律举行的"激进变革"大会上有关加密领域未来发展方向的主题演讲中称，加密社区应该超越早期密码朋克时代的个人主义，利用技术来创建新的、公平的、具有积极社会影响的创

新系统。①

(一) 超越密码朋克的个人主义

布特林认为今天的加密货币倡导者和开发者应该远离密码朋克运动的个人主义，将关注重点从最大化自治和隐私上转移出来。货币具有深刻的社会性，加密货币和区块链技术的潜力在于推动一个明确的政治化集体议程，包括重新思考社会治理模式，将身份和社区成员正式化，促进公共产品的公平融资，以及重新建立所有权结构。

比特币的发明代表了一场去中心化运动，以太坊这样的智能合约平台以及以治理为中心的区块链，可以充分实现其最初的变革目的。不过，区块链的非金融性应用将继续面临困难，难以具有吸引力。为此，布特林计划通过创建一个去中心化的生态系统，重塑现有的技术和权力格局，让规模较小的企业能够与现有的垄断企业同台竞争。

(二) 将区块链视为"世界计算机"

区块链即"世界计算机"的想法将区块链作为一个整体，其功能类似于计算机。区块链同样有一个硬盘驱动器，并在硬盘驱动器上存储着所有的账户；它存储了所有智能合约的代码，以及相关智能合约存储的信息；它接受由许多不同用户签署的交易的输入指令，并根据一组规则处理这些传入的指令。在区块链上，人们可以构建任何可以在计算机上构建的内容。不过，区块链提供的最重要的是额外的可信保证：保证计算机以期望的方式运行，并且其他人无法通过停业、黑

---

① Libert. Vitalik Buterin：加密领域须超越早期密码朋克的个人主义，利用技术创新搭建新生态系统［Z/OL］．https://www.8btc.com/article/379583，2019-03-26．

客攻击、死亡、公司破产等非正常手段来干预这种保证。

创造加密货币本身是无成本的，但创造出有价值的加密货币并不是无成本的。其平衡取决于人们认为有价值的加密货币的集合。

密码学领域的创新不仅是技术创新或政治创新，在很大程度上也是文化创新。加密货币不仅是一种去中心化的审查阻力，也是一种文化创新。区块链也是一种文化创新，它包含了去中心化的生产方式、生活方式、合作和构建方式等。加密社区处于所有这些不同文化理念的中心，这些理念包括项目应该如何组织，成为领导者意味着什么，成为开发人员意味着什么，成为项目的一部分意味着什么，成为团队的一部分意味着什么，等等。

（三）去中心化与逻辑中心化

加密货币既包含去中心化原则，也包含逻辑的中心化原则。

第一，体系架构的去中心化，重点在于基于只有一台计算机的系统与基于大量计算机和容错机制的系统之间的区别。很多事物都已经在体系架构上完成了去中心化，比如亚马逊的大部分云服务器，以及许多军事用途的硬件设备；也有很多事物仅在某些方面实现了体系架构的去中心化。

第二，管理上的去中心化。区块链不是同时由一个人或一小群人运营，而是具有去中心化的特点。

第三，逻辑中心化。区块链在逻辑上是中心化的，因为只有一个区块链，这样才能保证基本的信任和效率。

三、赛博空间的无国界金融与庞氏骗局

（一）赛博空间的无国界金融设想

1996年，约翰·P.巴洛发布了《赛博空间独立宣言》，宣布"互联网是一个独立世界，不受任何政治力量的管辖"。当时的人们围绕着互联网、赛博空间，抛出了无数天马行空的思考，而在互联网真正落地之后，这些相对激进的想法却随着时间逐渐被淡忘。

但是区块链的诞生、加密技术的升级让这些曾经看上去超前的思想变得合理，网络巨头垄断性的胡乱作为让这些相对激进的想法的落地变得迫切。前人总结了《赛博空间独立宣言》的三大主张：无物质、无国界和无歧视。

无物质：身份可以和肉身无关，也没有有形的物质财产。所有新一代互联网（Web3.0）上的用户身份，仅仅是一串公钥，你的身份会被数字签名所代替。

无国界：不管是艺术品，文件，游戏，音乐，都可以光速在全球传播。去中心化金融，数字货币转账，NFT这所有的一切都将在新一代互联网上实现。

无歧视：如果每个人的身份只是一串数字，那么再也没有种族，信仰之差。

（二）赛博空间的金融化和中心化

赛博空间的金融化一直在进行中，并在慢慢地中心化（荷哈姆林克，李世新）。

比特币体系的分裂实际上是一场意识形态的分裂。比特币与以太

第四章 衍化的元宇宙金融内核：金融权力与法定货币

坊的体系正在越来越接近金融空间与现实世界。随着越来越多的人进入到这两个体系中，也就等于虚拟货币的空间将发展得越来越像其他赛博空间的体系。一种赛博空间的金融化正在发生。真正区别赛博金融化的形成与比特币这样的虚拟货币形成之间的差异：比特币的诞生源于思维的直接外化，是理论体系的直接赛博化构成的；赛博金融化，则是在虚拟货币的体系向金融空间同构赛博空间结构，是一套线性发展的赛博化生成过程。同样地，金融空间中的赛博个体或许也会借鉴虚拟货币的体系，从另一个方向向虚拟货币体系融合，从而形成赛博金融化的赛博空间。这都是基于赛博空间学第二公理的线性化赛博空间生成过程。[①]

从根本上来说，比特币的体系是以自身的体系作为权威来换取信用的，而这个换取信用的行为就是广播。然而，这种广播实际上效率是很低的，并且造成信息拥堵与区块变大逐渐臃肿，手续费急剧上升等问题。闪电网络的方案是比特币体系向赛博化金融转变的开端。因此，可以通过比特币的闪电网络来观察在第二公理下的虚拟货币金融化进程。

对于比特币体系来说，广播带来的信用能够保证去中心化以及整个体系的稳定。这种稳定是在比特币赛博空间内部所构筑的。而闪电网络实际上是将比特币体系金融化，构成赛博金融，从根本上解决问题。也就是说，闪电网络的比特币体系实际上就是以太坊。它们都是在赛博空间中通过意识形态达成的合约来进一步赛博化的结果。闪电

---

① 赛博空间学第二公理：赛博空间是自行生成的，但为了维持自身的不断生成的稳定，就必须将自行生成向线性发展转化。这是本书作者在钱金铎"互联网空间也像金融市场一样有'看不见的手'——互联网结构规律"基础上的修订。

网络让比特币从第二种赛博化进程转变为第三种赛博化进程。

对于原来的比特币体系来说，信用根植于区块内部的电子签名（仍然是在每个节点进行 Hash-SHA256 运算来保证）之上，随着广播一起广播到比特币体系之中。然而这样的方案增加了区块的负担，同时也不够迅速。于是，核心团队对于小宗交易就可以用其他方式来完成这种信用认定，从而将签名信息区块移出区块。信用不采用广播方式，实际上已经在信用的认定上违反了比特币体系的去中心化。于是，摆在面前的问题就是使被分出去的小宗交易也要以一种去中心化的方式来完成信用认定，又要保证确实能够缩小在比特币体系中区块的大小。最终被采用的就是一种如以太坊一样的合约方式。这种合约中包含两个不同的侧面：第一，交易双方在交易情况下信用的保证机制；第二，交易双方通过第三方交易情况下的信用保证。

前者名为 Recoverable Sequence Maturity Contract（RSMC），中文翻译为"可撤销的顺序成熟度合同"。这其实就是金融空间常用的准备金制度。其原理就是双方都把一部分资金存入支付通道里作为"准备金"，之后每次交易都获取用户的同意，更新双方的准备金数额，完成一次就作废之前的"准备金"分配。从而对于整个比特币体系来说，每个账户都仅仅是在对准备金做修改，并不需要真正的沟通。

后者则被称为 Hashed Timelock Contract（HTLC），中文翻译为"哈希的带时钟合约"。实际上就是一种通过暗语的延时转账策略。当 A 想要转账给 B 的时候，A 先与中介签订一个合同，冻结这部分资金到支付通道里，并告诉中介一个哈希值。然后，中介跟 B 签订合同，B 如果能够说出与 A 提供的哈希值算出来的字符一样的字符串，支付通道就把钱转给 B。实际上就是正常金融空间交易行为通过第三方中介来完成资金的授权行为，A告诉中介授权他可以拿自己冻结在中介中相应的钱。只不过这种授权转变为用赛博空间的哈希函数来保证。本质上来说，这已经是一个完全的金融空间行为了。也就是说，如果闪电网络在比特币得以运用，那么也就意味着在信用体系上，比特币体系已经完全赛博金融化。这正是比特币已经合约化的表现。

在这里，实际上比特币已经和以太坊没有太大的差别，它同样像以太坊那样，构成了第三赛博化的行为。唯一的区别就在于以太坊的合约多，而比特币的合约只是保持在团队对比特币的优化上。难道这不正揭示了一种合约的统治权吗？对于比特币优化的团队，难道不是比特币的绝对中心吗？他们手中掌握的正是比特币的合约权限。也就是说，比特币在闪电合约达成甚至分链的那一刻，不仅仅隐藏了中心化，中心化确实已经诞生了。而人们却在说明比特币的去中心化是如何的伟大。或许我们应该反过来看，比特币之所以如此稳定，不在于它的去中心化做的有多么的完善，而在于它的中心化做的是如此的隐蔽。

（三）赛博空间的去中心化金融

比特币体系的赛博金融化是从虚拟货币体系向金融体系的转换。而相反的方向也有借鉴了金融体系对虚拟货币体系转变的赛博金融化进程。而这就是去中心化金融。

去中心化金融正是借鉴了虚拟货币体系的去中心化的思路，在网络空间中构建了一套去中心化的金融体系。它与第一赛博化不同，更像是第二赛博化与第三赛博化的结果。它的思路就是在赛博空间中模拟现实的金融工作。现实的金融需要真正的人去操控，并且金融空间中的许多信用需要人以及有实体的产品来维持，而 DeFi 的创立则是为了去除现实的这些限制，以去中心化的形式来维持赛博金融的信用以及稳定。它基于虚拟货币的合约来达成（不仅仅是以太坊内部的）。

金融的本质就是想用现有的价值通过杠杆、抵押以及大量资金的方式构成资本的增值，以小博大。而在赛博金融中的以小博大，自然就是建立在虚拟货币的资金池、杠杆以及抵押上。这本质上如金融空间一样，是符号以及时间的游戏。只不过在赛博金融里，货币脱离了原来的金融空间，企图在网络中重新构成一套去中心化的符号与时间游戏。DeFi 要实现这个目标，首先就是要解决赛博空间中信用的问题。

在现实世界中，资金是可以用意识形态作为保障的。比如我们可以把钱存进银行，银行可以拿钱去生钱，都是背后有国家权力机构做保障，所以信用不成问题。然而，如果赛博金融在网络空间中也是这样的话，就必须符合金融空间现有结构本身。赛博金融也就没有存在的必要。因此 DeFi 绝不局限于一个建立在现实世界权力背书下的信用体系。这正是去中心化金融的目标。然而，去中心化意味着没有现实中直接的意识形态的担保。没有信用，没有愿意把钱拿出来构成资金池，也就没有杠杆与以小博大了。这种矛盾正是所有去中心化金融所必须解决的首要问题。

由于赛博金融是对整个赛博空间的金融体系，因此必须首先构建一套与所有虚拟货币相关的赛博空间结构，即在链上继续生成链，虚拟货币链上生成新的赛博空间（链）。比如，想用比特币抵押获得更多以太币，赛博金融则需要生成一个它们之间关系的链，以保证赛博金融的去中心化。这等于重新在赛博空间上又建立一个空间。之后，再进行如比特币最初去中心化一样的思路就可以了。在一部分的 DeFi 中，其思路其实与 RSMC 与 HTLC 的方式一样，就是准备金制度。再加上虚拟货币体系中同构的一些去中心化手段，如智能合约、机器人、人工智能等，就可以完成一个无现实人参与的去中心化结构的构成。

以比特币作为抵押换取更多的以太币为例。这是一个跨链的交易，必须形成一个高于它们的赛博空间，以下简称为"第三链"。之后就可以做如下操作：第一，把比特币冻结在第三链一个中介的地址中，这样就会在第三链中生成这个地址的契约（通行证，Pseudo-BTC）；第二，用智能合约抵押这个 Pseudo-BTC，从而能获得相应的在这个链条中的中介币（这个新的赛博空间中的一个一般等价物）；第三，由于在这个新的赛博空间中，很多的人都会做同样的行为，因此只需找到做了同样工作的 Pseudo-ETH（以太币）就可以了。最后一步，把这个 Pseudo-ETH 对应抵押的以太币兑换出来就行了。

DeFi 最原初的去中心化，实际上是通过第三赛博化而达到的。这种赛博化构筑了新的赛博空间来隐藏现实世界以及金融空间的中心化与意识形态样貌。首先，他们所选择的第三链，就是在原来的赛博空间中展开一个链，也就是构筑一个新的空间。其次，这个空间允许更多的合约生成，这些合约看上去没有意识形态，但背后是上一个赛博空间（在这个例子中就是比特币与以太坊）中货币的多寡，这也就意味着，这个更加深入的赛博空间，其实是上一个赛博空间中的"大资本"所背书的。如果这个第三链上生活着"数据人"，他们一定会呐喊"反对资本主义"。任何的赛博空间都是这样无尽的重复叠加的，背后不过是现实世界的那些老问题罢了。也就是说，赛博金融在结构上没有任何创新之处，只不过是利用了新的赛博空间来构成一个新的去中心化结构初始阶段。因此，我们在此就可以预言，一方面，DeFi 必然一步步地会与金融空间越来越像；另一方面，DeFi 也必然会在这之上构筑更加复杂，产生更多的第三赛博化空间产物（现如今 DeFi 有很多空间结构，比如 Curve、Uniswap、Mooniswap）。这个空间可以无限地套娃下去。

DeFi 在建立了新的赛博空间之后，完成了信用的设定，但这并不是去中心化金融完成的，因为它还没有完成杠杆这一行为。因此，在新的赛博空间中，DeFi 需要做的就是设定一些金融服务机器人以及银行来完成目标。这不正是一个元宇宙的诞生吗？对于元宇宙与 DeFi 来说，只要在新的赛博空间中建立起赛博"银行"，很多人就可以把比特币与以太币等虚拟货币都抵押。这样，银行就形成了资金池。不过，这个银行可以不断地变幻形态，从而让人们看不出它实际上是深层赛博空间中的银行，以隐藏背后上一层赛博空间的意识形态。对于 DeFi 来说，在关键在于要形成杠杆，进行超额借贷；同时，要保证信用，防止坏账。不过，由于赛博空间是思维无限性的体现，也就意味着在结构上需要完备，否则就会成为攻击的漏洞。现实的银行可能允许一些坏账的产生，因为背后是权力机构做保障。然而在一个去中心化的赛博空间中，一点儿坏账就会导致整个空间的崩盘。因此赛博金融不允许一点儿坏账，而 DeFi 的做法就是只能使用合约强制平仓。智能合约规定，你要用抵押的 1 个 BTC 去借贷 10 个 BTC，那么当我发现你账号中的 BTC 小于 9.05 个的时候，我就执行合约，把抵押充公，从而防止坏账。DeFi 的赛博金融同时创建了许多金融机器人以及合约来保证更多的金融衍生品的运作。这正是一种平均处理悖论的手段。把问题平均化，推向未来。而到了未来，就可以提出

第四章　衍化的元宇宙金融内核：金融权力与法定货币

一些新的DeFi金融项目，再不断地创造新的赛博空间来无穷倒退。

第二节　央行数字货币对货币权力的维护

私人数字货币正试图建立与法定金融体系平行的去中心化金融体系，而法定金融体系力图推进央行数字货币，在既有的电子货币（包括商业银行电子货币和第三方支付公司的电子货币）基础上，进一步强化自己的铸币权，完善法定金融体系。Tobias Adrian和Tommaso Mancini-Griffoli指出，数字时代公共货币和私人货币共存虽然并不完美，但也有着显著的优势，包括主要由私人部门提供的创新和产品多元化，以及由公共部门确保的稳定性和效率。[1]

衍化的元宇宙金融应该建立自己的核心体系，即以法币为基准价值尺度的央行数字货币、商业银行电子货币和非商业银行电子货币的多层次货币体系。在这个体系当中，所谓的货币处于被禁止的范围，但部分某一领域或平台内价格稳定的代币，在该领域或平台内具有存在价值，行使部分价值尺度的功能，但超出各自的领域或平台，则应禁止。不过，应强调中心化代币与法币的平等双向兑换，即获得中心化平台的代币或剩余未使用的代币可以从中心化平台兑换回法币，就像从中心化平台以法币交换为代币一样。所谓平等，即兑换的条件一样。对于达到一定规模的平台，为保证平等的双向兑换，可在监管中

---

[1] ADRIAN T, MANCINI-GRIFFOLI T. Public and Private Money Can Coexist the Digital Age [R]. IMF, 2021-02-19.

要求其缴纳法定准备金。同时，如果必要，去中心化的分布式账本技术可以充分应用到央行数字货币和电子货币体系中。非商业银行电子货币发行者多是大型科技公司，其电子货币权力必须得到制衡，包括对大型科技公司的监管和央行数字货币与商业银行数字货币对其替代和竞争性制衡。

一、货币的发展与本质

（一）货币是通用计价体系

首先，货币是一种计价体系或者是凯恩斯所称的计算货币。计算货币派生了银行货币和国家货币，货币是由权威确定的权益和权利，货币本质上是一种有保证的通用清偿力，有担保的或国家的信用。由此可将货币定义为以权威确定的通用计价体系为基础的通用清偿力代表，体现了社会治理者或统治者的权利和权益，也越来越多地支持了社会整体的运转和福利的增加。

其次，货币是财富、所有权（产权）和资本的基础，是计价基础和交易基础。随着社会的发展，货币发展成为人类社会财富和所有权的代表。当财富转化为资本时，货币成为资本品的计价标准，同时自身也成为货币资本，资本从而货币化了。当人们以所拥有的财富进行投资时，财富（资源、土地、房屋）所代表的货币价值，成为资本。事实上，人们的投资既有资本品（实物或实物的所有权），也有货币资本。但是，不可否认的是，资本品也是以货币计价的。这样，在财富资本化的同时，资本也货币化了。

再次，资本的货币化也是财富的市场化，意味着对财富的所有权转化为产权。财富成为资本，即意味着财富的市场化。而财富的市场化，即意味着原来的财富所有者的所有权可能面临升值或贬值的不确定性风险，也意味着财富从独自所有的性质转化为可能参与者共同所有的性质，并且当财富转化为资本时，由于资本具有生产力，资本便具有了生产性。同时，对财富的所有权通过资本化转化为剩余索取权，即产权。而在生产与财富所有权之间的资本规模越来越大，资本运动形式日益发展，资本市场也就创造和成长起来。综合来看，资本可以定义为被人或国家拥有的可以货币化计量价值的、通过投入组建企业或组织生产商品或为社会提供服务以期获得更多回报的各种财富或资源。

最后，按照资本的界定和资本的属性，资本化就是各种财富或资源通过货币计价成为资本的意愿（目标）、过程或结果。资本化体现了拥有者的人格主动性，以及过程中的自我节制和投入；体现为愿意承担风险追求未来更多的收益；体现为组织的形成和原来的资源和财富转化为组织的产权份额；体现为通过各种资源要素的组织进行产品制造或为社会服务；还体现为追求企业价值通过资本市场提升，并获得更高的股权价值回报。

（二）货币的权力特质

货币从一般等价物发展到金银商品货币，再发展到铸币（通常为金币、银币或铜币，或混用体系），可汇兑货币（纸币可兑换为金银），伴随着信用货币的创造，发展为政府（通常为央行）发行的可兑换的信用货币制度，最后发展到不可兑换的信用货币，即管理货币阶段（亦称法币阶段）。随着电子银行和信用卡的应用，在法币体系中诞生了电子货币,但并没有改变通用的计价体系,可以当作通用计价体系基础上的货币创造。央行数字货币本身是法币的延伸,是对法币现金的替代;非政府数字货币,本身并没有脱离当前的通用计价体系,更多的是在当前货币体系(计价体系)中非政府的虚拟数字资产,本身并不一定具有价值,在与当前通用计价体系联系后,才体现出价值,并大幅波动,只是被称为数字货币。任何价格大幅波动的所谓"货币"必然扰乱已有的货币体系。

在货币史上,金银等贵金属成为货币,并在金银货币的储蓄基础上产生了替代汇票,实际上是贵金属货币衍生出来的信用货币。随着国家的形成,国家以特许权和土地等财富为抵押来发行信用货币,实际上是一种信用替代货币,央行的成立将各私人银行的货币发行权统一起来;当统治者收入来源不断增加,以及国债制度不断完善,与国家权力相伴的国家信用确立时,那种靠贵金属和财富作为抵押发行货币的方式逐渐发展成为以纯粹国家信用发行纸币。而所有的贵金属货币或者成为国家的储备,或者成为私人的储藏或应用,由此货币发展到法币(或称管理货币)阶段,政府发行货币的成本大幅下降,而相应的铸币收益大幅上升,其对经济的推动作用大大增加了政府的收入,因为经济更有效率;而政府因筹集战争费用等原因,过度发行货币的情况时有发生,这导致货币贬值,通过通货膨胀等方式变相地掠夺私人的财富,最终国家行使权力重新确定货币币值,这往往是将原来大额货币面额以一定的比例缩小,从而恢复其真实的购买力。权力是被接受的,接受和认同的权力具有非常重要的价值,所有权就是一个明显的例子,货币就是如此。

权力一旦产生,通常具有稳定性和自我维护性。货币发行权力更

第四章　衍化的元宇宙金融内核：金融权力与法定货币

是如此。权力具有公共性；货币发行权力也是如此。

二、央行的职责与CBDC的技术

（一）央行数字货币的三种形式

央行数字货币包括零售式、批发式和合成式三种形式。

第一，零售式中央银行加密货币。零售CBDC在任何地方都不存在。也许最常被讨论的提案是Fedcoin，是让美联储创造一种类似比特币的加密货币。然而，与比特币不同的是，只有美联储能够创建Fedcoin，并且可以与现金和储备进行一对一的兑换。只有同时销毁（创建）同等数量的现金或储备，才会创建（销毁）Fedcoin。和现金一样，Fedcoin将在交易中分散，在供应上集中。按照Fedcoin的思路进行零售CBDC将消除加密货币常见的高价格波动性，Fedcoin有可能缓解货币政策的零下限约束。与其他电子形式的中央银行货币一样，从技术上讲，可以在基于DLT的CBDC上支付利息。如果零售CBDC完全取代现金，储户就不可能再避免负利率，仍然持有央行货币。

任何实施零售CBCC的决定都必须平衡潜在利益和潜在风险。如果公众能够轻松地将商业银行的资金转换为无风险的央行负债，银行挤兑可能会更快发生。商业银行的商业模式也可能存在风险。如果消费者决定放弃商业银行存款，转而支持零售CBDC，银行可能会脱媒，因此无法履行基本的经济职能，比如监控借款人。然而，这些好处和成本并非零售CBDC所独有。对于DCA，它们是相同的。那么，零售CBDC和DCA之间的关键区别是什么？答案在于CBDC的点对点方面，更具体地说，在于匿名性。

交易对手匿名似乎没有第三方匿名那么有争议。许多观察人士认为，不应允许第三方匿名支付，因为这会助长犯罪活动，如逃税、恐怖融资或洗钱。CBDC背后的技术可以让央行提供一种匿名性类似于现金的数字现金替代品。作为发行人，央行需要决定是否需要客户信息（公共广播背后的真实身份）。这将决定零售CBDC提供第三方匿名的程度。

虽然中央银行发行匿名加密货币可能看起来很奇怪，但这正是它对实物货币（即现金）所做的。也许一个关键的区别是，对于零售CBDC，提供匿名成为一个有意识的决定。值得一提的是，现金的匿名性很可能是出于方便或历史偶然事件，而不是出于意图。

第二，批发式中央银行加密货币。人们对DLT感兴趣的原因之一是，许多由中央银行运营的批发支付系统正处于其技术生命周期的末尾。这些系统是用过时的语言编程的，或者使用的数据库设计不再适用，维护成本也很高。加拿大央行的Jasper项目和新加坡金融管理局的Ubin项目在DLT平台上模拟实时全额结算（RTGS）系统。在即时支付结算系统中，付款是单独、立即和全天最终处理的。与上面讨论的零售支付应用程序不同，批发系统的访问受到限制，即它们是经过许可的，而不是没有许可的。通常情况下，访问权限仅限于金融机构。此外，为防止零售计划中的双重支出而需要的成本高昂的工作证明验证被能耗较低的替代方案取代，如可信公证人（如中央银行）。

任何CBDC应用程序中的一个关键挑战都是如何将中央银行的资金转移到分布式账本中。Jasper和Ubin都选择了数字存托凭证（DDR）方法。DDR是对中央银行在独立账户中持有的准备金的索赔，

第四章　衍化的元宇宙金融内核：金融权力与法定货币

中央银行根据该账户在分布式账本上发行数字代币。在 Jasper，数字代币——最初被称为 CADcoins——在一天开始时创建，并在一天结束时兑换。在 Ubin，银行可以在一天中的任何时间获取或兑换数字代币，并可以在夜间将其保存在分布式账本中。因此，新加坡概念证明 DLT 平台上的传输不限于 MAS 的开放时间。Jasper 项目还在 DLT 平台上实施流动性节约机制（LSM）。虽然 RTGS 系统将结算风险降至最低，但它们可能会对流动性提出要求。因此，世界各地的许多 RTGS 系统都通过定期寻求在队列中相互抵销付款并仅结算净额的机制进行了扩充。分布式账本是分散的，因此实现集中队列需要一个巧妙的解决方案。这两个项目表明，中央银行的资金可以在分布式账本上实时、真实地进行转账，并且可以通过 LSM 进行转账。然而，目前更新或替换现有批发支付系统的举措都没有考虑采用 DLT。

展望未来，许多行业参与者认为 DLT 在提高证券清算和结算效率和降低对账成本方面具有巨大潜力。基于 DLT 的结构的一个潜在好处是证券的即时清算和结算，这与目前现金兑换证券时存在的多天延迟形成对比。

第三，合成式中央银行数字货币（sCBDC）。sCBDC 是一种建立在公私合作关系中的数字货币方法：央行只会向电子货币提供商提供结算服务，包括获取央行储备，所有其他职能都将由私人电子货币提供商负责。其中，允许电子货币提供商持有央行准备金将是一项重大的政策决定，具有各种优势和风险，并可能产生深远的后果，例如刺激创新、支持基于区块链的资产交易，以及便利跨境支付。更直接的后果是央行数字货币的诞生。毕竟，如果电子货币提供商可以持有和交易中央银行准备金，如果电子货币提供商破产时，这些准备金不受其他债权人的影响，如果电子货币是为准备金一对一发行的，那么电子货币持有人也基本上可以持有和交易中央银行负债。这就是CBDC的本质。但这一版本的CBDC并不是决策者详细讨论的成熟类型。在该版本中，中央银行是主要的CBDC运营商，负责以下许多步骤：执行客户尽职调查、提供或审查钱包、开发或选择基础技术、提供结算平台、管理客户数据、监控交易，以及与客户请求互动、投诉和问题。所有这些都会增加故障和网络攻击的风险，带来巨大的成本，并危及央行的声誉。

因此，相对于成熟的模式，sCBDC是中央银行成本更低、风险更低的CBDC模式。它还保留了私营部门在创新和与客户互动方面的相对优势，以及中央银行在提供信任和效率方面的相对优势。

（二）分布式账本技术

分布式账本技术指的是协议和支持基础设施，允许不同位置的计算机在网络上以同步方式提出和验证交易并更新记录。分布式账本的概念并不新鲜。分布式账本是一种在不同地点的计算机之间共享的活动的通用记录。这样的分布式账户被在特定国家或其他国家设有分支机构或办事处的组织（如连锁超市）使用。然而，在传统的分布式数据库中，系统管理员通常会执行关键功能，以保持多个分类账副本之间的一致性。最简单的方法是让系统管理员维护一份分布式账户的主副本，定期更新并与所有网络参与者共享。

相比之下，基于DLT的新系统（最著名的是比特币和以太坊）设计为在没有可信机构的情况下运行。比特币使用基于共识的验证程序和加密签名，以分散的方式维护分布式数据库。在这样的系统中，交易是以点对点的方式进行的，并广播给所有参与者，这些参与者以批量方式对交易进行验证，称为"块"。由于活动分类账被组织成独立但相互连接的块，这种类型的 DLT 通常被称为"区块链技术"。

DLT 的区块链版本已经成功地为比特币提供了数年的支持，然而，该系统并非没有缺点：操作成本高［在不使用可信机构的情况下防止双重支出需要交易验证器（矿工）使用大量计算能力来完成"工作证明"计算］；只有概率的最终解决；所有交易都是公开的。这些功能不适用于许多金融市场应用。因此，当前的批发 DLT 支付应用程序已经放弃了标准区块链技术，转而采用修改共识流程的协议，以增强机密性和可扩展性。中央银行目前正在测试的协议包括 Corda 和 Hyperledger Fabric。Corda 用"公证人"架构取代区块链。公证设计利用了一个受信任的权威机构，允许在单个交易的基础上达成共识，而不是在有限的信息共享下分块达成共识。

三、CBDC 的基本原则和核心特征

2020 年 10 月 9 日，美联储、欧洲央行、日本银行、英格兰银行、加拿大央行、瑞士国家银行、瑞典央行与国际清算银行共同发布了报告《央行数字货币：基本原则与核心特征》(*Central Bank Digital Currencies：Foundational Principles and Core Features*)。该报告是七大央行与 BIS 设立联合工作组以来首份阶段性研究成果。

（一）发行 CBDC 的三项基本原则

虽然七大央行并未在报告中就是否发行 CBDC 作出承诺，但报

告也着重介绍了关于发行 CBDC 的三个基本原则：首先强调的就是保障现有金融体系的稳定性；其次是 CBDC 将与现金和其他形式的货币共存于一个更加丰富的支付体系；最后在创新和效率方面，也强调了私营机构在一个安全、有效和方便使用的支付系统中的不可或缺性。

报告认为，中央银行有一个共同的使命，即维持其辖区内的货币和金融稳定，向公众提供可信赖的资金是其公共政策目标的一部分。因此，基于这一目标，各国央行在发行 CBDC 时有三个基本原则。

第一，"不伤害"。中央银行提供的新货币形式应继续支持公共政策目标的实现，不应干扰或妨碍中央银行履行其维持货币和金融稳定的职责的能力。例如，CBDC 应该维护和加强货币的"单一性"或统一性，允许公众可以互换使用不同形式的货币。

第二，共存。该报告认为，中央银行的使命是保持稳定，在新的领域谨慎行事。不同类型的央行货币——新发行的（CBDC）和现有的（现金、储备或结算账户）——应该相互补充，并与强健的私人货币（如商业银行账户）共存，以支持公共政策目标。只要公众对现金有足够的需求，央行就应该继续提供和支持现金。

第三，创新和效率。该报告指出，如果没有持续的创新和竞争来提高一国支付系统的效率，用户可能会采用其他不那么安全的工具或货币。最终可能会损害经济和消费者，潜在地破坏货币和金融稳定。支付生态系统由公共当局（特别是中央银行）和私人代理（如商业银行和支付服务提供商）组成。在提供支付服务方面，公营和私营机构都有责任创造一个安全、有效和方便使用的系统。私营经济主体一般应自由决定使用哪种支付手段进行交易。

(二) CBDC 的三大类核心特征和技术设计

该报告中对 CBDC 的核心特征主要概括为三大类：从技术特征来看，CBDC 必须是可转换的、方便的、可接近和可使用的以及低成本的；从底层系统来看，CBDC 系统应该具有安全性、即时性、弹性、7 天 24 小时可用、吞吐量大、可扩展性、灵活性和可适应性，以及可互操作等特性；从制度特性来看，CBDC 的发行应有健全的法律框架，以明确中央银行有权力来支持其发行 CBDC。同时 CBDC 系统（包括基础设施和参与实体）需要符合适当的监管标准（例如，提供 CBDC 转移、存储或保管的实体应与提供现金或现有数字货币类似服务的公司保持同等的监管和审慎标准）（见表 4-1）。

表 4-1 CBDC 的核心功能

	技术特点
可交换性	为了保持货币的单一性，CBDC 应与现金和私人货币相交换
便利性	CBDC 支付应该像使用现金、刷卡或扫描手机一样简单，以鼓励采用和使用
接受并可用	CBDC 应能在许多与现金相同的交易类型中使用，包括销售点和人与人之间的交易。这将包括一些进行离线交易的能力（可能在有限的时间内，并达到预定的阈值）
低成本	CBDC 的支付对终端用户来说应该非常低或没有成本，终端用户也应该面临最低的技术投资要求
	系统特点
安全	CBDC 系统的基础设施和参与者都应该对网络攻击和其他威胁具有极高的抵抗力。这还应包括确保有效防止假冒
实时	系统的最终用户应能即时或接近即时的最终结算

续表

	系统特点
弹性	CBDC 系统应对运行故障和中断、自然灾害、电力中断和其他问题具有极强的恢复能力。如果网络连接不可用,终端用户应该能够进行离线支付
便利	系统的最终用户应该能够全天候付款
吞吐量大	系统应该能够处理大量的事务
可扩展	为了适应未来大容量的潜力,CBDC 系统应该能够扩展
可交互	该系统需要与私营部门的数字支付系统和安排提供足够的互动机制,以允许系统之间的资金轻松流动
灵活变化	CBDC 系统应该灵活,能够适应不断变化的条件和政策要求
	制度特点
健全的法律框架	中央银行应该有明确的权力来支持其发行 CBDC
标准	CBDC 系统(基础设施和参与实体)需要符合适当的监管标准(例如,提供 CBDC 转让、存储或保管的实体应与提供类似现金或现有数字货币服务的公司一样,遵守同等的监管和审慎标准)

CBDC 的设计和技术方面关键选项和权衡包括下以几个方面。第一,发行体系设计上主要讨论 CBDC 的两个基本和互补的设计特点:是否以及如何使其生息,以及对个人持有量设定上限或限制。第二,账本设计方面主要讨论在设计 CBDC 分类账时要考虑的五个关键因素:(1)结构;(2)支付认证;(3)功能;(4)访问;(5)治理。而这每个设计因素都将影响 CBDC 系统如何满足前面列出的核心特征。第三,激励设计方面则讨论了发行 CBDC 的相关成本和运行费用的承担对象和方式等问题(见表 4-2)。

表 4-2 关键设计和技术决策总结

关键设计要素	内容
控制设计	
计息和限额/上限	CBDC 的两个基本和互补的设计特征是，是否以及如何使其产生利息，以及对个人持股施加上限或限制。CPMI-MC（2018）探讨了这些选择的影响，指出利息可以在控制 CBDC 需求和促进利率决策的传递方面发挥作用。然而，设计一个"类似存款"的 CBDC 可能会加速现有存款接受者的脱媒。限额可以减轻这种脱媒对金融稳定的影响，包括阻止危机期间可能出现的"挤入 CBDC"，但也会限制 CBDC 计息的有效性，并带来更广泛的潜在缺陷。对这些设计特征之间的相互作用以及所涉及的潜在权衡的理解还处于相对早期的阶段。中央银行在发行任何 CBDC 之前，应该有强有力的手段来缓解金融稳定的任何风险
技术设计	
账本设计	交易分类账的设计对 CBDC 生态系统的治理结构以及竞争和创新如何在其中发生具有影响作用。账本可以集中、分散（如通过使用分布式账本技术）或组合。分类账的功能和访问方式取决于分类账的功能和访问方式
分类账功能	分类账的功能将决定所有付款可用的基本功能，因此构成重要的政策选择。更复杂（如支持同步支付）可能会推动最初的采用，但也会增加成本，并限制服务提供商之间的差异，这取决于其他设计选择
分类账访问	决定访问要求，例如哪些实体可以在分类账上读取（提供支持服务）和写入（结算付款），将对整个生态系统的安全和效率产生影响。需要在鼓励生态系统内的多样性和竞争，以及为私营服务提供商保持足够的监管标准之间取得平衡。公共部门实体（可能还有中央银行）的服务角色需要与更广泛的生态系统保持一致
认证要求	支付认证设计（例如基于身份、令牌或多因素）将对 CBDC 系统的底层数据结构产生重大影响，进而影响其与其他系统的集成（例如作为 KYC 或交易监控要求的一部分进行数字身份验证）。支付的认证方式也将取决于在遵守法律的情况下（例如反洗钱）为用户提供的隐私级别
转移和储存	基于令牌的 CBDC 可以存储在物理设备（如智能手机或卡）上。支付将代表本地"价值存储"的移动，不需要中间人。使用基于账户的 CBDC 支付将是权利或责任的转移（与传统银行账户一样），需要中间人处理支付。混合安排可能存在，但其复杂性可能会对系统的运行造成重大负担。基于令牌的系统可以使 CBDC 更易于脱机使用（当无法连接到账本时），这是 CBDC 的核心功能。然而，该功能可能会导致欺诈和其他安全风险（这可能需要对允许的离线交易的数量或价值设定上限）

续表

关键设计要素	内容
治理	CBDC 系统需要一本规则手册，正式规定运营商、参与者以及潜在的其他服务提供商和利益相关者的角色和责任。除了规则手册，还需要考虑其他治理安排（例如澄清中央银行修改系统要素的自由裁量权、数据共享和隐私的结构以及任何互操作性安排的组织）
激励设计	
CBDC 资金	发行 CBDC 将需要资本支出，并增加运营成本。决定谁应该付费将对生态系统效率、竞争、创新和包容性产生影响。直接从公共用户那里收回成本是透明的，但可能会抑制采用。收费服务提供商将要求他们有一个可行的商业模式来收回成本。公共补贴可以减少或消除收费需求，但可能会影响私人支付提供商
中间业务模式	CBDC 系统中的私营部门中介机构如何以及在何处产生收入，将对系统内的竞争、创新和隐私产生重大影响。将需要决定是否通过收费透明地收取所有费用（以及这些费用是否由商家、用户或两者共同承担），或者是否允许通过公共资金、私人交叉补贴或允许访问消费者数据进行补贴
设计和技术权衡	
安全/离线交易	人们可能希望 CBDC 能够让用户以点对点的方式结算交易，类似于纸币。这就增加了对欺诈保护和其他安全功能的需求。根据功能的不同，允许离线交易的数量或价值可能会受到限制（在通过已验证的在线交易重置之前）
提供服务/普及服务的成本	钞票为所有用户创造了相同的用户体验。假设有多台设备可用，CBDC 可以创造不同的体验。例如，智能手机用户将拥有比储值卡用户更强大的功能。主动专用设备可以缩小这一差距，尽管成本更高
隐私/合规	隐私旨在隐藏信息，并在需要时予以披露。密码学和操作或制度安排的结合可以实现这两种功能，并让用户满意隐私得到了很好的保护。例如，多个机构可以持有解密密钥的片段，这些密钥只有在经过适当的披露信息程序后才能组合在一起
隐私/容量和可扩展性	需要计算的隐私技术可能成本高昂，并对系统的容量和可扩展性造成限制
可编程性/性能	大量使用可编程功能将要求系统具有更高水平的技术性能，从而增加成本或降低运营弹性

四、CBDC 项目的政策目标与挑战

Gabriel Soderberg 等人关于"央行数字货币背后的景象"讨论了六个 CBDC 先锋项目，说明了各个国家的背景和政策目标对 CBDC 设计和影响的重要性。正如没有通用的 CBDC 案例一样，也没有通用的设计或方法来实现 CBDC。[①]

（一）CBDC 项目执行的主要挑战和障碍

调查、测试甚至启动 CBDC 都面临着挑战。本节研究的中央银行提出了六个共同的主题。

第一，缺乏先例。几家中央银行指出，在缺乏经验或没有既定标准的情况下，设计一个项目很困难。然而，之前的研究，即使是概念性的，在指导选择的过程中也是有价值的。各国央行都强调需要继续学习和试验。

第二，缺乏资源。CBDC 项目是资源密集型项目，随着其规模的增加，这种情况变得更加严重。因此，中国人民银行将筹集资源作为一种约束。同样，资源限制也是乌拉圭尚未启动第二个电子比索试点的关键原因之一。

第三，民众不愿意采用数字支付。一些司法管辖区提到，部分民众对 CBDC 和一般的数字支付持怀疑态度。CBOB 指出，部分民众

---

① SODERBERG G. Behind the Scenes of Central Bank Digital Currency：Emerging Trends，Insights，and Policy Lessons［Z/OL］. https://www.imf.org/en/Publications/fintech-notes/Issues/2022/02/07/Behind-the-Scenes-of-Central-Bank-Digital-Currency-512174.

仍然不相信他们的钱转换成沙币是安全的，他们担心隐私问题。

第四，法律问题。一些司法管辖区提到，修改或更改法律法规的必要性是主要障碍之一。

第五，网络安全。中国人民银行表示，如果电子人民币成为一个关键的支付系统，网络攻击的风险是巨大的。创造一个可接受的网络安全水平是它面临的主要挑战之一。

第六，技术不确定性。由于技术仍在发展，选择最好的技术被认为是一项挑战。例如，ECCB员工不确定DCash的DLT技术是否具有足够的可扩展性，以满足大规模采用的需求。因此，可以考虑另一种模式。

（二）CBDC项目执行的关键见解

央行工作人员通过运行CBDC试点以及与中介机构和用户互动获得经验和见解。本节总结了六个司法管辖区的工作人员提出的七个方面的关键见解。

第一，市场研究的重要性。根据试点和正式推出"沙币"的经验，CBOB强调需要进行广泛的市场研究，以了解潜在用户的需求。

第二，与参与的私营中介机构的合作。CBOB强调了中央银行需要和与最终用户进行面对面接触的私营企业进行强有力的合作和公开沟通。中国人民银行也强调了这一点。

第三，技术中立。中国人民银行强烈支持中立。e-CNY被设计为一个混合系统，尽管其核心是基于集中式技术，但它与DLT或中介机构选择使用的其他技术完全兼容。这反映了中国人民银行的关键建议，即没有技术是完美的，开放使用不同的技术是关键。同样，BCDU表示，应该支持CBDC中最简单、最合适的技术，这是它在建立 e-peso 试点时遵循的原则。

第四，跨境支付的重要性。中国人民银行强调与中央银行探索跨境支付的重要性，并坚持"无中断、合规、互操作"的原则。

第五，匿名/隐私权衡。中国人民银行强调需要管理匿名和隐私之间的紧张关系，但不能考虑所有交易的完全匿名。

第六，允许公众获取有关 CBDC 的信息。瑞典央行强调了中央银行公开其 CBDC 工作的重要性。第一个原因是，发行 CBDC 基本上是关于如何组织一个社会的支付系统，因此关系到每个人。第二个原因是，理解 CBDC 可能需要很长时间，与公众（和决策者）沟通的过程应该在这个过程的早期开始。

第七，非技术方面的重要性。BCDU 强调 CBDC 不仅是一个技术过程，也是一个文化过程。CBDC 的引入必须以对用户文化方面的仔细了解和对货币特征的偏好为指导。

第三节 数字人民币的试点应用、问题与推广建议

有关人民银行数字人民币的研发与试点工作已经展开，相关研究成果众多，国际应用也在合作探索之中。① 作为首个推出央行数字货

---

① 2021 年 7 月中国人民银行数字人民币研发工作组发布的《中国数字人民币的研发进展白皮书》；2021 年 11 月艾瑞咨询发布的《2021 年中国数字人民币发展研究报告》；2022 年 2 月 17 日腾讯新闻原子智库发布的《方明：交易量超过 Visa，数字人民币要崛起了吗》。

币的全球第二大经济体，数字人民币的试点应用在国内支付和跨境支付中具有重要的价值，但也存在着相应的待解难题。

一、数字人民币正从试点走向应用

数字人民币从 2020 年 4 月开始试点到 2022 年 1 月 4 日数字人民币（试点版）App 的推出和北京冬奥会范围内的试点应用，引起了国内外媒体的广泛关注。

（一）数字人民币的驱动力

第一，数字经济发展需要建设适应时代要求、安全普惠的新型零售支付基础设施。当前，中国经济正在由高速增长阶段转向高质量发展阶段，以数字经济为代表的科技创新成为催生发展动能的重要驱动力。随着大数据、云计算、人工智能、区块链、物联网等数字科技快速发展，数字经济新模式与新业态层出不穷。新冠肺炎疫情发生以来，网上购物、线上办公、在线教育等数字工作生活形态更加活跃，数字经济覆盖面不断拓展，欠发达地区、边远地区人民群众线上金融服务需求日益旺盛。近年来，中国电子支付尤其是移动支付快速发展，为社会公众提供了便捷高效的零售支付服务，在助力数字经济发展的同时也培育了公众数字支付习惯，提高了公众对技术和服务创新的需求。同时，经济社会要实现高质量发展，在客观上需要更为安全、通用、普惠的新型零售支付基础设施作为公共产品，进一步满足人民群众多样化的支付需求，并以此提升基础金融服务水平与效率，促进国内大循环畅通，为构建新发展格局提供有力支撑。

第二，现金的功能和使用环境正在发生深刻变化。随着数字经济的发展，我国现金使用率近期呈下降趋势。2019 年人民银行开展的中国支付日记账调查显示，手机支付的交易笔数、金额占比分别为 66% 和 59%，现金交易笔数、金额占比分别为 23% 和 16%，银行卡交易笔数、金额占比分别为 7% 和 23%，46% 的被调查者在调查期间未发生现金交易。同时也要看到，根据 2016 年末至 2020 年末统计数据，中国流通中现金（M0）余额分别为 6.83 万亿元、7.06 万亿元、7.32 万亿元、7.72 万亿元和 8.43 万亿元，仍保持一定增长。特别是在金融服务覆盖不足的地方，公众对现金的依赖度依然较高。同时，现金管理成本较高，其设计、印制、调运、存取、鉴别、清分、回笼、销毁以及防伪反假等诸多环节耗费了大量人力、物力、财力。

第三，加密货币特别是全球性稳定币发展迅速。自比特币问世以来，私营部门推出各种所谓加密货币。据不完全统计，目前有影响力的加密货币已达 1 万余种，总市值超 1.3 万亿美元。[①] 比特币等加密货币采用区块链和加密技术，宣称"去中心化""完全匿名"，但由于缺乏价值支撑、价格波动剧烈、交易效率低下、能源消耗巨大等限制导致其难以在日常经济活动中发挥货币职能。同时，加密货币多被用于投机，存在威胁金融安全和社会稳定的潜在风险，并成为洗钱等非法经济活动的支付工具。针对加密货币价格波动较大的缺陷，一些商业机构推出所谓"稳定币"，试图通过与主权货币或相关资产锚定来维持币值稳定。有的商业机构计划推出全球性稳定币，将给国际货币体系、支付清算体系、货币政策、跨境资本流动管理等带来诸多风险和挑战。

---

① CoinMarketCap 网站，截至 2021 年 7 月 15 日。

第四，国际社会高度关注并开展央行数字货币研发。当前，各主要经济体均在积极考虑或推进央行数字货币研发。国际清算银行最新调查报告显示，65个国家或经济体的中央银行中约86%已开展数字货币研究，正在进行试验或概念验证的央行从2019年的42%增加到2020年的60%。据相关公开信息，美国、英国、法国、加拿大、瑞典、日本、俄罗斯、韩国、新加坡等国家央行及欧央行近年来以各种形式公布了关于央行数字货币的考虑及计划，有的已开始甚至完成了初步测试。

（二）数字人民币的试点应用

首先，全国数字人民币试点初具规模。中国从2020年4月开始在试点地区推出数字人民币业务。数字人民币的指定运营机构包括中国工商银行、中国农业银行、中国银行、中国建设银行、交行、中国邮储银行、招商银行、微众银行、网商银行等；试点地区则包括上海、海南、长沙、西安、青岛、大连、深圳、苏州、雄安新区、成都十地以及北京冬奥会场等。截至2021年6月30日，数字人民币试点场景已超132万个，开立个人钱包2 087万余个，累计交易金额约345亿元。截至2021年12月31日，数字人民币试点场景已超过808.51万个，场景数量为半年前的6倍；累计开立个人钱包2.61亿个，交易金额875.65亿元。

其次，数字人民币做好了在试点地区普及的准备。2022年1月4日，数字人民币（试点版）App已在各大安卓应用商店和苹果AppStore上架，数字人民币指定运营机构抽选的试点地区白名单用户可以注册该App。这意味着数字人民币具有了普及的可能性。截至1月28日，数字人民币App在主流手机应用商店上的下载安装量已接近 3 000 万次。

再次，数字人民币闪亮登场冬奥会。2022 年北京冬奥会改变了 1986 年以来以现金和 Visa 卡支付的传统。目前数字人民币分为软钱包（数字人民币 App）与硬钱包（卡片、手环等含有数字人民币芯片的钱包设备），可以匿名获取和使用，既安全、便捷又充分保护个人隐私。数字人民币不收取任何手续费，等额兑换，比用 Visa 卡支付更便宜，因为 Visa 国际支付需要手续费。数字人民币应用覆盖冬奥会张家口赛区场馆、酒店、餐饮、商户、邮政、交通、医疗等 5 万余个场景，开立对公、对私钱包共 700 余万个。北京市数字人民币试点在 2021 年取得积极进展，交易金额达到 96 亿元，覆盖冬奥全场景 40 多万个，交易量明显超过了独家电子支付商 Visa。

最后，数字人民币跨境支付也在准备中。在跨境支付领域，一方面，以粤港澳大湾区和海南自贸区试验区为跨境贸易试点，对数字人民币跨境支付进行小范围测试；另一方面，积极推动与其他国家或地区的联合研发测试。2021 年 3 月，由中国人民银行数字货币研究所、中国香港金融管理局、泰国中央银行、阿联酋中央银行发起的多边央行数字货币桥研究项目（m-CBDC Bridge）正式启动，试图以分布式账本技术实现央行数字货币在跨境交易中进行全天候同步交收的 PVP 结算，以解决跨境贸易中货币汇率兑换问题。

二、数字人民币的运营推广

（一）"央行 + 商业银行"双层运营体系

数字人民币采用双层运营体系，由央行发行并进行全生命周期管理，指定运营机构负责提供数字人民币的兑换流通服务。发行层基于联盟链技术构建统一分布式账本，央行将交易数据上链，使运营机构可进行跨机构对账、账本集体维护、多点备份；流通层采用中心化架构，实现公众直接持有央行债权，支持高并发支付场景，具有低延迟特性，所有跨机构交易均通过央行端进行价值转移。

双层运营体系在设计上主要有三方面考量。一是中心化管理：巩固央行在数字人民币发行的中心化管理地位，为数字货币提供无差别的信用担保，为数字人民币的流通提供基础支撑。二是防止金融脱媒：避免央行直接面向 C 端，促进商业银行发挥金融中介的作用。三是避免基础设施重复建设：充分利用商业银行的服务体系和人才储备，调动商业银行积极性来参与数字人民币发行、流通环节的研发推广工作。

（二）"央行 + 运营机构"App 入口

数字人民币流量入口建设采用兼具集中化与分散化的综合模式。一是央行 App：内测阶段采取摇号抽签方式，中签用户可通过邀请链接下载央行数字人民币 App，并于开立报名时所选银行的数字人民币钱包领取红包，无须拥有或绑定银行卡。App 依靠子钱包推送功能拓展多样化应用场景，用户只需开启子钱包推送功能，便可在相关合作平台使用数字人民币支付。二是运营机构 App：未中签用户可通过白名单邀请方式在指定运营机构的手机银行 App 端体验数字人民币服务，目前白名单受邀用户已达 1 000 万人。运营机构结合自有资源特色拓展数字人民币应用场景，并围绕"支付+"功能探索数字人民币与银行业务结合的可能性。

（三）多种"银银合作"模式

指定运营商业银行与非指定运营商业银行间的合作既可以使非运营合作银行接入数字人民币服务，还可以帮助运营银行实现用户覆盖与服务下沉。目前，试点过程中主要有直连模式、间连模式、混合模式三种"银银合作"渠道。截至 2021 年 8 月 12 日，已确认 24 家城商行通过城银清算接入互联互通平台，另有 94 家银行（76 家城商行、15 家民营银行和 3 家外资银行）有意向通过城银清算接入互联互通平台。农信银清算正全力推进第一批另外 6 家成员单位顺利完成业务上线，并有序推进其他试点地区成员单位"一点接入"数字人民币系统。

（四）数字人民币借力现有支付方式

第一，数字人民币作为连接桥梁，推动条码支付互联互通。二维码支付作为当前最主流的支付方式，其推广成本低、商户侧布设广泛、用户接受度高等特性，将助力数字人民币的应用普及。但由于编码规则与标准的不统一，不同支付机构的条码标识无法互认互扫，人民银行正在推进条码支付互联互通。

第二，数字人民币借助市场前期铺垫，有望打通 NFC 支付硬件壁垒，实现用户习惯再培养。NFC 技术作为双离线支付功能的核心，未来可以对现有终端机具进行改造升级来适配数字人民币支付，为降低数字人民币对二维码支付方式的依赖找到一个较为成熟的发力点。

第三，支付领域蓝海市场，生物识别支付赋能数字人民币应用场景。生物识别支付比二维码支付效率更高，能够实现支付过程以

"秒"计算，并且生物特征的独一无二性也带来更高的支付安全性。数字人民币支付接入刷脸支付终端机具将带来在生物识别领域聚合支付的联想空间。同时，刷脸支付产品的特性与价值也可以帮助丰富数字人民币的支付方式与支付场景，使数字人民币受到更多用户与商家的青睐。此外，受到疫情影响，刷脸支付在推广过程中还要考虑防疫安全距离等因素，非接触式指纹支付、虹膜支付、声纹支付等无须摘卸口罩的生物识别支付可能将迎来全新机遇，或成为数字人民币未来在生物识别支付领域的战略方向。

（五）数字人民币建立生态链接

区别于市面上其他支付产品，数字人民币的运营机构包含商业银行和第三方支付机构，资源支持力度不同以往，可以通过调动商业银行与第三方支付机构的商户、用户资源，借此打通公交地铁、商超便利、公共缴费、医疗健康等多种线上线下应用场景。此外，数字人民币背靠运营机构在收单市场的优势地位，将原有商户的机具进行升级改造即可布局线下市场，无须重复耗时耗力拓展商户资源。在现有市场资源的基础上，数字人民币通过 App 子钱包推送或应用平台直连等多种途径，可以集多家优势场景于一身，建立自己的场景生态。同时，数字人民币可以作为商业银行之间、第三方支付机构之间、商业银行与第三方支付机构之间的桥梁，促进运营机构间资源互通共享，推动大型企业与中小微企业间的互利合作，加强数字人民币在各级城市间的广泛渗透。

此外，借助政府力量，数字人民币可以通过指定运营机构优先接入薪资发放、党费缴纳、交通罚没、医疗挂号、补贴发放等高频政务场景，设立数字人民币专用服务通道和业务办理窗口，培养社会公众使用数字人民币的支付习惯。政府还可以制定相关的优惠政策，鼓励各级政府部门、事业单位，以及社会企业使用数字人民币进行资金往来业务，对数字人民币生产经营的应税行为实行减免优惠。同时，数字人民币的可追溯性与智能合约功能可以加强政府的治理能力，助力解决跨政务层级监管难、效率低等问题。例如，在传统的专项补贴发放场景中，补贴的落实情况往往需要逐级上报，资金流与信息流存在较大时间差，执行过程中可能会出现私吞款项、挪作他用等情况。而通过数字人民币发放补贴可以对款项设置触发条件并进行追踪，主管部门可以不依赖其他业务参与方，直通式掌握各级补贴发放情况，既可加强监督实现专款专用，又可提高补贴发放效率。

三、数字人民币的推广难题与建议

（一）数字人民币推广和普及面临的问题

当前，数字人民币在国内从试点走向大规模普及四方主体都面临着问题。第一，政府。大规模普及应具备的技术支持能力；交易过程的安全性以及支付效率的保障。第二，商户。现有终端铺设较好满足支付需求，重复布设成本高。第三，用户。支付市场入局晚，用户接受壁垒高，补贴难持久。人们习惯使用电子货币（银行信用卡、微信和支付宝等），数字人民币的使用习惯待提升。第四，加密货币。在2021年9月中国的加密货币禁令之后，全球加密资产规模仍处于较高水平，仍然有不少人参与加密货币的投资，数字货币的财富效应对数字人民币的推广使用仍存在着一定的影响。

此外，数字人民币未来的跨境支付还面临着三个方面的挑战。第一，各国央行数字货币的研发进度不一，主要经济体货币当局都保持较为审慎的态度，甚至一些国家对其必要性仍持消极态度，在较长时间内多边央行数字货币桥可能难以满足分散化的贸易与投资的跨境支付需要；第二，基于私人稳定币的跨境支付方案拥有强大的利益激励，一旦其获取监管当局许可，就有可能通过其覆盖全球的商业生态快速占领市场，进而获得足够多国际用户数据，通过"数据—网络—活动"循环助推正反馈式的规模扩张；第三，仍然面临着国外用户使用数字人民币的意愿可能不足的问题。

（二）数字人民币国内和跨境使用的对策

第一，正确使用货币概念，积极规避和宣传数字货币的认知误区。尽管人们常把加密货币、私人数字货币、代币等虚拟货币冠以货币之名，实际上仅仅是一种货币的称谓，即称谓货币，而非真正的货币。虚拟货币没有成为广泛和通用的价值尺度，其中的非央行的数字货币反而成了暴涨暴跌的数字资产，具有典型的郁金香特点，远远偏离了货币的真实含义，或者说从来都没有具有过货币的价值尺度特征，也没有恰当的法理基础，我国政府已经禁止了虚拟货币在国内的交易。但是，数字人民币的推出，让一些"币圈"的人认为数字货币前景大好，诱导部分人员参加非法的数字货币交易，以达到自己"割韭菜"的目的。事实上，央行数字货币的发展可能并不意味着加密货币的机会，相反，其可能刺破加密货币的泡沫。因此，应积极宣传数字货币的认知误区，既可帮助居民防范投资风险，也有助于数字人民币的推广应用。

第二，积极科学且经济地进行数字人民币的基础设施变革，不断优化完善数字人民币跨境支付基础设施建设。数字人民币的发行基本上属于混合型运营架构，其投放采用与纸币相同的"央行—商业银行"的二元模式，即"双层运营体系"。有人从商业银行侧基础设施和系统改造测算，数字人民币改造有望带动合计1 165亿元的投资规模，包括ATM改造507亿元、智能柜台机114亿元、POS改造192亿元、硬钱包市场339亿元、银行IT系统改造市场13亿元等。事实上，数字人民币基础设施的建设需要更科学且经济的变革思维，比如打造新的一体化的数字人民币的数字支付方式，可以节省大量的成本。随着数字人民币从试点到应用，并逐步推广，需要不断扩展系统的冗余量，以保证数字人民币的安全使用。此外，数字人民币借鉴区块链技术，但并非完全的分布式技术，未来跨境支付中可能存在着技术路线统一的问题，未来可以采用兼容的技术路线解决。

第三，在国际金融治理中充分说明私人数字货币有悖法理，限制私人稳定币等数字货币在跨境支付中的应用，促进央行数字货币在跨境支付中的应用。货币本身是一种治理权力，货币的发行需要政府的授权。而未经授权发行的私人数字货币的大规模发行或跨境支付，会给相对弱势的国家带来货币体系的紊乱，因此必须加以限制。Facebook发行Libra未能获得美国和欧盟的认同，后改为发行Diem也未获成功，目前已经将数字货币项目转手。因此，在国际支付体系中，应该协同切断非经授权的私人数字货币参与跨境支付。

第四，充分利用跨境电商平台，有序推动和扩大数字人民币跨境支付在境外的试点范围。数字人民币的初期跨境支付应用可与跨境电商平台有机结合起来，并从港澳的应用开始向"一带一路"、RCEP

等区域扩展,加强在金融基础设施、跨境支付结算、反洗钱、反假货币等领域的合作,共同搭建区域支付清算体系,并积极向多边央行数字货币桥过渡。

第五,可考虑在多边央行数字货币桥上加一层区域数字货币(如数字化亚元),形成一体化的双层数字货币结构。数字化亚元与欧元经由欧洲央行发行不一样,通过亚元汇率兑换间接发行,从而与区域内各经济体的货币(包括数字货币)共存。双层数字货币结构可以由数字化亚元与当前央行货币的双层货币结构逐步发展而来。同时,由于数字化亚元不拒绝各国货币的兑换,双层数字货币结构最终可成为统一的多币种实时清算平台,从而实现在国际清算支付领域的变革。

第六,深度参与并推进全球央行数字货币技术架构及通用行业标准的研发与制定。2022年2月9日,中国人民银行、国家市场监督管理总局、中国银行保险监督管理委员会、中国证券监督管理委员会四部门印发《金融标准化"十四五"发展规划》,专门提出要"稳妥推进法定数字货币标准研制",并提出了七个方面的要求。法定数字货币标准的制定,除国内标准的制定外,可区别于已成立的国际数字货币安全标准小组,充分利用我国在央行数字货币研究的领先地位及国内试点经验,主导推动法定数字货币国际标准的立项并成立工作小组,主导制定标准,增强我国在相关国际标准上的话语权。这也将有利于推动数字人民币的国际化应用,尤其是人民币在跨境支付中的使用。

第五章

衍化的元宇宙金融机构：转型革命

数字化革命是金融机构元宇宙发展的桥梁。金融机构的元宇宙转型必然建立在数字化发展基础之上,数字化程度超过50%将为元宇宙转型奠定坚实的基础。金融机构的元宇宙转型已经展开,主要体现在虚拟员工和元宇宙场景建设等方面。但是,金融机构的元宇宙转型革命可能不仅在于可见可视的地方,也不仅限于表面上的直接转化,而更在于建立金融风险、金融产品的镜像世界的转型,在于融入或创造共创性社交平台生态圈,而不是将自己孤立起来发展;在于金融机构共创性平台建设和人力资本化发展。目前,金融机构的元宇宙转型发展还是初步的,需要跳出元宇宙的表面逻辑,从衍化的元宇宙金融角度去深入思考。这是一个金融机构元宇宙转型的方向性问题。

第一节　数字化革命是金融机构元宇宙发展的桥梁

随着第四次科技革命的到来，数字化在未来银行革命中发挥着决定性作用。银行的数字化革命是银行未来的发展趋势，也是银行走向元宇宙的桥梁。

事实上，元宇宙是数字化发展的一种更高级形式，元宇宙金融当以金融的数字化为基础和前提。

一、未来银行是数字化银行

麦肯锡咨询公司在《打造未来银行》一文中指出，未来银行就是数字化银行，打造未来的银行，银行应从以客户为中心、大规模建设数字能力、管理数字化创新三大抓手出发，为迎接挑战、建立更强大的组织做好准备。

（一）大规模建设数字能力

打造一流的数字体验所需的技能和技术通常都处于短缺状态。因此银行还需要专注于大规模建设数字能力。对银行目前的竞争环境以及现有的技能储备进行评估，能够找出银行需要专注的领域。

第一，数据和IT架构搭建。随着数字化加速，数据成为更为宝贵的资产，成为获取客户的重要因素。但是，目前银行只利用了数据10%~20%的潜在价值。数字革命事关重大，银行必须做出更多努力，四项举措至关重要。一是设计数据治理和管理的新模式。二是从根本上创新数据技术和架构，"数据湖"是适用许多银行的一个新兴的解决方案。在"数据湖"中，各种各样的结构化和非结构化的内外部数据集合在一起。数据输入时不需要遵循严格的规则，由用户在从"数据湖"中提取数据时定义规则。"数据湖"与搜索技术相结合，能促进银行的重大变革，将数据用于各种目的，如市场营销、风险和金融。银行还应该建立汇报引擎和临时的汇报能力。三是升级数据整合与指标制定的程序。指标和报告是决策的基础，它们的一致性和准确性至关重要。银行需要为所有用户（风险、财务、业务）制定相同的数据整合和汇报程序，确保使用相同的来源、数据定义、计算方法和业务规则。四是按领域简化数据资产，促进各孤立领域之间的整合。银行应该制定一个数据领域的分类规则，通过这一规则统一厘清各孤立领域之间重复的数据来源。例如，所有消费者业务和地区建立一个单一的数据存储平台。同样地，银行还应该整合职能数据的存储，提高一致性，例如风险融资数据使用共同的存储库。

第二，运营方面需大幅削减成本。银行始终在努力削减成本。然而，成本迅速缩减的同时，新的成本也在增加，尤其是在合规领域。现在很多银行仅仅满足于使成本上升和通胀相当，但以目前的成本基础来看，仅如此是无法赢得客户争夺战的。收入在缩减，但资本要求保持不变，银行必须大幅降低成本收入比。市场上原有银行的成本比新兴竞争者们高出25%~30%，在某些情况下甚至更高。渐进式的成本缩减是不够的。数字化将是最有力的武器，但仍有其他手段可用，如简化产品组合、离岸外包和近岸外包以及IT转型。在资本市场中，银行可以设置机构处理常见任务，如收集客户信息，从而达到节约的目的。

第三，风险管理。未来十年，风险管理将彻底不同。目前的大部分工作将被淘汰，而风险分析和软件开发将变得更加重要。最明显的例子就是即时自动信贷决策。诸多企业在信用评分方面每天都在进步，如阿里巴巴和亚马逊利用平台上的历史财务记录改进信用评分。在欧洲，已经有十几家银行用机器学习技术替代了传统的统计建模方法来处理信贷风险，从而使催收现金额提高了20%。当然，新的风险技术会带来新的问题，这也需要银行加以管理。例如，非结构化的数据（如社交媒体上的帖子）能够带来洞见，但是在一团混杂的数据中提取信息容易产生错误。软件并非唯一的答案。银行要重新设计流程和会议结构，消除决策中的偏见。随着金融风险管理变得更加自动化，关注焦点将转移到合规和操作风险。

第四，分销，通过数据分析获客。为应对进攻者在成本和客户体验上的优势，银行必须提供多渠道的无缝连接，利用技术和分析手段改善客户体验，制定有客群针对性的定价，找到途径建立与客户的情感联系，由此降低运营成本。机器学习能帮助银行更好地了解客户希望购买的产品。一些使用这些技术的欧洲银行表示,新产品销售额增长了10%,资本支出节约了20%,流失率降低了20%。银行通过为零售和中小企业客户设计新的产品建议引擎,实现了新的效益。银行还建立了微定位模式,能更加准确地预测哪些客户会取消服务或拖欠贷款,以及应如何应对。

(二)管理数字化创新

数字化竞争的压力促使银行对创新进行集中化管理,尤其是数字化创新。

第一,银行内部转型。改善内部流程和服务是银行最熟悉且最容易迅速完成的任务,可以即刻执行。包括将大数据分析引入风险管理,客户体验内部工作的数字化,新的移动支付解决方案。这类项目大部分都能获得成功。

第二,利用边界进行创新。银行可以在非银行的子公司里建立类似初创企业的团队,或独立于IT和正常业务职能的单元,还可以设立孵化器。这些小团队不受母公司的限制,可以将创新落实在与金融相关的其他行业。关键是保持团队的小规模和独立性,以最快的速度和流畅性进行运作。银行要精心管理孵化器,规避类似组织在网络泡沫中遇到的问题。建议银行对这类想法设立50%~60%的成功率。第一资本、德国商业银行、德意志银行和瑞银等机构都已经成立了专门的数字实验室。建立一家独立的数字银行也是一种选择。如果保持独立,建立数字银行的成本就不仅不会稀释收益,还会得到投资人更高的估值。

第三,核心之外的创新。银行可以进入与银行业务无关的数据驱动型服务，产生数字流量和使用量。虽然银行应付出切实努力打造盈利的服务，但真正的效益来自通过交叉销售将这些新服务的客户带入银行。一系列彼此间没有关联的数字创新能让银行接触到上百万客户和上万的组织与企业客户。尽管这些尝试可能像创投和私募投资一样只有20%~30%的成功率，但一旦成功便能够大幅改善银行的分销渠道。

（三）数字中台管理能力建设

组织和文化也成为构建未来银行的挑战。构建未来银行不仅是构建起创新业务、数字化基础设施或是全新风控中台，还应当具有相匹配的未来组织——更加扁平化、分布式、去中心化、网络化的液态组织，保证决策效率与响应速度最优，激活个体价值，最终达到和外部环境变化的同步。这一未来组织应当具有四大显著特征：一是新的核心驱动力，从内部的提升与聚焦转变到以客户为中心的"向外看"视角；二是新的创新方式，从垂直整合和大企业主导式创新向协同创造、多元分散的模式转变；三是新的组织基础设施，从固化流程到移动互联的办公方式；四是新的发展节奏，从稳健存续的经营方式向适当提速的迭代式发展和跨界竞争转变。

未来银行的组织数字化将包括四个阶段：第一阶段，在线交互和沟通的数字化，即通过工具实现组织、沟通在线化；第二阶段，群体创造和接口透明维度上表现较好，通过工具实现协同在线化，在实现组织内部交流顺畅、资源可沉淀可共享的基础上，重视数字化人才发展、挖掘；第三阶段，引入人工智能、物联网等数字科技，实现业务在线化、协作智能化和沟通无障碍（比如自动翻译），结合创新商业模式，驱动业务增长；第四阶段，在（对外）网络协同维度上实现突破，通过工具实现生态在线化，有效沟通协作，调动外部资源，如客户、供应商及合作伙伴，激发外部组织对内部组织的积极贡献。

未来银行发展需要从组织文化角度而非简单的人力资源角度去思考数字化专家的问题。未来银行应当在组织数字化的同时，基于数字化重新定义人力资源价值，培养数字化专家文化。比如在管理线之外，增加专业领域专家的晋升或职业发展路径，特别是强化数字化领导力、数字科技专业和数据洞察力等数字化素养指标，并提供轮岗等熟悉银行业务的机会，培养既懂银行业务，又具有数字化素养的专家型人才。此外，还需要与之配套的人力资源管理向数字化转型、打造人才供应链、重视人力资本投资回报等协同举措。

组织的数字化是未来银行建设的关键，银行应当建立以数字化、智能化和业务创新为导向的敏捷组织，推动银行内外部持续创新，打造数字化创新生态体系。银行的组织也应当逐渐实现组织架构的在线化、组织协作的在线化和组织的数字化，并逐渐实现人力资源管理、人才供应和人力投资的数字化。

二、银行 4.0：银行的进化

布莱特·金（Brett King）所著的《银行 4.0》是他的"银行 X.0"系列丛书中的最后一本[①]。他指出，全球银行业进化的进程各有不同，银行 1.0、银行 2.0、银行 3.0 和银行 4.0 是银行进化的四个阶段，但

---

① 布莱特·金.银行 4.0［M］.广州：广东经济出版社，2018.

这四个阶段的银行又同时存在着。银行 1.0 时代，物理网点必不可少。银行 2.0 时代，电子技术延伸了物理网点的触角。1980 年，更高级的电子系统——自动取款机（ATM）逐渐在世界范围内普及，自助服务标志着银行进入银行 2.0 时代。1995 年 10 月，全球第一家网上银行——美国安全第一网络银行（SFNB）正式宣布成立。它所开发的电子金融服务，不仅提供传统银行的所有业务，还不断推出新形势下方便客户的网络金融产品，以满足客户多样化需求。第一代 iPhone 手机在 2007 年 6 月横空出世，开启了智能手机新时代的同时，也标志着全球银行踏进了可随时随地获得银行服务的银行 3.0 时代。AlphaGo 击败人类最强围棋手，类人机器人 Sophia 首获公民身份，苹果、脸书、谷歌、华为、三星、百度、腾讯、阿里巴巴纷纷入场人工智能领域，2017 年是人工智能彻底爆发的元年，也是银行 4.0 时代的开端。

与银行 1.0、银行 2.0、银行 3.0 时代不同的是，银行 4.0 开启了全新的世界、人工智能、现实增强、语音识别设备、穿戴智能设备、无人驾驶、5G 通信、区块链等创新型技术手段的发展和普及，将让银行业务的效用和体验完全脱离物理网点和以物理网点为基础的渠道延伸，银行业务的效用和体验将不再依附某个具体金融产品，而将直接嵌入我们的日常生活场景，用户在使用金融服务中的摩擦和不顺畅将被化于无痕，基于物理网点的账户开立和投资者适当性管理体系将被重塑，即时、实时的金融服务将成为现实，智能投顾和场景介入将为用户提供更好的金融解决方案。从银行 1.0 到银行 3.0，是基于物理网点的服务渠道扩宽；银行 4.0 则是回归到对银行本质的重新审视，提供了通往未来银行最有可能的路线和创新方法。

笔者结合《银行4.0》和其他文献资料提炼出关于银行4.0的重要的七点[①]。第一,"第一性原理"回归银行本质。布莱特·金认为,对于银行,第一性原理应体现在三种核心效用：能够安全地存储客户的钱；能够安全地转移客户的钱,例如支付、转账等；能够在需要时获得信贷的能力。第二,"网点至上"不可取,银行功能会变为嵌入式。第三,银行客户数据不容忽视,未来的主导银行是拥有广泛数据能力的银行。第四,人工智能广泛应用,区块链为银行提供了新可能性。第五,新生态系统接管支付经济,支付变得更简单即时。第六,体验越来越重要,但体验应简化,情境是新的体验战场。未来15~20年,传统银行产品可能因为摩擦和渠道退化而消失,取而代之的将是新兴银行实时的、响应式的产品体验。第七,组织的敏捷是核心基础,缺乏敏捷性将对银行产生负面影响。银行应以提升客户体验为目标,大力推进敏捷化转型,包括敏捷的组织架构、创新团队、业务流程、灵活机制等各项建设,以减少摩擦、提升效率,以便及时便捷地满足客户的需求。将银行建立在云上,也有利于提升科技敏捷开发的效率,未来可能的实践方向包括前台场景化、中台智能化、后台云化。

三、银保监会推动银行业保险业数字化转型

银保监会在2022年初印发了《关于银行业保险业数字化转型的指导意见》,进一步推动金融机构的数字化转型发展。《指导意见》共七个部分、三十条,除包括指导思想、五大基本原则、工作目标、总

---

① 亦楠.银行4.0告诉我们的22条真理[J].卓越智库,2019-08-15.

第五章 衍化的元宇宙金融机构：转型革命

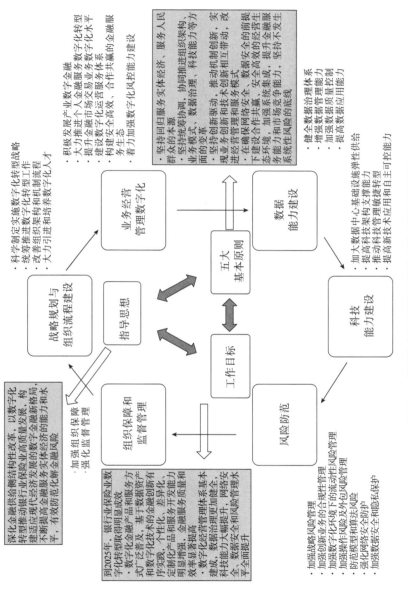

图 5-1 银保监会推动银行业保险业数字化转型的意见

资料来源：西南财经大学全球金融战略实验室

体要求、组织保障和监督管理外，还包括战略规划与组织流程建设、业务经营管理数字化、数据能力建设、科技能力建设和风险防范等（见图5-1）。

其中，战略规划与组织流程建设核心在于科学制定实施数字化转型战略，统筹、改善组织架构和机制流程，大力引进和培养数字化人才等。业务经营管理数字化包括积极发展产业数字金融，大力推进个人金融服务数字化转型，提升金融市场交易业务数字化水平，建设数字化运营服务体系，构建安全高效、合作共赢的金融服务生态和着力加强数字化风控能力建设等。数据能力建设包括健全数据治理体系，增强数据管理能力，提高数据应用能力等。科技能力建设包括加大数据中心基础设施弹性供给，提高科技架构支撑能力，推动科技管理敏捷转型，提高新技术应用和自主可控能力等。风险防范包括加强战略风险管理，加强创新业务的合规性管理，加强数字化环境下的流动性风险管理，加强操作风险及外包风险管理，防范模型和算法风险，强化网络安全防护，加强数据安全和隐私保护等。

第二节　元宇宙的银行业形态猜测

元宇宙已来，众多机构和研究者对未来的元宇宙银行的形态和产品进行了研究和猜测，可资借鉴。2022年以来，《金融时报》发表题为《"元宇宙银行"离我们有多远？》的文章，《中国证券报》的《抢滩金融元宇宙　银行业服务形态料生变》、中国银行保险报网的《"元宇宙银行"来了？》《元宇宙概念兴起：银行数字化转型打开新空间》等文章对元宇宙银行的影响和有关案例进行了分析[①]。总体来看，虽然元宇宙的发展尚不成熟，技术发展和应用发展两方面都在探索之中，但无论商业银行是否在此时选择拥抱元宇宙，元宇宙概念的兴起，都为商业银行的数字化转型提供了新的想象空间，国内外银行均在数字藏品、AI虚拟品牌官、数字员工、VR营业厅方面发力，有的银行甚至与元宇宙平台合作，开始了全新的尝试。

一、元宇宙银行的发展趋势与方向

（一）元宇宙银行的发展趋势

苏宁金融研究院孙扬等提出了元宇宙是银行数字化转型的尽头，是银行数字化的大航海时代，并提出了十个方面的预测[②]。其中第六个预测是"区块链、数字货币将成为高频的金融产品"偏离了衍化的元宇宙金融的框架，第十个方面的内容是银行元宇宙是银行数字化的大航海时代，是对银行数字化的整体把握。其余八个方面的内容可以给银行业务的元宇宙转型带来启发。

第一，无感体验金融产品。元宇宙中是游戏化的支付和金融交易，建议可以通过硬件芯片进行身份验证，开发无感式的账户开立流程，人脸识别、协议确认等可以用游戏的方式流畅地执行。比如，使VR

---

① 王方圆.抢滩金融元宇宙　银行业服务形态料生变[EB/OL].中国证券报·中证网，2022-01-17；左希.元宇宙概念兴起：银行数字化转型打开新空间[N].金融时报，2022-01-11.
② 孙扬，耿逸涛.元宇宙，银行数字化转型的尽头[J].金融界，2021-11-24.

眼镜、元宇宙传感设备自带安全芯片，身份和账户信息可以储存于芯片中，客户可以和元宇宙的金融体系进行后台化安全无感的互动。

第二，沉浸式的金融客户陪伴。在元宇宙中，客户经理可以像玩游戏一样和客户互动。元宇宙的游戏化交互可以增加客户互动，增加客户对银行的认识。

第三，金融产品实时创造。在元宇宙中，金融产品会有场景实时拼装制造的数字原生能力。根据客户的需求，在金融监管和银行管理规定下，产品经理通过手势拖曳进行现场全流程的数字化产品制造。产品实时制造对于科技平台的能力要求非常高，要求具有强大的模块化、组件化的元宇宙业务中台，立项、开发排期、测试、合规检查等都要求在元宇宙中瞬时完成，需要极强的云计算能力，高度的人工智能，自动化的智能合约审批流程。

第四，游戏、景点成为银行流量的源泉。在元宇宙中，银行可以把分行开在珠穆朗玛峰、塔里木盆地、昆仑山、九寨沟，银行会结合这些宏伟的地标，充分个性化地装饰分行网点，展示产品。虚拟景点将会给元宇宙分行带来高黏性的流量。分行可以基于这些地点，结合神话故事，开发结合景点的闯关游戏和场景，提升对于流量的吸引力。

第五，银行数字人劳动力将高度繁荣。未来银行将大量开发可在元宇宙中服务、获客、经营流量的数字金融机器人，这些数字人可以由真人驱动，可以由半真人驱动，也可以由全人工智能驱动。这些数字灵魂将能够基于不断发展的智能、知识和情感，为银行获取客户、资金、品牌和业务发展。

第六，元宇宙将能够让小银行"灭掉"大银行。开发实用的信息服务、引人入胜的游戏、海量的数字员工，做好虚拟客户陪伴，实现快速的产品创造，小银行在元宇宙中击败大银行并非不可能。未来银行的年报中除了环境、社会和公司治理，很有可能会增加对元宇宙分行的描述。

第七，数字化营销将蜕变升级。过去，银行的精准营销就是建立营销模型，给客户推送产品。在元宇宙中要用"玩"的心理来开展元宇宙的数字化营销，这更考验设计者获取银行客户的能力。未来，心理学专家将在元宇宙银行中发挥重要作用，元宇宙银行中将有专人分析和挖掘元宇宙中人们的心理，通过设计高价值、高黏性的互动来获取客户，这将成为元宇宙数字营销的特点。

第八，银行数字孪生的浪潮。实践数字孪生，银行的场景建设将得到极大的繁荣，银行将掌握更多的自有场景，也能将元宇宙和线下的业务充分地融合起来，用元宇宙叠加线下，带来新的价值。

（二）元宇宙银行的产品方向

王佳亮的银行元宇宙产品探索，概述了银行元宇宙产品的实现基础和银行元宇宙产品探索方向，认为沉浸同现实的深度融合，将使银行在元宇宙释放新的动能，发挥前所未有的潜力[①]。他把银行元宇宙产品方向探索归纳为四个方面。

第一，引流获客方向。银行可以作为参与者加入元宇宙，用户在元宇宙中进行社交、游戏或其他生产活动，也必然存在资金的流通。银行作为元宇宙中的基础设施，用户在元宇宙中获得的金钱，可以在

---

① 王佳亮.银行元宇宙产品探索［EB/OL］.人人都是产品经理社区，2022-01-19.

元宇宙中的银行进行开户，而在现实世界中，用户也有真实的账户映射。同时用户在真实世界银行中的资金也可以在元宇宙中进行流通。这种方式已经远远超出了虚拟银行的模式，在元宇宙这个空间中可以非常快速且便捷地获得客户，并可以将模式大规模应用，在较短时间内获得大量客户。银行需要在元宇宙中搭建自己的体系，可以通过开放银行应用程序界面方式为元宇宙玩家提供功能模块，也可以结合元宇宙规范或模块，在元宇宙中构建银行空间。

第二，客户服务方向。现阶段银行与客户进行沟通，主要是实体网点、客服电话和在线客服。这种模式虽然可以解决部分客户需求，但是往往没有沉浸式的体验。如果在元宇宙中，客户便可以进入银行在元宇宙中的7天×24小时银行网点，由元宇宙网点工作人员"面对面、手把手"解决客户问题，在解答客户问题的同时，还能顺便销售理财产品，一举多得。

第三，数字藏品方向。银行可以发行自己在元宇宙中的数字藏品，扩大银行的知名度，同时从另一个维度来增加银行收入。在现实的社会经济活动中，银行也可以根据客户的实际需求，为客户发行相应的数字藏品，并提供数字藏品在元宇宙中的保存或交易工具。同时银行可根据数字藏品的价值，实现向客户鉴权、授信、抵押、转化等金融服务，丰富银行产品形态，提升资金周转效率。银行在元宇宙中提供数字藏品服务后，将极大地促进文化产业的发展。在元宇宙中，任何人只要有想法，都可以借助银行提供的服务，发行自己的数字藏品，而藏品最终的价值由元宇宙市场决定。发行数字藏品将极大地增强银行的影响力。例如，将数字藏品作为免费赠送的营销产品，也能增强银行的影响力。

第四，了解客户（KYC）规则方向。KYC 是银行营销、风控的非常重要的环节。如果企业在元宇宙中作为实体的数字孪生方式存在，银行的尽职调查就可以很方便地在元宇宙中完成。在元宇宙中，不论是个人还是企业，都能同现实中的个人或是企业形成对应关系，因此当银行在做 KYC 时，成本就会降低许多。不论是个人还是企业，在元宇宙中的口碑和诚信就是现实中的口碑和诚信，而且元宇宙中的 KYC 会比现实中更精准。以个人客户为例，如果现实中的客户没有工作，在向客户授信评分时会有一定的扣减，而在元宇宙中如果该客户诚信很好，并且有相应的"工作"，有稳定的经济来源，大概率会被评为优质客户。

二、元宇宙银行的形态猜测

赵志宏在《元宇宙银行（Meta Bank）——虚拟银行 2.0》一文中指出商业银行应以开放、积极的态度拥抱元宇宙时代，不断迭代优化实现真正意义的生态化转型，同时基于元宇宙构想对商业银行构建服务模式进行了初步探索。正如现今世界也将是未来元宇宙世界的组成部分一样，当前颇受业界关注的生态银行是元宇宙银行的孵化器，在生态银行所具有的三种展现形式（走出去、请进来、联合共建）中，元宇宙银行属于银行"走出去"到客户生态体系中构建虚拟银行的升级版。[①] 元宇宙是基于互联网而生，与现实世界相互打通、平行存在的虚实融合世界。这不是一家独大的封闭宇宙，而是由无数个虚实生

---

① 赵志宏.元宇宙银行（Meta Bank）——虚拟银行 2.0［J］.当代金融家，2021（12）.

态并行组成的不断碰撞且膨胀的数字超宇宙，它有鲜明的分布式生态特征。区块链作为价值互联网的底层支撑日益坚实，跨链技术的发展将逐步解决"区块链孤岛"问题，这意味着在元宇宙层面"元宇宙孤岛"将不再是问题。未来3~5年，元宇宙将进入雏形探索期，VR/AR、NFT、AI、云、PUGC（PGC+UGC）游戏平台、数字人、数字孪生城市等领域渐进式技术突破和商业模式创新将层出不穷。中长期看，元宇宙的基础设施与产业链包括图形处理器、3D图形引擎、云计算和互联网数据中心、高速无线通信、互联网和游戏公司平台、数字孪生城市、产业元宇宙、可持续能源等。终极的元宇宙联通物理世界和数字世界，将成为20年后人类的生活方式，重塑数字经济体系。元宇宙将大量离散的单点创新聚合带来更为融合的创新，长期将创造超越想象的潜力和机会。赵志宏上文对元宇宙银行的生态银行模式，服务特征和业务模式进行了分析，值得学习借鉴。

（一）元宇宙银行的生态银行模式

正如电影中的场景，通过数字孪生等技术的深度应用，人们可以随时随地切换身份，自由穿梭于物理世界和数字世界，在由虚拟空间和时间节点构成的生态中学习、工作、交友、购物、旅游等。商业银行数字化转型须打开脑洞，紧跟甚至引领时代前沿。加快科技能力的全面提升，以生态银行模式构造虚拟和现实连接的元宇宙银行，是商业银行当前重要的发展要求。

基于元宇宙技术，元宇宙银行并非一定是在特定元宇宙中"实际存在"的虚拟网点，更是一种无处不在的"服务"。客户通过穿戴设备进入元宇宙后，一方面，可使用特定虚拟身份"一键直达"银行厅堂，由虚拟员工引导；另一方面，也可通过特定指令在元宇宙中随时"召唤银行功能"，使用相关服务。元宇宙银行向用户实时推荐最优行动、预期关键决策并实现决策或任务的自动化，全渠道无缝覆盖各类产品服务，实时同步触达实体和线上情景；同时，元宇宙银行以区块链加密实现身份唯一性检验和风控合规，真正实现生态化、敏捷化、安全化的服务体验。被誉为"元宇宙第一公司"的Roblox总结了元宇宙所必须具备的八大要素：身份、社交、沉浸式体验、低延迟、多元化、易进入性、经济系统以及文明。作为超级中介的生态银行与元宇宙的需求非常契合。生态银行在结构上的一个基本特征是基于分布式协同、分布式共识的方式来完成决策，能够尽量充分挖掘、利用、释放群体智能，基于分布式技术记录生态中的差分信息，就是在为生态银行的差分进化提供输入。

基于此，生态银行可为元宇宙社区提供包括硬件、网络层、计算力、虚拟平台、交互工具和标准、支付方式以及内容、服务、资产等在内的基础设施和中介支持。例如，元宇宙中完整运行的经济、货物、内容及IP，人们通过可穿戴设备等进入元宇宙世界。用户和银行可在元宇宙银行的沙盒中进行内容创作，商品交易，并以区块链加密为保障。人们能够在元宇宙之中，进行一切现实生活中的活动，并通过实体银行和元宇宙银行，达成虚拟资产与现实世界资产的官方互换渠道。

在元宇宙中，虚幻与现实边界模糊，数据安全、隐私保护和合规的重要性更为突出。元宇宙银行还可充分发挥此方面专长与积累，打造可向元宇宙世界广泛输出的关键能力和服务。

（二）元宇宙银行的服务特征

元宇宙的关键特点在于参与感和现场感。基于此，元宇宙银行可以做能想象到的任何事情：除了对公对私传统业务、虚拟与实体货币兑换等金融服务，未来或许还能通过构建各种类型的虚拟生态场景，提供子女老人托管照护、创客和创业空间、工作和学习辅助、玩乐和购物支持、亲朋好友相聚场景等服务。还有一些其他全新服务，可能是我们在今天未曾设想的、实体网点或手机银行无法提供的全新体验。具体包括下以几个方面。第一，无感泛在的全天候服务。[1] 在元宇宙中，银行与客户的互动将更强调沉浸感和融入客户旅程，是更强调精准遵从客户心理综合诉求的"体验式运营、体验式营销"。第二，客户互动模式重构。在客户运营方面，银行可通过由真人业务人员（或客服）的数字化分身与客户一起在元宇宙里"散步"的过程完成答疑解惑、需求交流、业务办理等。第三，线上线下链接的"必由之路"。在元宇宙中，虽然数字资产的鉴证、保存、撮合、交易等可在区块链上完成，但相关的认证、反欺诈、保全等，特别是线上线下的联结必须遵照一定的链接和兑换机制，而提供这种机制保障的最优方式之一就是元宇宙银行。依托商业银行的信用基础，元宇宙银行可以实现场景嵌入、数据驱动、智能联动与线下母行实现微秒级数据加密传输，跨次元即时认证，有效打通元宇宙与现实世界的经济往来渠道。第四，仍需长期进化的风控合规体系。第五，实时定制极致的个性化金融服务。第六，促进资产形态与资产理念的发展。

---

[1] 无感指感觉不到，比如无感支付，如汽车离开停车场时自动支付停车费不需要停车缴费。泛在指随时随地地存在，通常以物联网为基础。

（三）元宇宙银行的业务模式

未来，元宇宙的商业模式是一种分布式商业的形态，银行服务将深度融入服务场景。在完全信息条件下，元宇宙银行及其母行面临着高度透明的市场竞争。特别是在个人业务方面，为了更好地获客、黏客，须通过精准画像定位，以生态银行模式在特定元宇宙中敏捷搭建符合客户需求的各类场景。元宇宙银行有三种业务模式。第一，在服务接入方面，客户通过可穿戴设备、使用自身可被验证的虚拟身份进入。在元宇宙中，商业银行通过模型扩展将业务柜面按银行产品及对公对私细化和虚拟化，如理财柜台、外汇柜台、票据柜台等，方便客户在虚拟状态中快速定位业务。第二，在体验方面，可穿戴设备通过强大的视觉效果，多感知信息呈现的方式，极具沉浸感的体验氛围，提升客户数字体验。第三，元宇宙将产生新的价值。在元宇宙中，由于具有高度数字化且虚拟的特点，"创造"将成为普遍的基础活动。就元宇宙银行而言，当银行产品被很多人使用形成网络时，它将更敏捷地自进化迭代。

虽然面对内外部多种挑战和压力，商业银行仍需要以开放、积极的态度拥抱元宇宙时代，逐渐建立线上线下强链接的分布式链路，不断迭代优化实现真正意义的生态化转型。

三、元宇宙对银行业的挑战

元宇宙银行开展元宇宙业务面临三个方面的挑战。第一，监管制度方面。首先，"元宇宙"概念起源于海外且尚无成熟的应用模式，其技术和应用路径比较复杂，在海外的发展模式中还掺杂了诸如虚拟货币、虚拟资产、NFT 等我国监管禁止的业态和产品，整体监管难度较大。其次，元宇宙基于 VR 设备的接口与三维交互方式，将带来新的金融身份认证、反洗钱和信息安全挑战，目前暂无相关的行业标准和监管指引可供参考。第二，技术和人才储备方面。元宇宙所需的技术更加多元和前沿，技术和人才储备急需补充。目前，部分大型银行、全国性股份制银行、民营银行在人工智能、区块链、云计算、大数据等相关技术方面进行了研究，未来还需进一步拓展 AR/VR、虚拟人引擎和 3D 建模等相关技术。第三，产业应用场景方面。越来越多的用户与银行接触不是通过实体网点，而是各类银行 App，未来更可能是沉浸式的元宇宙应用。海量的大数据在衣食住行和实体产业等场景之中诞生，因此银行顺应产业数字化和元宇宙的方向进行场景金融的延伸，或能连接更广泛的客群。①

四、警惕元宇宙金融的法律边界

2022 年 2 月 18 日，中国银保监会处置非法集资部际联席会议办公室发布关于防范以"元宇宙"名义进行非法集资的风险提示，提示了四类手法及风险，强调四类活动打着"元宇宙"旗号，具有较大诱惑力、较强欺骗性，参与者易遭受财产损失。这四类活动包括：一是编造虚假元宇宙投资项目。有的不法分子翻炒与元宇宙相关的游戏制作、人工智能、虚拟现实等概念，编造包装名目众多的高科技投资项

---

① 刘阳. 银行业对"元宇宙"不容小觑 [J]. 中国银行业杂志, 2022-01-13.

目,公开虚假宣传高额收益,借机吸收公众资金,具有非法集资、诈骗等违法行为特征。二是打着元宇宙区块链游戏旗号诈骗。有的不法分子捆绑"元宇宙"概念,宣称"边玩游戏边赚钱""投资周期短、收益高",诱骗参与者通过兑换虚拟币、购买游戏装备等方式投资。此类游戏具有较强迷惑性,存在卷款跑路等风险。三是恶意炒作元宇宙房地产圈钱。有的不法分子利用元宇宙热点概念渲染虚拟房地产价格上涨预期,人为营造抢购假象,引诱进场囤积买卖,须警惕此类投机炒作风险。四是变相从事元宇宙虚拟币非法谋利。有的不法分子号称所发虚拟币为未来"元宇宙通行货币",诱导公众购买投资。此类"虚拟货币"往往是不法分子自发的空气币,主要通过操纵价格、设置提现门槛等幕后手段非法获利。

事实上,银行如果有价发行数字藏品也可能涉嫌非法集资,在数字藏品上构建的抵押、贷款等金融业务也可能涉嫌违规。

第三节 元宇宙的保险行业形态猜测

在加密资产领域,去中心化保险被不少人当作元宇宙保险业的一种形态。尽管这种形态从现实的角度来讲有其存在价值,但如果基于加密货币的非货币和非合法化性质,则去中心化保险的合法性存在问题。那么,保险行业的数字化转型和元宇宙形态会是什么样的呢?

一、去中心化保险的出现

(一) 去中心化保险出现的原因

去中心化保险是指基于不可篡改、强制自动执行的智能合约的保险协议;主要针对币圈常见的风险事件(包括私钥被盗、交易所被攻击、钱包被盗、智能合约出现漏洞被操纵等)提供风险保护。

2020年上半年去中心化金融在加密行业中发展得如火如荼,代币暴涨,去中心化金融协议总锁仓量突破100亿美元。行情变幻莫测,安全问题频频发生,隐藏的风险系数很高。

用户在使用去中心化金融应用前,需要将代币质押在智能合约中。由于潜在的巨额支出场景的存在,质押在智能合约中的代币容易受到安全性攻击。2020年2月15日至18日,一个名叫bZx的去中心化金融DApp上发生了两起引人注目的DeFi安全攻击事件,总损失达3 649 ETH,价值约100万美元。这两个漏洞都涉及非常复杂的交易过程,经过多个去中心化金融DApp的操作。根据安全公司PeckShield的统计,2021年11月,去中心化金融行业发生逾13起安全事件,造成损失近5 000万美元。随着去中心化金融行业不断壮大,保险能够帮助用户对冲风险,避免"火中取栗"。

诸多因素激活了对去中心化保险的诉求。第一,技术风险,智能合约存在漏洞,遭到安全性攻击;第二,流动性风险,类似Compound平台的流动性耗尽;第三,密钥管理风险,平台的主私钥可能被盗取。用户如果使用去中心化金融进行大额交易,自然可以考虑购买保险来降低交易风险。

2021年11月20日,元宇宙世界与瑞保集团签订战略合作协议。

瑞保集团是全球首家采用区块链技术网络、融合 NFT、去中心化金融、保单，公开、透明、安全和可信的集团公司。元宇宙世界发行全球第一只 NFT 数字股票，瑞保集团将为数字股票提供专业的金融保险服务，保障投资安全。瑞保集团提供 20 亿美元的综合授信额度，涵盖常规融资、新型融资、供应链金融、综合票据融资、债务融资工具承销等多个方面，以帮助元宇宙世界加快产业布局和结构转型升级，尤其是在元宇宙行业中的 VR/AR、5G、区块链、数字交易所、人工智能等新兴产业板块，以及发债与异地并购、实施境外布局并开拓国际市场等。事实上，这是瑞保集团向元宇宙世界提供的去中心化保险。

（二）去中心化金融生态中的保险协议和产品

去中心化金融平台主要以互助保险和金融衍生品这两种形式来提供去中心化保险服务。

去中心化互助保险以 Nexus Mutual 为代表，采用互助资金池形式提供去中心化保险服务，将用户的保费集中放在资金池里，用户需理赔时，保险公司审核通过后，用户将可以从资金池中获得一定的赔偿金。

以金融衍生品形式提供去中心化保险服务是通过提供具有一定保障性质的衍生品工具来达到防范风险的目的，提供这类服务的机构有 Opyn、Etherisc、VouchForMe、Potion 等。Opyn 主要是通过看跌期权为用户提供保险服务，其中一类是 ETH 的保护性看跌期权，另一类是 Compound 存储资金的保险。Etherisc 本身不提供任何保险业务，只是与保险提供方合作，为去中心化保险提供开发协议，让开发者能利用这个平台快速开发出新的保险产品。VouchForMe 是以太坊上基于社交证明的分布式保险平台，借助社交网络降低投保的成本，担保的越多保费就越低。Potion 是一种去中心化金融通用保险协议，允许用户自定义创建运行在以太坊网络上的价格保险合约，以对冲包括 btc、MKR、Link、Gold 等在内的任何资产价格的下跌。

二、保险行业数字化转型四大趋势

根据德勤的《保险行业展望调查报告》，有 79% 的受访者认为，新冠肺炎疫情凸显了公司数字化能力的薄弱和转型的不足。而即便一些公司已经对业务转型计划做出了调整，也仍有高达 95% 的受访者希望能够加快数字化转型步伐，以增强抗风险能力。2021 年，基于数据分析的解决方案将在保险行业发挥关键作用，同时隐私和监管也将处于核心地位。在越来越多的传感器、第三方数据聚合和其他替代性数据源后，迅速增长的数据量使得如今的隐私和监管问题日益突出，为监管带来了巨大压力。各行各业也都在关注着监管部门是否会颁布新法规，以此监督云服务提供商。

通过数据分析未来几年保险行业的发展，并提供帮助保险公司挖掘数据潜力的端到端企业数据平台的 Cloudera，对保险行业数字化做出了四大趋势预测。第一，扩展机器学习/人工智能应用，推动数字化转型加速。新冠肺炎疫情期间，"零接触理赔"技术无须人工干预即可自动执行一定比例的理赔，这也为保险行业释放了新的信心和可能性。第二，打造数据驱动型个性化客户体验。第三，企业云转型需防范风险。目前，还没有一个适用于所有情况的云转型方法，大多数企业可能更喜欢采用混合方案。通过避免被云锁定，保险公司可以缓解对云环境因缺乏集中度而引发系统性风险的担忧。第四，数据隐私与监管不断完善。新数字技术的采用意味着无论是在云端还是在本地，都需要保护大量数据。随着数据分析的不断扩展，围绕客户隐私和权利的法规也在不断完善。

三、元宇宙与保险业数字化变革创新

元宇宙是建立在基于扩展现实、区块链、人机交互等新一代信息技术上，既有数字原生，也有数字孪生，更是虚实共生的未来数字世界。中国各行各业在创造内容及应用场景的同时，要更加关注元宇宙的基础设施建设，技术标准制定和商业模式创新。

元宇宙至少具有四个方面的核心驱动力：第一，从"上网"到"在线"再到"在场"的驱动力；第二，从"三维现实"到"二维屏幕"再到"三维虚拟现实"的驱动力；第三，商业场景从"物理空间"到"虚拟空间"的驱动力；第四，数字化生存进程的驱动力。

元宇宙在保险业可以设想五个方面的应用场景：第一，为元宇宙世界的投资提供专业安全的保障；第二，根据VR虚拟场景的应急避险情况调节承保费率；第三，模拟出险事故过程及场景，引导应急避险防灾减损；第四，让客户感知风险，实现沉浸式、场景化营销；第五，改善客户关系，更好地解决培训效率及营销效果。

元宇宙会改变资源配置的规则和效率，并改变人的行为方式，这体现在四大维度：客户圈层、风险标的与形态、效率和体验、生态创新。元宇宙的相关变革会加速保险业数字化转型进程，并将催生新一轮变革创新，推动保险行业的数字化转型的四大方向。第一，客户经营转型。在元宇宙的虚实共生趋势下，客户的个性化需求和行为特性更容易进行刻画，保险公司也能利用元宇宙的技术来对客户进行深度和长期经营。第二，承保品质规模平衡。在元宇宙的技术平台和数据环境下，保险公司可以更好地通过低成本高效率的模型技术和仿真手段对风险进行精准预测，从而指导产品承保和风险定价，并拓展现阶段无法有效识别和定价的风险领域，获得承保质量和规模的良性平衡。第三，运营模式转型。元宇宙的仿真技术可以更好地提升客户体验，并通过风险的预测和干预手段，降低出险概率和赔付成本，真正实现运营模式的转型升级。第四，组织模式转型。保险行业从业人员从理念、文化和组织层面进行变革，以便更好整合和升级数字化能力。

第四节　金融机构的元宇宙转型探索

理解金融机构的元宇宙转型，研究者习惯从两个角度入手：一是从元宇宙的特征出发，二是从现有金融机构的产品和业务出发。这是理解金融机构元宇宙转型的方法之一，但不够深入，核心在于思维没有得到根本性的转变。金融机构的元宇宙转型要从元宇宙的本质和具体形态出发，逐步展开。简单地说，金融机构的元宇宙转型要从数字化入手，并抓住金融的核心风险问题，以及元宇宙的数字化共创社交特征，促进金融机构从内在本质转型。元宇宙缩短了金融产品的理解距离，可以直接通过创造具体的产品，并通过平台实现共同创造与分享，解决金融机构的风险管理、创新和战略发展问题。在科技创新中一定要注意，所有的创新形态或许越来越广泛，生态也越来越复杂，但创新的内核却越来越简单、越来越直接。

一、对元宇宙的三阶段论的反思

有人提出从"现实宇宙"向"元宇宙"迁移的三阶段划分，即从数字孪生到数字原生，再到虚实相生，三个阶段中最核心的是数字原生阶段。[①] 这类似遵循从互联网技术（IT）网络、通信技术（CT）网络到数字技术（DT）网络的发展脉络。其中，数字原生是指从数字世界中原生与现实世界没有对应关系的事物，数字原生阶段是最具有元宇宙特性的阶段。当数字原生的事物影响力足够大时，必然会反过来影响现实世界。三个阶段的数字化迁移一定会重构一整套经济体系、经济模式以及金融模式，产生新的货币市场、资本市场和商品市场。

事实上，数字原生一直存在，并随着数字化发展而日益扩展。比如，绝大多数游戏都并非数字孪生而是数字原生，是数字化再创造。因此，把数字原生简单地作为元宇宙中高于数字孪生的阶段，可能并不符合元宇宙发展的事实。同时，虚实相生也不一定是元宇宙的第三个阶段，而是一种自元宇宙诞生那一刻起就一直存在的必然发展趋势。因此，这种趋势即我们前面所说的元宇宙的衍化。

---

① 多多."元宇宙银行"离我们有多远？韩国金融集团已表态［Z］. BanTech 智库，2021-8-19.

二、元宇宙的去金融服务趋势

众多有关元宇宙著作都将私人加密货币和加密资产、去中心化金融作为默认存在，并认为这是与法定金融体系相独立的平行金融体系。在前面我们提到了衍化的元宇宙必须将"假心"换成"真心"，即将去中心化金融替换为法定金融体系。但是，在目前以游戏为主的元宇宙世界中，具备价格稳定且发挥一定价值尺度的代币，如游戏代币，具有内循环的价值，从而具有天然的去法定金融体系服务的趋势，但本质上隶属法定金融体系。如果这种代币（极大可能不是加密货币）价格是稳定的，而不是被炒作的和市场交易的加密资产，元宇宙的虚拟世界仍然可以体现法定货币的价值尺度功能。

但是，现实中元宇宙的虚拟世界部分存在着加密货币和加密资产的作用，法定金融体系的介入就具有非常重要的价值。在衍化的元宇宙世界中，包括元宇宙的虚拟世界，自然构成二元的货币体系。为促进衍化的元宇宙世界发展，并且促进元宇宙的衍化发展，这种二元的货币体系必须由法定货币体系统一。同时，现实世界的金融机构及其金融业务，也要融入元宇宙的虚拟世界之中，在衍化的元宇宙中创造出新的金融形态与生态。

随着金融的数字化发展，金融网点逐步被线上服务替代，金融网点的消失受到两种趋势的影响：一是金融的网络化和电子化，实时方便快捷高效的存贷汇投成为其本质；二是金融的弥漫化与生态化，金融不再孤立或脱离于经济环境而存在，而是融入经济生态之中，形成与实体经济共生共融的生态。

三、金融机构元宇宙发展的可行路径

（一）游戏金融化：重在参与社交

去中心化后的游戏急亟金融填补空白，或者说游戏需要金融与去中心金融体系竞争，进而在参与与竞争中彰显金融的价值。这里的金融可以包括三个方面的内容：一是电子货币和央行数字货币等，但不包括私人数字货币或通证；二是金融广告加入，如保险、基金和理财等金融产品；三是金融教育植入游戏，向玩家充分普及金融投资和消费的常识，提升风险判断能力。

金融机构可以加强与游戏公司或平台的合作，还可以为其提供奖励或者优惠。比如为积分达到一定水平者提供金融产品的费率优惠。

在元宇宙游戏的社交中参与合作，是获得客户群并增强客户黏性的重要方式。

（二）金融游戏化：重在变革思维

传统金融机构的数字化转型十分困难，麦肯锡认为只有20%的传统金融机构能够转型成功。事实上，传统金融机构转型最大的困境是思维的困境。这种困境来自两个方面：一是传统金融机构的习惯性思维困境，二是数字化变革中数字技术应用与传统业务冲突的困境。为此，传统金融机构的数字化和元宇宙转型发展，最好走替代性变革之路。替代性变革指在传统金融机构变革之外，独立或与金融科技公司合作成立人事独立的机构，实现业务的数字化和元宇宙发展，并逐步替代传统金融机构的业务，两者可在各自的探索中相互促进融合。这种方法可能会在一定程度上增加成本，但提高了效率，也提高了数字化和元宇宙转型的成功概率。

除发布数字藏品以外，金融机构也可以探索尝试设置不同金融场景，将金融游戏化，比如将外汇交易、商品套期保值、贵金属交易、理财产品、基金产品、保险产品设置场景，在金融游戏中建立生态圈，营销客户，并增强客户黏性。同样，对员工的教育和培训也可以采用游戏逻辑和形式进行。

金融并不独立于社会，金融需要更为主动地融入社会。金融游戏化是一种有效的融入社会方式。

（三）金融机构的镜像世界：数字孪生创新

金融机构可以建立全球风险管理的镜像世界。这种镜像世界以全球风险的数字化评价为前提，以金融机构的全球国别分布、行业分布、客户分布的数字化抽象为基础，构建的是金融机构从历史到现在再到未来的镜像世界。

金融机构的镜像世界与一般的镜像世界有三个不同的特点：一是这个镜像世界并非对金融机构的简单形象进行数字孪生，而是着重抓住了金融机构的风险管理这一抽象不易把握、不易观察的角度来建设镜像世界；二是这个镜像世界带有历史性和动态性，并具有自我检验和自我修正的功能；三是这个镜像世界具有压力测试和场景假设验证的功能，有助于金融机构做出战略决策。

金融机构的镜像世界可以从动态曲线整体把握一家金融机构的整体风险与机遇、历史趋势和当前现状。当曲线发生大的转折时，可以快速查清风险来源的国家、行业、机构、客户和产品；当某一重大事件出现时，可以观察该事件对金融机构的整体影响，并落脚于重点客户和重点产品。当不同类别的金融机构的镜像世界建立起来之后，银行业、保险业、证券业、基金业和期货业既可以分别获得行业的整体镜像，也可以获得国家、区域的整体镜像，从而提升金融监管的能力和水平。

这种对数字孪生技术的创新性应用，可以帮助包括金融机构在内的企业和组织进行战略风险管理和战略决策。

（四）金融机构的创新平台：数字化共创

金融机构不论是发行数字藏品，还是推出虚拟品牌形象代言人，或是建立虚拟营业厅，都只是元宇宙的外在化追求，甚至可能还算不上进入了元宇宙的门槛，因为金融机构的数字化程度不够，元宇宙在数字化基础上的创造远没有展开，尤其是围绕着核心的风险管理更没有涉及。

因此，应该在元宇宙尝试中加大推动数字化转型的力度，而且要充分认识到数字化转型才是金融机构元宇宙转型的基础。当金融机构的数字化水平达到或超过50%时，才算真正步入了元宇宙形态。金融机构的数字化水平越高，金融机构元宇宙平台的创新创造力度就越大。因此，金融机构的数字化是本，不可本末倒置。在此基础上，金融机构的数字化与元宇宙发展可相互促进。

随着传统银行业明确了向未来银行转型的目标，并完成与自身业务战略匹配的顶层设计后，基于未来银行与数字化成熟度的评估模型，可以帮助判断企业自身的能力强项和短板，从而在向未来银行转型时做出最优的选择（见图5-2）。向未来银行转型的方式是通过数据化、算法、产品形成反馈闭环，并从数据应用驱动力和业务数字化与智能化程度两个维度提高成熟度。金融机构的数字化测试标准与金融数字化能力的指标有着较强的相关性，但也存在差异，可以借鉴。

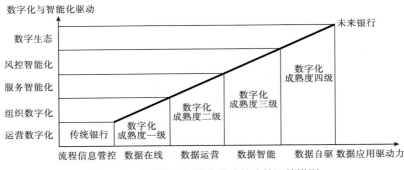

图 5-2 未来银行与数字化成熟度的评估模型

资料来源：阿里云《新一代数字化转型白皮书》

在金融机构内部应该建立数字化共创平台，可以以区块链为基础，以个体的人力资本和人力资本化测评为基础，并具备三个功能：一是知识产权的合作创造；二是平台帮助进行知识产权自动申请；三是知识产权的创造性应用。除个体的员工特性以外，个体的生活记录通过区块链可以进行自动评价，并给予相应的奖励，以及辅助未来岗位的匹配。

第六章

衍化的元宇宙金融市场：市场创新

随着数字化的发展，市场日益具有平台化的特征，并且成立市场的成本也大幅下降，市场本身的交易成本也大幅下降，市场从一般商品市场到虚拟商品市场，再到衍生品市场的发展具有连续性，边界日益模糊。从正面影响看，这个趋势打开了数字商品市场的大门，为各种类型市场的繁荣和发展奠定了基础；从负面影响看，各种类别市场随意出现也容易造成市场秩序的紊乱，类金融平台欺诈更为容易。不断被爆炒的数字货币和数字资产得以被广泛交易，产生了较大的风险。不过，元宇宙始终是围绕着人这一中心来发展的，核心是推动各类元宇宙技术为人的创造性发展服务。元宇宙赋予了个体创新和个体人力资本实现价值与交易的机遇，以及个体共创性社交的机遇。当然，市场的创新发展，不能仅局限于认同，其基础在于普遍认同的计量或测评的标准出现。这也是金融市场创新的核心。而至于是不是以区块链为基础的交易，远没有那么重要。

金融市场的数字化早已实现，人们在电脑或手机上都可以进行金融市场的投资操作。在衍化的元宇宙中，现有金融市场的进一步数字化发展可能主要集中在金融市场标的的直观化和形象化，尤其是对某一标的的风险与收益的展示与分析，以及对基金或理财产品的展示与排名等，本质性的变化不大。衍化的元宇宙金融市场带来了从数字产品市场到金融市场的多层次一体化发展。因此，我们在研究衍化的元宇宙金融市场特征与变革之外，也着力于探索人力资本市场、数据市场与数字市场、碳汇市场等新兴市场的特征。这也可以为传统金融市场的元宇宙变革带来一些启示。

第一节　衍化的元宇宙金融市场特征与变革

　　尽管我们取消了以加密货币和加密资产为代表的去中心化金融在元宇宙的核心地位，但元宇宙作为数字化平台的确带有市场特征，并且具有一定的金融属性，这种市场特征与金融属性的交叉既为现有的金融市场变革带来了新的机遇，也为金融市场的深化发展奠定了基础，还为金融市场的衍化带来了可能。

一、数字化时代的市场建设成本极低

随着数字化时代的到来，数字交易成本快速下降，互联网和移动互联网参与者快速增加，数字化平台快速发展，除商品电子交易平台和跨境电商平台快速发展外，金融市场的数字化发展早已实现，数字货币和数字资产的交易平台也从2010年开始大量出现。

这类交易平台或市场的出现揭示了一个规律：市场的建设越来越容易，市场建设的成本和交易成本越来越低，交易的商品越来越广泛，有的已经远远超出了商品的范围。这既为市场创新创造了条件，也带来了巨大的风险。更为重要的是，这为金融市场的微型化和快速交易奠定了基础，金融市场呈现了泛化、弥漫化、直接化和隐性化的特点。多层次、多类别市场和准金融市场的出现成为必然的趋势，数字市场、碳汇交易市场、创意与数字产品市场、知识产权交易市场和人力资本市场等的出现也成为必然。

二、元宇宙具有共创社交的权力

人的自由与全面发展既是权利，也是权力。以个体为中心的原初虚拟世界在不断发展，数字化虚拟世界和元宇宙虚拟世界给个体的权利和权力赋予了更大的空间，但也给予了个体的权利和权力与社会创造发展结合的更大空间。

元宇宙的最初发展具有游戏世界的社交和共创的特征；衍化的元宇宙发展日益具有了社会的数字化趋势，同时也体现了更多的个体创新权力，以及在此权力基础上的共创社交和组织共创的权力。

首先，衍化的元宇宙赋予个体创新的权力。在数字化的虚拟世界和元宇宙的虚拟世界中，个体创新的权力极为突出，因为个体具有了创新的空间、创新的平台、创新的可视化工具、创新的技术支持和服务、创新的价值实现、创新社交与认同等。从这个角度上讲，元宇宙赋予个体的创新权力与传统的个体创新权利具有很大的不同，元宇宙使积极自由的权利转化为个体主动的权力。

其次，衍化的元宇宙赋予了个体共创社交的权力。衍化的元宇宙将数字化虚拟世界的社交提升为共创合作社交，尽管初期是基于平台内部的共创合作社交，但随着衍化的元宇宙的深化发展，共创合作社交可能超越单一平台进行，且有日益追求价值实现的趋势。而个体仅仅是平台参与者但不隶属于平台。

最后，衍化的元宇宙赋予组织共创社交的权力。衍化的元宇宙不仅提供了单一平台和跨平台的共创合作社交，还在组织内部赋予了共创社交的权力，并且日益成为组织发展与变革的重要动力。个体是组织的创造者和服务者，组织具有相对封闭的特点。

因此，共创社交权力将成为衍化的元宇宙的核心特征。个人的参与是元宇宙市场的核心特征。

三、元宇宙市场的生态化

自数字化革命展开以来，网络平台可以快速建立，推动了电子商务快速发展。加密货币的诞生与发展既借助了网络平台的"挖矿",也借助网络平台建立了加密货币的交易市场,有的甚至把加密货币的发行市场与交易市场结合起来。从这个角度上讲,网络平台市场体现出七大特点:第一,市场建立成本低廉;第二,市场交易成本低廉;第三,市场交易直接化、实时化;第四,市场交易超越空间甚至国界;第五,市场交易规模快速扩展;第六,市场竞争更为激烈,商品价格下行趋势明显;第七,虚拟商品或资产市场泡沫化趋势明显。

元宇宙市场更体现出六大特征:第一,市场的生态化,市场以平台为中心,平台即市场,平台即生态;第二,交易商品的链条可数字化地无限延伸折叠,随意创造,游戏道具和数字通证皆可为商品;第三,平台的数字化和金融化结合明显;第四,信息经过多重折叠并图形化改造,市场信息过度丰富而出现了真实而虚假的特征,因为过多的信息导致无法区分准确的信息,过多的真实信息也导致无法把握本质;第五,快速衍生,现实世界的金融交易工具与产品极容易地在元宇宙平台上实现,如基金、期货和期权等;第六,市场存在隐蔽,市场存在着复杂的市场诱导与操纵,监管更具挑战性。

四、元宇宙金融市场的衍化

随着互联网的发展,金融市场的互联网化早已实现。元宇宙市场中的加密货币与加密资产,尽管不是法律意义上的金融产品,但其市场完全遵循金融市场的逻辑。衍化的元宇宙金融市场也会出现衍化特征,包括两个方向。

第一,原本的非金融产品日益市场化并金融化,并且呈现出了连续性的市场结构，即从商品市场到金融市场多层次、一体化的连续结构。如元宇宙中的游戏平台，个人可以在游戏共创社交中购买和交易游戏道具，人还可以创造游戏道具销售；游戏平台可以发放数字通证，平台除游戏代币外，一些区块链游戏平台还可以发行加密货币和加密资产，数字通证也可以作为加密资产，加密货币等还可以在二级市场交易。在衍化的元宇宙金融市场中，社会共创的衍化可以从创意到技能，到平台或企业组织创建；可以有人力资本的交易和创新的知识产权交易，还可以有技术合作转让、股权合作与投资、借贷与发债，或者通过金融市场公开发行债券或公开发行股票。

第二，金融市场的衍化，包括三个部分：一是部分地方金融市场在数字化发展中的跨区域衍化；二是国内金融市场的数字化发展中的跨国性衍化；三是多类别准金融市场与金融市场的响应和对接，如数字交易所、知识产权市场与创业板市场和科创板市场的对接等。

五、金融市场的元宇宙变革

既有的金融市场已比较成熟，金融市场的元宇宙变革只能是一种猜测。预计金融市场的元宇宙变革可能体现在五个方面。

第一，金融市场数字化交易体系更为完善。一是一级市场、一级半市场、二级市场和再融资市场与相关衍生品市场更为连续和完善；二是新的金融市场或准金融市场可能出现，如碳汇交易市场、数据交易市场和人力资本交易市场等都可能出现，并且成为金融市场体系的有力支撑或不可分割的有机组成部分。

第二，金融产品可直接市场化和定制化。银行保险等中介机构的产品可能直接市场化，比如存款、贷款和保险理财等在数字化风险管理评价基础上直接动态定价，金融机构、居民和企业可以直接销售或购买。

第三，金融市场产品展示的直观可视化。这是基于风险测度和定价的数字化和直观可视化。

第四，金融机构的销售元宇宙场景化。在金融机构元宇宙转型中，可以建立元宇宙金融游戏或场景，推动金融产品的市场化销售。这也和金融机构的元宇宙转型直接相关。

第五，金融机构可进入不同的元宇宙销售，或者借助元宇宙平台推出广告和进行销售。

六、衍化的元宇宙市场的趋善标准与计量

社会的发展必然是向善的发展，衍化的元宇宙市场的发展也必然是向善的发展，这与科技向善、金融向善是一致的。通过市场交易鼓励有价值的创造行为不断涌现，是衍化的元宇宙市场的价值标准。

由于市场建设成本很低，市场建设的价值标准十分重要。只有向善的激励才是有价值的市场。比特币的挖矿和炒作，既浪费了大量的能源和设备资源，又酝酿了极大的泡沫。加密货币和加密资产市场的发展都存在着价值问题。

一般商品的交易价格基本以其价值为中枢，但类金融产品和金融产品的交易价格则很难判断其价值中枢，如郁金香类的泡沫资产。因此，当涉及非金融市场产品时，测评确定其价值中枢具有重要的价值。

测评亦可以与改善或促进人的行为有机结合起来，比如如何节约

能源改善人类的环境，碳排放交易市场中机构减少碳排放如何计量。此外，如果能将个人的行为进行绿色计量，并进行奖励，自然就促进了绿色环境的建设，从而促进市场向善。实际上，这将经济人的假设与人的行为有机结合起来，可通过激励促进自我行为的矫正，促进社会的发展。

七、市场与公司的边界：科斯的视角

人们通常把科斯的理论总结为三大定理：第一，在交易费用为零的情况下，不管权利如何进行初始配置，当事人之间的谈判都会导致资源配置的帕累托最优；第二，在交易费用不为零的情况下，不同的权利配置界定会带来不同的资源配置；第三，因为交易费用的存在，不同的权利界定和分配会带来不同效益的资源配置，所以产权制度的设置是优化资源配置的基础（达到帕累托最优）。

现代企业理论创始者科斯的理论可以归纳为企业性质论、企业成长论和企业制度论[1]。

首先，企业性质论。对于企业的性质和产生，科斯从以下三个角度进行了论述，从而得出企业的定义。一是企业的盈利来源于替代市场价格制度而节约的交易费用；二是企业内部的长期契约代替市场的短期契约从而节约交易费用；三是企业是雇主—雇员的法律关系系统。科斯重点在于解释企业是如何出现的，而没有对企业下定义；同时，科斯所谈的企业的出现，也不是一个历史现象，而是在专业化的

---

[1] 方明.西方企业理论史研究[D].北京：北京大学，2000.

交换经济这一前提下来谈的。如果要从科斯的论述中给企业下一个简单的定义,似乎可以说,科斯的企业是用长期契约(劳务等)代替短期契约(市场价格机制)来节约交易费用以盈利的契约关系网络,而且,企业的存在要求其经营费用不仅必须低于没有企业的经济体系中会发生的交易费用,而且必须低于其他企业进行同样经营所带来的费用,其内部关系主要是雇主与雇员的法律关系。

其次,企业成长论明确的是企业成长与扩展的本质是企业与市场边界的划分依据,本质上是组织内交易成本与市场交易成本的比较。当其他条件相同时,企业在如下三种情况趋于扩大:一是组织成本越少,随着组织的交易的增多,成本上升得越慢;二是企业家犯错误的可能性越小,随着组织的交易的增多,失误增加得越少;三是企业规模越大,生产要素的供给价格下降得越大(或上升得越小)。科斯提出,企业规模扩大时效率将趋于下降,但倾向于使生产要素结合得更紧和分布空间更小的创新,将导致企业规模的扩大;倾向于降低空间组织成本的电话和电报的技术变革,将导致企业规模的扩大。一切有助于提高管理技术的变革都将导致企业规模的扩大。科斯还依此谈及了企业的横向一体化和纵向一体化问题。

最后,企业制度论明确的是产权、交易费用关系基础之上的企业、政府与市场的关系。其中,科斯定理说明了产权与交易费用的关系,以及政府(法律制度)的地位。科斯遵照传统的假设,假定了一个交易费用为零的世界,在这个世界里,权利的最初界定和责任原则都不重要,所有的一切都可以经过市场自动实现,这就是"科斯定理"。但是,科斯的目的仅在于为真实的科斯世界假定一个参照物,也是从理论上把自己的出发点与传统的理论出发点对立起来。他真正要强调的是，在交易费用为正的真实世界里，权利的最初界定和相关的责任原则（法律）是十分重要的，故政府和企业不仅是一个"守夜人"的角色，而具有更多经济功能。我们可以把科斯的理论与西方经济学自凯恩斯以来国家对经济调控的理论与现实相比照，发现科斯的理论自觉或不自觉地成了凯恩斯理论的微观理论基础，而且，科斯的理论已经把宏观和微观理论在共同的基础上结合起来了。这也是科斯的生产制度结构论最深层的意义之一。不仅如此，科斯还把一切理论都建立在交易费用的节约的基础上，交易费用的节约，就是经济学的传统中最基本的经济学成本—收益方法。

因此，前面提到的科斯三大定理实际是科斯定理及其两个推论，本质上仍然是交易成本为零的帕累托最优的假设，反过来，当交易成本不为零时（现实中也是如此），那么，要达到帕累托最优就要采取恰当的组织形式和恰当的产权方式。

事实上，交易成本为零如果成真，这个世界其实是一个极为恐怖的世界！为什么这么说，因为这样可能不需要存在组织，甚至不需要存在市场，不需要那么多的企业和中介。我们可以把这种情况称为零交易成本的恐慌！因此，这也反过来推论，哪怕是在纯粹的元宇宙虚拟世界中，交易成本也不可能为零。而且，至少在目前和今后很长一段时间内，交易成本为零的可能性也不大。

但是，不可否认的是，随着数字化革命的展开和元宇宙的发展，交易成本下降趋势是必然的，企业和市场（平台）的差距在缩小，企业内部的平台化和市场化需要也在上升，对外部相关市场或平台的依赖性也在上升。

第二节　元宇宙的共创社交与人力资本化市场

加密资产或数字化资产真的是元宇宙的动力吗？显然不是。对元宇宙"假心"转变为"真心"的探讨说明，元宇宙的动力是以法币为价值尺度的共创社交，人既是共创社交的主体，作为人力资本的创造性社会价值，人也可以是共创性社交中的交易物。因此，元宇宙本身是数字化的创新与人力资本化市场。而共创社交与人力资本化市场的出发点是评价，而不是市场的炒作。市场的培育核心是价值发现和实现，价值发现和实现多以交易价格为标准，但市场的操纵与炒作极易使交易商品泡沫化，从而毁掉整个市场。为此，市场的出发点是评价和信任。当然，区块链技术对于促进评价与信任的共识有直接的帮助。

一、共创社交与创新合作市场

元宇宙具有共创社交特征，共创社交是创新合作的更高阶段，较早期的个人发明和创业要高一阶段。这在数字化虚拟世界和元宇宙虚拟世界成为一个常态。

当然，元宇宙的共创社交本身也是一个平台，其初步形态可以从元宇宙的共创游戏平台中看出来。"玩即是赚"的参与式游戏未来面临着较大的成长空间，如果将这种参与创作即可赚钱的模式用于平台创新本身就是一个巨大的进步。同时，在共创过程中必然有高层次的有效社交，体现了人的高层次社会属性需求。

在现有的数字化网络和平台中，如微信、推特、微博等，具有了共创社交的初步特点，但由于很难实现专业可视化的共创，创新平台仍然缺乏可见的内容，参与者也缺乏积极性。同时，缺乏通过共创项目吸引人参与的可能性。

因此，元宇宙的共创社交可以建立创新合作市场，从个体人力资本的水平与学习工作经历、知识产权、项目设想的展示到雏形再到团队的构建与投资的加盟，都可以整合到创新合作市场平台上来。当然，这个创新合作市场平台可以建立在区块链基础平台或者中心化平台之上，个体的资料可以通过资料复核确认，个体在平台上的共创社交经历可以进行评估。这些不仅可以作为项目合作的基础，也可以成为人力资本交易市场的基础。

二、人力资本与人力资本化的新界定

在现实的人才市场中存在着两种情况。一是猎头公司已成为高层次人才服务的必备条件，但猎头公司很难保证高层次人才的价值。在数字化时代，猎头市场已有数字化的探索和尝试。二是人力资源测评大行其道，核心是为企业和政府组织选拔人才，但很难通过测评促进人才的自我成长和培养。因此，当前仍然是寻找满足岗位需求的人力资源阶段，人力资源市场仍然是以线下撮合的低级阶段。对于目前存在的困境，实质上与对人力资本的界定和测评能力不足相关，从而并未形成创新创造的人力资本市场。

（一）教育与培训：从传统走向现代未来的要求

从人口红利出发，世界银行将国家划分为四个类别：预人口红利、早期人口红利、后期人口红利和后人口红利，笔者将这四个类别赋予了国家发展不同阶段的相应解释（见图6-1）。

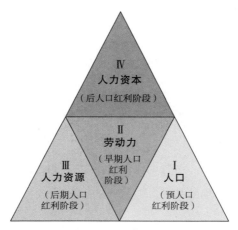

图6-1 国家根据人口红利划分的四个阶段

资料来源：北京益学方策管理咨询有限公司

第一，预人口红利阶段，通常对应于农业社会，其特征是具有大规模人口但未有效开发。人口出生率高，社会抚养比低，青壮年人口占比高；劳动力技能缺乏，教育和培训滞后；以农业岗位为主。

第二，早期人口红利阶段，通常对应于工业化发展阶段，其特征体现为中小学教育普及，识字和基本技能，以高中教育和基本技能培训为核心；人口规模化红利显现；以农业和制造业岗位为主。

第三，后期人口红利阶段，通常对应于城市化发展阶段，其特征体现为大学教育普及，规模化的教育红利；以高等教育和专业技能培训为主；人力资源以适应社会岗位为主，农业、制造业、建筑业和城市社会服务业并重。

第四，后人口红利阶段，通常对应于以科技创新为核心驱动阶段，其特征体现为以终身自我之教育普及为主，终身创新创造红利；人力资本的创新创造功能展现；以人的自我解放、自我实现和自我超越为主；自我创造岗位，以科技和城市社会服务业为主。

后期人口红利和后人口红利分别对应于人力资源Ⅲ和人力资本Ⅳ充分发展两个阶段。人力资本化推进教育培训革命，推进个体的自我成长和创新创造革命，也推进组织社会和国家的创新创造革命。

（二）人力资本的新界定

资本的形成是一个连续的过程。首先它是积累的财富或资源的所有权，其次它拥有当前节制和追求未来更多但不确定回报的愿望，再次体现为货币计价的相应产权形式，最后通过生产或服务获取更多回报。

传统人力资本理论对人力资本的界定，不管是人的知识、能力、技能、健康等，还是人力资本投入，都仅仅是获得了资源的所有权，并作为一种个体资源的被动存在。不过，传统人力资本理论有一个可以说基本上成立的假定，即人力资源最终都会为资本服务（为社会服务也会间接为资本服务），即在为资本召唤和支配中获得薪酬福利，不预期也不会获得类似资本的超额回报。从这个角度上讲，传统的人力资本理论是一种资源界定，仅仅是一种人力资源理论。而且，尽管传统人力资本理论度量的人力资本总量，尤其是预期收入法和确定其作为生产要素的价值与新人力资本理论度量存在着一定的近似关系，但两者无论是从内涵还是外延角度来看，都存在较大的差异。

新人力资本理论强调人力资本内涵与外延都应该具有资本性质的界定。

人力资本的内部界定是，人力资源本身由于期望获得比普通薪资报酬更高的未来收益，愿意承担更多努力和更多创造的工作，自愿或接受将不断提升的人力资源的所有权通过货币计价转化为与社会组织或企业的劳动合同（包括薪酬福利等）或一定产权（发起股东、创办企业或加盟企业等），通过生产社会产品或提供社会服务实现未来可能的更大收益。

人力资本的外部界定是，资本在以组织或企业的形式聚集各种生产要素中，将为自己愿意接收的人力资源提供劳动合同（包括薪酬福利等）或一定份额的产权（发起股东、创办企业或加盟企业等）的货币价值，以及为充分发挥企业人力资源的能力进行的人力资本投入和研发投入当作人力资本的有机组成部分。

把内部界定和外部界定统一起来，可以得出人力资本的整体界定。由于家庭或个人通过教育相关投入以期个体未来能获得更好的收入或地位，个体在学习成长中愿意付出比别人更多的努力，愿意承担更多努力和更多创造的工作获得更好的报酬，或者自愿或接受将不断提升的人力资源的所有权通过货币计价转化为与社会组织或企业的劳动合同（包括薪酬福利等）或一定产权（发起股东、创办企业或加盟企业等），通过生产社会产品或提供社会服务实现未来可能的更大收益。组织或企业提供给人力资源的薪酬福利等和产权的货币价值，即是组织或企业的人力资本（价值）。

人力资源作为一种资源仅仅是具有了资本的可能性，和土地、资源等一样成为一种生产要素。不过，人力资源作为一种生产要素，具有和资本一样的能动性，也可以成为生产的核心要素。这种能动性体现在三个方面：一是可以选择通过教育、培训、自学等提升自己的能力和技能，二是可以通过迁移或选择或更换不同岗位获得报酬，三是可以通过努力在岗位上或独立地创新、创造、创业而最大化自身的价值。这种能动性有三个特点：第一，与土地、资源等作为一种生产要素不一样，它以自身为资源；第二，与拥有土地、资源、财富等转化为资本的主体不一样，它以促进和实现组织或企业的资本化为方向；第三，它还可以与资本一样，通过创新、创造、创业把自己资本化，即从人力资源成为人力资本。在很大程度上，人力资本在社会发展中的作用越大，人的社会地位也就随之提升，人与资本的对立统一程度越高，社会发展越有动力。

因此，人力资源参与组织或企业的薪酬福利等的货币价值，以及为进一步开发人力资源价值的投入（如教育培训等）作为一种人力资本，即人力资本Ⅰ；把人力资源通过创新、创造、创业把自己转化成为的资本，通常表现为组织或企业赋予人力资源的相关产权价值或研发投入定义为人力资本Ⅱ。人力资本Ⅰ和人力资本Ⅱ之和为人力资本。

人力资本Ⅰ和人力资本Ⅱ作用的发挥，既有着自身的属性和禀赋的差异，也有着国家和社会治理的属性和禀赋的差异。通常可以用两个"双钻"模式来进行形象表达。

在不断变革的市场经济体制、保持社会稳定但又一定自由度的科层体制、构架不断完善的法制社会和科研计划体制之下，人力资本Ⅰ能充分发挥作用，并在组织或企业内部体现为爱岗敬业的职业精神、融入全球价值链竞争的紧迫意识、快速模仿的学习意识、快餐式的研究意识（见图6-2）。其结果是经济规模和体量快速成长，在全球产业链占有较大的份额，但边际利润率逐渐下降，在全球价值链中占有的份额不大，经济整体上看大而不强。

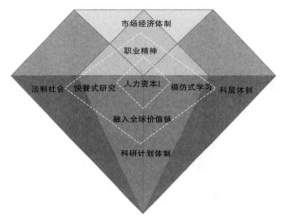

图6-2 人力资本Ⅰ的"双钻"模式

资料来源：北京益学方策管理咨询有限公司

在日益完善的市场经济体制、社会日益开放的扁平化体制、具有良好法律意识的法治社会和不断市场化的科研体制之下，人力资本Ⅱ能充分发挥作用，并在组织或企业内部体现为企业家精神、科学精神、集群式创新精神和内在自由精神（见图6-3）。个体日益得到尊重，个体内在自由日益得到保护，严谨的科学精神被社会广泛推崇；集群式创新精神日益成为教育和文化潮流，极大地推动知识产权的积累、科技的进步和生产效率的提升；企业家精神通过创业和企业的经营体现，并体现为企业实力和价值的不断提升。四者综合体现为行业和产业价值的不断提升，体现为国家竞争力的提升。

第六章 衍化的元宇宙金融市场：市场创新

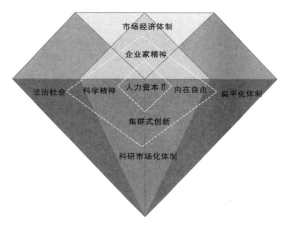

图6-3　人力资本Ⅱ的"双钻"模式

资料来源：北京益学方策管理咨询有限公司

传统的人力资本理论仅从人力资源角度而不是从资本化的角度定义的人力资本Ⅰ，比如其计量人力资本的成本法、收入法等，仍然计量的是人力资源的投入和收入，而非人力资本Ⅰ参与组织或企业的资本化作出的贡献，尽管人力资源的收入在一定程度上接近于人力资本Ⅰ的贡献，但两者仍然有着本质的不同，因为其计量的是假定的未来预期收入，本质还是立足于教育或者培训，立足于人力资本早期投入而不是立足于组织或企业的投入。因此，传统的人力资本理论更多的是一种比拟方法，即将人力比拟为资本，而实际上仍然是人力资源的范畴。如此，传统的人力资本理论就缺乏了从人力资源向人力资本Ⅰ和人力资本Ⅱ过渡的环节，而内生要素理论也是从人力资源角度来分析人力资本的贡献。由于人力资源投入对人力资本具有正向的支持作用和人力资源投入对生产的贡献都是确定无疑的，这就让人忽略了真正的人力资本的作用。因此，新人力资本理论即为人力资本正名，借鉴传统人力资本理论的方法，完善从人力资源到人力资本的完整逻辑和计量方法，从而提升人力资本理论的理论和实践价值。

从国家的发展历史来看，在国家发展的起步阶段，人力资本Ⅰ发挥着重要的作用；而在国家发展的腾飞阶段，人力资本Ⅱ开始发挥越来越大的作用。当然，两者也有依存和递进的发展关系，并且人力资本Ⅰ始终在发挥着重要的基础性作用，而人力资本Ⅱ在国家竞争中发挥着核心竞争力的作用。

从企业或组织的角度来看，人力资本Ⅰ更多地用于企业当前的市场竞争，而人力资本Ⅱ更多地用于企业未来的市场竞争。一个只有人力资本Ⅰ而无人力资本Ⅱ的企业没有未来。事实上，国家也一样，人力资本Ⅰ更多地用于当前的竞争，而人力资本Ⅱ更多地用于未来的竞争。一个只注重人力资本Ⅰ而不注重人力资本Ⅱ的国家，同样没有未来。

（三）人力资本化的界定

一般而言，根据资本和资本化的界定，人力资本化就是人力资源转化为人力资本的意愿（目标）、过程或结果，同时也是从人的奉献和付出转化为社会资本价值的意愿（目标）、过程或结果。根据人力资本的界定，人力资本化就是让人成为资本的一种支持，或者人成为资本。前者就是让人成为人力资本Ⅰ，后者就是让人成为人力资本Ⅱ。

人力资本化与通常讲的人力资源资本化有着根本的不同。人力资源资本化或人力资源的资本化通常是指将人力资源给予资本化的回报，通常指组织（企业）应该用什么样的资本化方式来激励人力资源以最大化企业利润和财富。潘虎指出，实现人力资源资本化的路径有四种：一是股权激励；二是员工持股；三是入选合伙人；四是控制权承诺。① 人力资源资本化被界定为向人力资源赋予资本，而不是人力资源成为人力资本，因此，这个定义是不严谨的。从语言学角度上讲，人力资源资本化这句话既变了谓语，也变了宾语，存在着逻辑上的不周延。

人力资本化不同于人力资源资本化或人力资源的资本化，它是指人力成为资本化的一种核心推动力和要素，或者指人力从一种资源转变成为一种资本，成为一种与资本（通常指财富转化而来的资本）具有同等重要地位的人力资本。

人力资本化研究也研究具有资本属性的人力资本的超额回报问题，包括股权、期权等的方式，包括高薪招聘人才的方式，但并不是对所有人的平均回报。人力资本和人力资本化研究将立足于未来竞争，解决社会和企业创新动力的问题。

三、元宇宙人力资本市场的发展

组织内部的共创平台可以是内部人力资本市场，由此进行组织的人力资本管理，推进组织的创新发展。同时，这一共创平台也可以和培训平台有机地结合起来。

跨组织的人力资本市场以个体为基础，本质上也是共创合作平台，但同时也具备人力资本测评、成长和交易的功能。

在元宇宙世界中，形象和姓名可以是虚拟的，但展示的内容和平

---

① 潘虎.实现人力资源资本化的几种路径［J］.职业，2008（122）.

台上的成长是真实的。当然，元宇宙中个体的成就将通过个体账户计量，并成为计价的依据。

在元宇宙人力资本市场中，个人是人力资本市场的主体，个人也是自我发展的主体，具有了在共创中不断成长的可能，组织、社会和国家也将收获更多的创新创造成果。

第三节　从数据市场到数字市场的发展

随着互联网的发展，海量数据呈几何级数增加，基于数据的世界已经到来，基于数据的价值创造也已来临。基于数据的世界其实可划分为两块：一是数据应用的世界，以数据市场的发展为支撑；二是数字化的世界，以数字市场的发展为支撑。而数字化的世界可再分为两类：一类是文化产品的数字化，如音乐、图书、报刊和影视作品等，这在互联网平台上已经非常普遍；另一类是创意的直接数字化，包括游戏或其道具的创造，以及数字化的创意设计等。创意的直接数字化尤其体现在元宇宙的虚拟世界之中。

一、数据要素流通规则

2022年1月6日，国务院办公厅印发《关于要素市场化配置综合改革试点总体方案》的通知。该方案提出四个方面的内容。

（一）完善公共数据开放共享机制

建立健全高效的公共数据共享协调机制，支持打造公共数据基础支撑平台，推进公共数据归集整合、有序流通和共享。探索完善公共数据共享、开放、运营服务、安全保障的管理体制。优先推进企业登记监管、卫生健康、交通运输、气象等高价值数据集向社会开放。探索开展政府数据授权运营。

（二）建立健全数据流通交易规则

探索"原始数据不出域、数据可用不可见"的交易范式，在保护个人隐私和确保数据安全的前提下，分级分类、分步有序推动部分领域数据流通应用。探索建立数据用途和用量控制制度，实现数据使用"可控可计量"。规范培育数据交易市场主体，发展数据资产评估、登记结算、交易撮合、争议仲裁等市场运营体系，稳妥探索开展数据资产化服务。

（三）拓展规范化数据开发利用场景

发挥领军企业和行业组织作用，推动人工智能、区块链、车联网、物联网等领域数据采集标准化。深入推进人工智能社会实验，开展区块链创新应用试点。在金融、卫生健康、电力、物流等重点领域，探索以数据为核心的产品和服务创新，支持打造统一的技术标准和开放的创新生态，促进商业数据流通、跨区域数据互联、政企数据融合应用。

(四) 加强数据安全保护

强化网络安全等级保护要求,推动完善数据分级分类安全保护制度,运用技术手段构建数据安全风险防控体系。探索完善个人信息授权使用制度。探索建立数据安全使用承诺制度,探索制定大数据分析和交易禁止清单,强化事中事后监管。探索数据跨境流动管控方式,完善重要数据出境安全管理制度。

二、数据交易市场的发展

数据是基础性资源和战略性资源,也是重要的生产力。不同于土地、劳动力、资本等生产要素,数据有成本极低、再生性强、难以建立排他性等特点,权属界定不清、要素流转无序、定价机制缺失、安全保护不足等问题一直是掣肘数据要素高效配置的痛点。据不完全统计,自 2015 年国内设立首家大数据交易所至今,地方政府推动设立的数据交易平台超过 20 个,但从整体运行情况上看,市场口碑不佳。而北京国际大数据交易所和上海数据交易所的数据交易有着较大的创新。

综合国内数据交易所来看,其经营范围包括数据资产交易、数据金融衍生数据的设计及相关服务;数据清洗及建模等技术开发;数据相关的金融杠杆数据设计及服务;与数据交易相关的监督管理机构及有关部门批准的其他业务。数据交易所将为数据商开展数据期货、数据融资、数据抵押等业务,建立交易双方数据的信用评估体系,增加数据交易的流量,加快数据的流转速度。

（一）北京国际大数据交易所发展概况

2021年3月31日，北京国际大数据交易所（以下简称"北数"）正式成立。这是国内首家基于"数据可用不可见、用途可控可计量"新型交易范式的数据交易所，标志着北京在数字经济开放发展上迈出了新的一步，对于打造全球数字经济标杆城市具有重大意义。北数将以数据使用价值为基本交易对象，从技术、模式、规则、风控、生态等五个方面，进行全新设计，着力破解数据交易的痛点，打造全国数据交易探索新样板。以技术体系为例，北数将依托北京在隐私计算、区块链等领域的技术先发优势，将数据要素解构为可见的"具体信息"和可用的"计算价值"，对其中"计算价值"进行确权、存证、交易，实现数据流通的"可用不可见、可控可计量"，为数据供需双方提供可信的数据融合计算环境。北数IDeX系统依托隐私计算、区块链及智能合约、数据确权标识、测试沙盒等领域技术构建的新型数据交易系统，将为市场参与者提供数据清洗、供需撮合、法律咨询、价值评估、权属认证等专业化服务。北数首创基于区块链的"数字交易合约"，内容涵盖交易主体、服务报价、交割方式、存证码等信息，是交易连续、真实、可追溯的高可信"动态交易账本"。同时，率先运用隐私计算和区块链技术，实现交易数据的"可用不可见"和全链路存证，为数据供需双方提供可信的数据融合环境。

（二）上海数据交易所发展概况

2021年11月25日，国内首家投入运营的数据交易所——上海数据交易所正式挂牌成立。上海数据交易所聚焦确权难、定价难、互信难、入场难、监管难等关键共性难题,形成系列创新安排,提出"五大首发":一是全国首发数商体系,全新构建"数商"①新业态,培育和规范新主体,构筑更加繁荣的流通交易生态;二是全国首发数据交易配套制度,确立了"不合规不挂牌,无场景不交易"的基本原则,让数据流通交易有规可循、有章可依;三是全国首发全数字化数据交易系统,上线新一代智能数据交易系统,保障数据交易全时挂牌、全域交易、全程可溯;四是全国首发数据产品登记凭证,实现一数一码,可登记、可统计、可普查;五是全国首发数据产品说明书,以数据产品说明书的形式使数据可阅读,将抽象数据变为具象产品。

上海数据交易所第一单交易双方分别是国网上海市电力公司和中国工商银行上海分行。以往上海的电力大数据主要用于"一网通办""一网统管"平台,此次交易后,电力公司可对合法采集到的企业用电数据进行脱敏和深度分析,形成涵盖企业用电行为、用电缴费、用电水平、用电趋势等特征内容的数据产品,通过数据交易所提供给银行,为其信贷反欺诈、辅助授信、贷后预警等提供决策参考。

三、元宇宙数字市场的发展

数据交易市场的交易通常包括数据的使用价值、算力和算法等的交易,但目前数据交易所的发展非常困难,核心在于数据的无成本复

---

① "数商"是指以数据作为业务活动的主要对象的经济主体,是数据要素一次价值、流通价值和二次价值的发现者、价值实现的赋能者,是跨组织数据要素的联结者和服务提供者。

制性、算法的不可见性和算力的无标准性。

元宇宙数据资产的交易给数据交易市场提供了一种可能的思路，即数据资产的创新性和可视化交易，数据资产的创造性示例交易。因此，衍化的元宇宙数据交易市场可能向数字资产交易市场发展。

元宇宙平台的数字资产或创造的数字作品，在局部范围内具有价值，但由于数字资产的可复制性和网络的公开性，收藏价值并不高。因此，数字资产的价值并不在数字本身，而在于数字的创造性应用本身，正如水和空气一样，是人们生活必需，有极强的使用价值，但没有人为自然界的水和空气付费。不过，如果把空气制成氧、把水变成自来水或矿泉水，就有了让人付费的价值。因此，对数据的创造性生产和应用才有数据的交易价值。同样，将数字产品置于某一特定的场景才有价值，如游戏的道具只在游戏中有价值，至于试图将数字资产采用类似加密货币的方法来进行炒作，并试图让其成为跨平台的数字化通证之类的想法，其实本身就没有什么价值。即使用限量发行的方法也只能是炒作。因此，需要用商品满足需求的方法来看待数字资产，可定制数字产品满足需求，可创造平台为数字化创意获得需求。

四、元宇宙数据市场与数字市场功能有统一的可能

从数据市场到数字市场，两者在元宇宙中有逐步统一的可能。数据市场交易的是数据的使用权，以及针对数据的算力和算法等。数据存储在各个企业和组织中，但数据作为行为记录的结果，本身的所有权并不属于各个企业和组织，而可能与参与企业或组织的交易或服务

的主体有关。在通常的数据市场中，数据的算力和算法是以组织或企业为代表的。

数据的根本特性在很大程度上是隐私性和公共性的对立统一。因此，在数据所有权不明确或者难以明确的情况下，创造公共开放的数据平台，让企业、组织或个人可以利用平台进行数据产品的再生产，比如，可能是风险评价的某种连续算法或者风险评价的结果，也可能是某种产品形象的设计，还可能是某种算法的应用，如同态加密和联邦机器学习。

因此，目前大数据交易市场在各自割裂的数据库中进行数据交易，无疑走入了一条死胡同，很难有普遍的参与性和创造性的成果出现。在元宇宙的背景下，大数据交易所应该向数据平台方向发展，建立三层市场体系：第一层是参与提供数据平台的主体与公共数据平台的建设，主要是可根据自身数据的使用和产生出来的产品获得部分收入，在某种程度上可以看作数据使用权的交易，但是后置收费而不是前置收费；第二层是数据的算法和算力交易市场，主要是具有大数据算法和算力能力的主体与需求方之间的交易；第三层是数字产品交易市场，即基于公共数据平台或自身数据平台的数字产品创造与交易市场。前两层与目前的数据交易市场紧密相关，但数据使用权既可采用参与共建公共数据平台再分成的模式，也可采用直接交易模式。第三层是核心，实际上与目前的元宇宙平台的数字产品创造距离不大。因此，从这个角度上讲，元宇宙数据市场与数字市场功能有统一的可能，同时本身也将发展成为一个促进创造创新的数字平台。

五、从 NFT 向元宇宙数字创造产品的发展

被称为非同质化代币的 NFT 是作为一种与数字货币并列的资产形式出现的，尽管是称谓货币，但带有金融炒作的特征。

如果 NFT 转型成为一种数字产品，回归其数字原生或数字孪生的商品特征，去掉其金融炒作属性，无限量供给，保持网络市场的廉价属性，自然去除了二级市场交易的必要，也就能回归其数字商品的本质。2021 年 10 月 14 日，在国务院发展研究中心国际技术经济研究所的指导下，中国移动通信联合会、北京航空航天大学数字社会与区块链实验室、清华大学信息国家研究中心等单位联合发布了《非同质化权益（NFR）白皮书——数字权益中的区块链技术应用》，提出了带有数字孪生特点的 NFR 模式，认为在国内明令禁止发行、兑换、使用"代币"的情况下，进行 NFT 交易显然违反了法律要求，而 NFR 成了"NFT 中国化"的一种有益探索。NFR 是数字艺术品，是为解决以艺术品为代表的、多领域数字化交易的国内技术问题和法律问题而提出的数字交易新模式和新路径。它建立了数字凭证模型，需上链的产品交由第三方评估、测试、认证之后，以数字凭证的形式进行公平公开的交易，关注重点回归实体资产，就算数字凭证丢失也不会影响实体作品。作为数字艺术品，NFR 的价值不在于数字化的手段，而是依附于艺术品本身的价值。NFR 较 NFT 有进步，但它仍然摆脱不了是否限量发行与真实价值的问题。真实商品限量提升价值是合理的，而 NFR 和 NFT 等产品一样，限量提升价值就必然存在二次交易的可能，而其作为互联网时代的数字产品从本质上讲具有无限量廉价特征。因此，NFR 仍然不能摆脱 NFT 的根本属性。

为此，我们提出了元宇宙数字创造产品（Metaverse Digital Creation Proudcts，MDCP）的概念。MDCP可以存在于元宇宙游戏或场景内，也可以存在于互联网平台上；可以是以区块链为基础的产品，也可以是以中心化平台为基础的产品。其核心是以数字为原料，以创造为核心，生产出来的可以满足人们需求而非收藏价值的产品，它们都有编号和防伪信息。它可以是数字孪生产品，如基于各种艺术品和文物的MDCP，可以置入游戏空间使用，可以有合理的定价，但数量无限制；可以是数字原生产品，如我们根据场景自由创意的各类数字产品，可以有较高的定价，数量同样无限制。

在元宇宙的语境中，MDCP事实上可囊括如下七类产品（见图6-4）。MDCP自然成为各种元宇宙场景的重要内容，各种元宇宙场景自然也就成为元宇宙共创性社交平台。

从元宇宙的角度来看，MDCP可以分为四类：一是数字化产品，即映射现实产品，或称数字孪生与镜像世界的数字产品，包括简单产品如音乐、电子书、数字相片等，系统产品的数字孪生如数字地图导航（GPS和北斗等）、汽车、飞机等模型设计，工厂等孪生场景等；二是虚拟世界场景产品，包括游戏场景如游戏道具、身份等，第二生命（虚拟生命）的社交场景——微信、微博等；三是增强现实数字产品，包括案例学习、课程学习、安全与风险的模拟评估、动态监测、金融产品超市等，战略转型、组织管理与组织前景预测模拟，安全与风险的场景压力测试等；四是生命记录数字产品，包括VR/AR展示的头像、人生日志（个人史记）、投资行为分析和投资工具等，系统集成如虚拟人或数字人、AI大脑（现实人和历史人）等。

可以与元宇宙相关的数字产品有三类：一是思想与创意数字产

品。思想数字产品如文章、视频、动画、语音、影视等，创意数字产品如数字商品、设计创意、广告营销创意、发明创意、图书创意、思想创意等，研究型数字产品，如论文模型、共创研究框架等；二是数据资产，如数据本身、数据描述（用途分析），数据挖掘与分析的模型、算法，数据生产产品等；三是数字化和元宇宙技术工具，包括程序语言与编程、软件产品，人工智能如图形图像、自然语言识别等，AR/VR等应用工具、设备与元宇宙场景开发框架等。这三类产品也可被称为数字创造产品（DCP），纳入元宇宙场景即成为MDCP。元宇宙大金融体系当然也可创造元宇宙金融数字创造产品（MFDCP）。

六、个人参与共创社交是元宇宙数字市场的核心

元宇宙数字市场的核心特征是主体众多，个人参与并可在平台上进行共创社交。比如，目前普遍存在的游戏平台上的游戏道具的共创与销售。元宇宙最关键的地方就在于发动了个体的主动性和积极性，用利益来推动人们参与到数字产品的创造和共创中，并有平台可供销售，收益可兑换为法定货币，或能体现出法定货币衡量出来的价值，充分发挥了经济学中经济人假设的作用，同时也实现了自我价值，尤其是创造性价值。因此，元宇宙可能是将经济人与个体价值有机结合起来的平台。

综合来看，数据平台化，平台场景化，个人可参与共创社交，数字产品可交易，这就构成了数字产品市场的完整链条。

元宇宙大金融

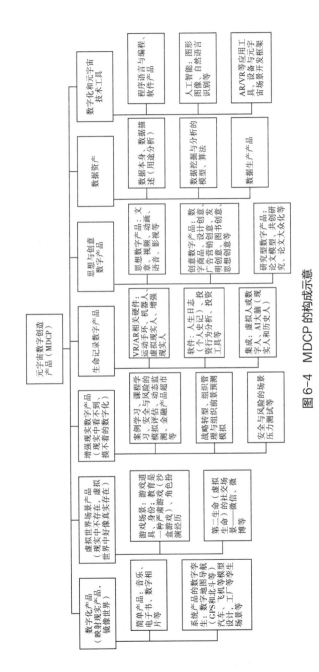

图 6-4 MDCP 的构成示意

资料来源：西南财经大学全球战略实验室

244

第四节 "双碳"目标与碳市场的元宇宙发展建议

我国已进入新发展阶段，推进"双碳"工作是破解资源环境约束突出问题、实现可持续发展的迫切需要，是顺应技术进步趋势、推动经济结构转型升级的迫切需要，是满足人民群众日益增长的优美生态环境需求、促进人与自然和谐共生的迫切需要，是主动担当大国责任、推动构建人类命运共同体的迫切需要。全国碳交易市场在2021年7月16日已经正式启动，未来面临着艰巨的任务。

一、中国碳达峰与碳中和的使命

2020年9月，习近平主席在第七十五届联合国大会一般性辩论上阐明，应对气候变化《巴黎协定》代表了全球绿色低碳转型的大方向，是保护地球家园需要采取的最低限度行动，各国必须迈出决定性步伐。同时宣布，中国将提高国家自主贡献力度，采取更加有力的政策和措施，二氧化碳排放力争于2030年前达到峰值，努力争取2060年前实现碳中和。这一目标简称为"双碳"目标。2020年12月举行的气候雄心峰会上，习近平主席进一步宣布，到2030年，中国单位国内生产总值二氧化碳排放将比2005年下降65%以上，非化石能源占一次能源消费比重将达到25%左右，森林蓄积量将比2005年增加60亿立方米，风电、太阳能发电总装机容量将达到12亿千瓦以上。

2021年10月24日，国务院《2030年前碳达峰行动方案》提出，将碳达峰贯穿于经济社会发展全过程和各方面，重点实施"碳达峰十大行动"：能源绿色低碳转型行动、节能降碳增效行动、工业领域碳达峰行动、城乡建设碳达峰行动、交通运输绿色低碳行动、循环经济助力降碳行动、绿色低碳科技创新行动、碳汇能力巩固提升行动、绿色低碳全民行动、各地区梯次有序碳达峰行动等。

二、碳市场的国内外发展情况

（一）中国碳市场的发展

全国碳排放权交易市场（以下简称"碳市场"）是实现碳达峰与碳中和目标的核心政策工具之一。2011年以来，中国在北京、天津、上海、重庆、湖北、广东及深圳7个省市启动了碳排放权交易试点工作。2017年底，中国启动碳排放权交易。2021年7月16日，全国碳排放权交易市场开市。2021年7月16日9时15分，全国碳市场启动仪式于北京、上海、武汉三地同时举办，备受瞩目的全国碳市场正式开始上线交易。发电行业成为首个纳入全国碳市场的行业，纳入重点排放的单位超过2 000家。我国碳市场将成为全球覆盖温室气体排放量规模最大的市场。2022年1月，全国碳排放权交易市场第一个履约周期顺利结束。纳入全国碳排放权交易市场的重点排放单位，不再参与地方碳排放权交易试点市场。

生态环境部数据显示，截至2021年6月底，全国7个试点碳市场覆盖了电力、钢铁、水泥等多个行业近3 000家重点排放单位，试点省市碳市场累计配额成交量4.8亿吨二氧化碳当量，成交额约114

亿元。截至 2021 年 12 月 31 日，全国碳市场已累计运行 114 个交易日，碳排放配额累计成交量 1.79 亿吨，累计成交额 76.61 亿元。从全国与八个地方碳排放交易市场的成交价格来看，波动比较大。2022 年 7 月 22 日，全国碳排放价格为 57 元/吨，而其他省市价格却在 24~80 元/吨（参见图 6-5）。这自然与后面的均价与收盘价的定价机制不同，但也意味着混乱，即碳市场没有统一的定价机制。在数字化平台日益成熟的时代，如何处理全国碳排放交易所与各地碳排放交易所的关系，已逐步成为问题。

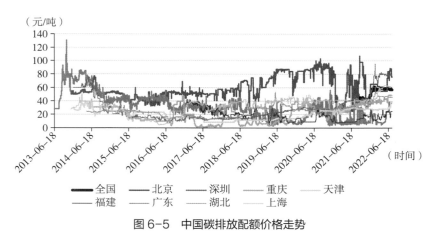

图 6-5　中国碳排放配额价格走势

资料来源：WIND

全球能源信息平台《中国碳交易市场发展趋势研判》一文指出，中国碳交易市场处于起步阶段，金融属性严格受限：一是参与运作的企业主体目前限制在电力行业的 2 000 多家企业，缺乏其他金融机构投资者；二是交易手段严格受限，目前只允许现货交易；三是碳交易的定价体系比较受限。除市场上交易价格受到交易所设定的涨跌幅比例限定外，在基准定价方面，配额的产生是以各企业减少的单位二氧化碳排放量为前提的；四是在碳市场的金融创新方面，目前仍处于酝酿与探索阶段，影响力还比较小。在某种程度上，更像是一种对降低单位碳排放企业的市场化补贴机制。①

（二）欧盟碳市场的发展

不少资料对欧盟、美国和新加坡的碳市场进行了分析，我们对三个市场分开描述，以理解碳市场的基本逻辑和经验。② 2005 年启动的强制性欧盟碳排放交易体系（EU-ETS）市场，是世界上首个且目前全球最大的碳交易市场。

2005—2007 年是初步试验阶段，有 28 个成员国加入，实行"总量控制、负担均分"原则，分配方式上则根据各国历史排放水平来确定对应的碳排放额度。限排行业主要集中在能源、钢铁、水泥、造纸等，其排放量总额占欧盟总和的近 50%。2008—2012 年是全面发展阶段，新增 3 个成员国家加入，覆盖了欧盟约 45% 的碳排放量。行业范围进一步扩大，减排气体也增加了其他温室气体。欧盟完善了分配制度，在原有依照历史水平确定分配额的基础上增加了核实和监督环节；改革市场交易制度，设立市场稳定基金将碳价格控制在合理水平，保护市场参与者的积极性；修订相关法律法规，保障了碳金融市场的有力发展。2013 年开始，由欧盟统一限制排放总量，以拍卖方式逐渐替代免费发放，以进行必要的价格调节。

---

① 全球能源信息平台.中国碳交易市场发展趋势研判，2021-08-26.
② 李静远.欧美碳金融市场实践经验及启示［J］.合作经济与科技.2022（2）；王丽颖，李爽.欧美碳排放权交易市场对我国有哪些借鉴意义［N］.国际金融报，2021-07-16；盘古智库.全球碳交易所运作机制对中国的启示［EB/OL］.碳交易网，2022-05-23.

欧盟的清洁发展机制（CDM）和联合履行（JI）产生的碳信用可以转变为配额的供给。2008—2012年，欧盟引入CDM和JI过多，又恰逢全球金融危机和欧债危机，能源相关行业产出减少，供过于求，交易价格一度跌至2.81欧元/吨。2018年引入市场稳定储备制度（MSR），将往年结余配额转入下一年，并按一定比例减少下一年新拍卖配额，以此消化积攒的大量未使用配额。此外，政府还持续推进市场配额总量逐年收缩、配额折量延迟拍卖、加大超额排放惩罚力度等政策落实，这使得从2016年中到2022年2月4日，碳价从大约4欧元/吨暴涨到历史新高的95.97欧元/吨，目前回落至80欧元/吨左右（见图6-6）。

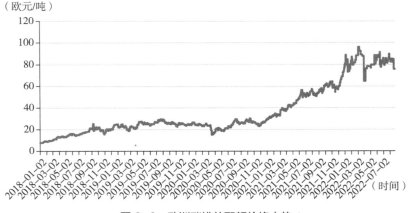

图6-6 欧洲碳排放配额价格走势

资料来源：WIND

欧盟碳衍生品有较大的发展，具体品种包括碳期货、碳互换等。碳现货交易可为满足排放企业或政府调节排放配额或核定减排凭证的余缺提供服务。碳期货交易是将各种碳排放配额设计成相关的标准化期货合约，为企业提供套期保值、对冲碳价波动风险的工具，目前交易额已占碳金融交易量的90%以上。碳互换即交易双方通过合约达成协议，在未来的一定时期内交换约定数量不同内容或不同性质的碳排放权客体或债务，利用不同市场或者不同类别的碳资产价格差别买卖，从而获取价差收益。碳互换的使用为减缓气候变化的国际合作打下了基础。

2012年至今，欧盟碳排放交易体系已经涵盖了超过11 000个实体单位，超12 000座工业基础设施。而为了达到2050年减排60%~80%的长期目标，欧盟碳金融市场的要求也更加严格，在分配制度上进行了大刀阔斧的改革，以市场化机制取代计划式机制，灵活有效地减轻了配额供给超标的问题，进一步促进了减排效率的提高。

（三）美国碳排放市场的发展

2001年3月，美国政府退出《京都议定书》后，推行以自愿减排为主的温室气体控制政策。美国作为全球第二大碳交易市场，其碳市场与芝加哥气候交易所（CCX）和区域温室气体倡议（RGGI）以及西部协议（WCI）相关。

CCX成立于2003年，是全球第一个具有法律约束力、基于国际规则的温室气体排放登记和交易平台，其减排责任的实现依靠各会员的自愿承诺和社会责任感，是全球唯一的自愿减排交易平台，也是世界首个将6种温室气体的注册和交易体系包括在内的交易平台。各会员根据CCX制定的配额和交易制度，自愿作出法律效力下的减排承诺。若未能达到承诺，则需在碳金融市场上购买碳金融工具合约（CFI）。在以自愿为前提的体制下，其碳交易量和交易额与其他强制性的市场体系存在一定差距，但碳金融市场也获得了长足发展。目前，芝加哥碳交易体系的交易品种主要是金融衍生品，包括期货、期权等，其创新发展也促进了碳金融市场的发展。但是，由于缺少具有强制力的会员自愿承诺减排机制，CCX于2010年陷入困境，并于当年年底停止交易。

在RGGI中，初始配额总量由各州的配额总量加总确定，各成员州根据过去历史碳排放情况设定各自初始配额总量。在首个履约控制期间，面临碳配额严重供过于求，碳价持续低迷和碳市场活跃度不高，RGGI对初始配额总量设置进行了动态调整，并出台清除储备配额、建立成本控制储备机制，以及设置过渡履约控制期等若干配套机制以稳定碳市场。通过以上动态调整机制，RGGI全部配额一律采取统一价格、单轮密封投标和公开拍卖的形式。RGGI配额拍卖在World Energy Solutions公司的拍卖平台上进行，在纽约梅隆银行进行结算。RGGI一级市场碳配额拍卖价格和竞拍主体数量双双开始稳步回升，二级市场活跃度也明显提高。RGGI控排企业需安装污染物排放连续监测系统，需按规定时间向相关部门提交相关数据报告，审查控排企业CO_2排放数据。RGGI碳市场的监管由RGGI公司、各成员州环保部门和第三方机构共同组成。RGGI碳排放期货Z22的价格从2019年11月4日6美元/吨逐步上升，在2022年1月5日达到了14.45美元/吨，目前基本保持在14美元/吨的水平（见图6-7）。

WCI扩大了排放交易体系的行业覆盖范围，包括电力行业在内的主要排放源被纳入加州碳市场。为了不影响大型工业排放源的市场竞争力，初期配额发放以免费为主。随着碳市场的深入进行，更高比例的配额将通过拍卖进行分配。拍卖的价格可以为碳市场的价格设定提供参考。配额拍卖按季度进行。拍卖收益可以弥补用户电价的增长和投资低碳项目和清洁能源的发展。加州碳市场允许配额的存储和预借。存储的配额不会过期，但会受到当年配额总量的限制，配额存储机制以应对配额不足和价格波动，预留4%的配额在必要时使用，且多年履约期的设计也可以弥补单独一年由产量变化造成的影响。预借的配额只能以当年履约为目的来使用。加州碳市场为电力行业的参与设计了比较特殊的机制。发电企业不能获得免费配额，需要从一、二级市场购买，而输电企业可以将获得的免费配额全部出售。这样做可以平抑电价，也促进了电力行业的清洁转型和清洁能源的发展。从2013年到2016年，加州州内主要的化石发电类型——天然气发电装机降低了9.5%，发电量降低18.2%；而非化石发电类型光伏装机增长了1.8倍；光伏发电量增长了3.6倍。

图 6-7　RGGI 碳排放配额期货价格走势

资料来源：WIND

美国洲际交易所（ICE）2010年收购了由CCX于2004年成立的欧洲气候交易所（European Climate Exchange，ECX）。ECX 由 CCX

与伦敦国际原油交易所（IPE）合作，通过IPE的电子交易平台挂牌交易二氧化碳期货合约，为温室效应气体排放交易建立的首个欧洲市场，是欧洲排放交易机制中的重要组成部分。ICE采用会员制，交易产品除多种碳配额的拍卖外，上市的现货品种有欧盟碳排放配额（EUA）、英国碳排放配额（UKA）、加州碳排放配额（CCA）和美国区域温室气体减排行动配额（RGGIA）等，衍生品主要是配额和碳信用期货合约、期货期权合约及远期合约，后来逐渐增加了互换和期权等交易产品。ICE目前掌握着世界上60%的碳排放权，90%的欧洲碳排放权，2020年成交额占到了全球交易所成交额的88%。ICE是目前世界上最大的碳排放权交易所，也是碳交易最为活跃、交易品种最丰富的交易所。

（四）新加坡的元宇宙绿色交易所

新加坡目前有两个相互紧密联系的碳交易平台，分别为全球碳交易平台Climate Impact X（CIX）与为元宇宙时代打造的合规绿色数字资产交易所MetaVerse Green Exchange（MVGX）。

CIX是一个全球性的自愿碳信用交易所，由星展集团、新加坡交易所、渣打银行和淡马锡建立。该平台已完成碳信用额度（以下简称"碳信用"）组合试点拍卖。CIX的交易平台主要拥有两项业务，分别是GREENEX碳积分交易所和项目市场（Project Marketplace）。

GREENEX于2021年11月底成立，2022年1月推出碳权交易新模式——GRAVAS，从"自愿性"的交易到"回报性"的交易，目标是成为一个世界级的集碳信用的全球交易及绿色项目融资的二级市场，为各企业或组织提供高质量的碳信用，以解决难以削减的排放问题。从个人消除碳足迹到企业的碳中和都涵盖其中，从植树到环保活动，其所做的一切都是为了抵消碳排放和应对气候变化，旨在帮助企业和个人可以通过获得碳积分来发挥自己的作用。所谓碳积分，是指排放 1 吨二氧化碳当量的温室气体的权利所形成的任何可交易额度或许可证。GREENEX 碳积分交易所主要面向公司和机构投资者，通过标准化合同，把大规模和高质量的碳信用销售给跨国公司和机构投资者等市场参与者。在 GREENEX 碳积分交易所，1 个碳积分相当于一个来自认证环境项目的碳信用，每年可抵消 1 吨二氧化碳排放记录，并可获得企业红利。

项目市场则更多地面向中小企业，涉及森林、湿地和红树林等自然生态系统的保护和恢复，使其能够直接从特定的项目中购买高质量的碳信用，从而让广泛的企业界参与自愿性碳市场，并为它们提供自然气候解决方案（NCS）项目，以协助它们实现可持续目标。NCS 具有成本效益，通过支持生物多样性和为当地社区创收，提供了可观的收益。亚洲拥有全球三分之一的供应潜力，因此是全球最大的 NCS 供应方之一。CIX 将在其平台上展示来自全球各种高质量 NCS 项目的碳信用。它还在与全球评级机构进行对话，为这些项目提供独立评级。

新加坡元宇宙绿色交易所（MVGX）于 2018 年成立，由新加坡金管局监管，是第一家元宇宙的合规持牌绿色数字资产交易所。它建立在云端架构和区块链基础上，并使用纳斯达克引擎。

MVGX 为全球的发行者、机构投资者以及合格投资者提供综合性的资本市场配套服务，包括一级市场发行，二级市场交易、交割和清算以及 ABT 的托管。MVGX 自主研发并申请专利的具有碳足迹标签功能且受区块链技术保护的账簿，使 MVGX 成为全球第一个实现发行者和投资者均披露碳足迹的交易所。MVGX 拥有两个受专利保护的技术体系：非同质化数字孪生技术和碳中和通证技术。

MVGX 交易的产品主要包括两大类别：资产支持通证（Asset Backed Token，ABT，即数字化的 ABS）和碳中和通证（Carbon Neutrality Token，CNT）。ABT 把碳资产通过区块链拆分进行流通，使更多资金参与投资，并让其具有更高的流动性。CNT 是一个能让多方受益的机制，支持跨国公司向发展中国家购买碳信用。CNT 以碳标准下的碳信用作为底层资产，支持机构、企业或个人通过平台购买碳资产从而抵消相关排放，实现碳中和。这一机制可以帮助发展中国家完成其国家自主贡献，而非只是让那些大型跨国企业帮助其总部所在国完成其国家自主贡献。这两种通证实际上避免了纯粹数字藏品的弊端，而是通过碳资产的价值支持下的通证或称权益，通过交易这个通证或权益以实现碳交易，进而达到碳中和的目标。

三、中国碳市场的元宇宙变革设想

（一）我国碳市场交易规则

由生态环境部制定并自 2021 年 2 月 1 日起施行的《碳排放权交易管理办法（试行）》明确，全国碳排放权交易市场的交易产品为碳排放配额，生态环境部可以根据国家有关规定适时增加其他交易产品。碳排放权是指分配给重点排放单位的规定时期内的碳排放额度。重点排放单位以及符合国家有关交易规则的机构和个人，是全国碳排放权交易市场的交易主体。碳排放权交易应当通过全国碳排放权交易系统进行，可以采取协议转让、单向竞价或者其他符合规定的方式。全国碳排放权交易机构应当按照生态环境部有关规定，采取有效措施，发挥全国碳排放权交易市场引导温室气体减排的作用，防止过度投机的交易行为，维护市场健康发展。

生态环境部根据国家温室气体排放控制要求，综合考虑经济增长、产业结构调整、能源结构优化、大气污染物排放协同控制等因素，制定碳排放配额总量确定与分配方案。省级生态环境主管部门应当根据生态环境部制定的碳排放配额总量确定与分配方案，向本行政区域内的重点排放单位分配规定年度的碳排放配额。碳排放配额分配以免费分配为主，可以根据国家有关要求适时引入有偿分配。

国家鼓励重点排放单位、机构和个人，出于减少温室气体排放等公益目的自愿注销其所持有的碳排放配额。自愿注销的碳排放配额，在国家碳排放配额总量中予以等量核减，不再进行分配、登记或者交易。相关注销情况应当向社会公开。

（二）元宇宙碳汇市场模式

金融市场是向善的，至少从金融市场设计的出发点来看应该是向善的。目前碳市场采取的是配额免费发放再交易配额的方式，这种方式的好处在于总量可控，层层分解，然后实现目标，有正向的指导性作用。这种方式的不足之处在于，交易量不高，如果能小于或等于配额额度的话，则不需要购买碳排放权；只有排放超过配额限定的额度，才需要购买超过配额部分的碳排放权。因此，交易的活跃度不可能高。碳排放权交易，或者称超过配额的交易，更多地倾向于调剂作用，具备一定的金融属性，但金融属性并不明显。

是否可以采用MVGX的ABT和CNT模式呢？事实上，这两种模式背后蕴藏的深刻道理是，所有被称为数字货币或NFT的产品，都只是在炒作虚拟价值，而背后缺乏真实的价值支撑。ABT和CNT都试图以碳资产收益为基础，实际上是彻底改变了数字货币或NFT的属性，即从虚拟资产转化为一种权益。这种权益可以是法定货币体系延伸的收益权。正是从这个角度上讲，MVGX的两种模式尚有较大不足，仍然被局限在元宇宙的NFT概念里面。

中国碳市场的发展可以在碳排放权配额交易市场的基础上，加入碳汇①创造市场或碳汇创造产品，可称为碳汇权益（Carbon Sink Equity，CSE）。所有人都可以购买CSE，所有人都可以通过减少碳排放或创造碳汇而增加CSE的价值，从而为碳市场注入正向动力。重构碳排放交易市场，其核心在于个人可参与减排激励与交易，个人与组织可共创碳汇，个人具有碳汇账户和碳汇权益交易账户。个人CSE在碳汇账户上通过确认即拥有上市交易的权利，个人可以在交易账户卖出或买入。组织也可以拥有碳汇账户和碳汇权益交易账户，组织CSE在碳汇账户上通过确认即拥有上市交易的权利，组织也可以在交易账户卖出或买入。当然，其核心在于个人节能减排行为通过手机数据可确认，个人碳汇创造通过物联网联系可确认（这要求碳汇所有权登记机构要准确）。政府设立节能减排和碳汇生产奖励基金或进行相应减税，市场成立碳汇基金，根据碳汇供求关系进行交易（可以是做市商模式）投资，获取长期回报。政府承诺对于碳汇以最低价回购，保证基金长期持有至少可以获得如债券一样的保底收益（比如同期国

---

① 碳汇（carbon sink），是指通过植树造林、植被恢复等措施，吸收大气中的二氧化碳，从而减少温室气体在大气中浓度的过程、活动或机制。

债收益率+0.5%或者同期贷款利率）。需要配额或配额不足的企业也是碳汇市场的参与方，也可购买CSE。未来，个人或组织还可以通过租赁或购买农场、林场、农户手中的森林等获得CSE。

这种多方共同参与模式可促进减排创造碳汇，进而可以极大促进碳汇的产生，国家付出的成本是固定的，收益是"双碳"目标的实现。这种正向激励机制将推动碳金融市场的发展，碳排放配额的需求与碳汇产生的供给之间成为真实的市场供求关系，而碳排放配额的需求方与碳汇产生的供给方成为交易的双方，碳汇基金作为做市商，政府作为税收和最低收益的支持方，从而为"双碳"目标早日实现奠定良好的市场基础。

第七章

衍化的元宇宙金融安全：金融监管

有效的金融监管是金融安全的保障。金融监管最核心的问题，就是要明确什么是允许干的，什么是被禁止的，可以怎么干。随着数字技术的发展，在数字货币全球流行的情况下，就是要明确什么是可参与的，什么是不能参与的，可以在什么条件下进行创新。被一些人作为元宇宙基础的私人数字货币和数字资产以及相关的去中心化金融是应该被禁止的。但在国际监管对私人数字货币、数字资产和去中心化金融态度不一致的情况下，应该旗帜鲜明地建设央行数字货币、电子货币和法币的跨境支付系统，同时加强对洗钱与恐怖主义融资的打击。而且，应该建立五维金融安全观（居民、企业、金融机构、金融市场和国家），切实进行投资者和消费者教育与保护。在反击私人数字货币的同时，也要加强对科技巨头挑战金融体系的监管，保障国家金融安全。此外，在元宇宙金融监管中，还必须重视共识机制的风险并加强监管。

第一节　大型科技企业的金融风险与监管

为什么要对大科技公司进行特别的关注与监管，尤其是参与或试图参与到金融服务中的大科技公司？我们看看大科技公司在金融领域做了什么就知道了。Facebook 黯然退出 Diem 稳定币项目，既意味着其数字货币雄心受挫，也意味着稳定货币的前路不通，更意味着加密货币前路坎坷，甚至面临绝境。所有人都依赖的东西，天然带有公共性，所有公共性的东西被少数人而非公共权力掌控，都可能面临垄断风险，科技如此，金融更是如此。

Parma Bains 等人和托拜厄斯·阿德里安分别于 2021 年 6 月和 2022 年 1 月都发表了题为《金融服务中的大科技公司》的报告，后者有副标题"监管方法与监管框架"。[①] 后者指出大型科技公司（BigTech）在金融服务领域的迅速而显著的扩张，以及它们与金融服

---

① ADRIAN T. BigTech in Financial Services [R]. IMF, 2021-06-16.; BAINS P, SUGIMOTO N, WILSON C. BigTech in Financial Services: Regulatory Approaches and Architecture [R]. IMF, 2022-01-24.

务公司的相互联系,有可能创造新的系统性风险渠道。为了实现金融监管和监督的有效实施和多个目标,需要一种混合方法,结合实体和基于活动的方法。

一、Facebook 的数字货币项目雄心受挫

2022 年 1 月 31 日,前身为 Facebook 的 Meta 宣布退出其稳定币项目 Diem。Facebook 发行稳定币的计划曾多次被 IMF 当作全球私人稳定币的典范,希望能纳入国际支付体系和国际货币体系,实现公私数字货币的合作,但现实却是如此残酷,背后是由货币的公共属性决定的,具有必然性。

(一) Facebook 的数字货币雄心

随着加密货币的日益繁荣,一些大型科技公司都参与计划推出加密货币或加密资产。2018 年 7 月,纽约证交所的实际所有者 ICE 公司与微软、波士顿咨询集团和星巴克合作,成立加密数字资产服务机构 Bakkt;2019 年 2 月,摩根大通发布了用于机构间清算的数字货币摩根币;2019 年 3 月,IBM 宣布跨境支付区块链 World Wire;2019 年 6 月 12 日,Visa 宣布跨境支付区块链网络 B2B Connect;2019 年 6 月 18 日,Facebook 发布了名为"Libra"的未来全球稳定币白皮书。预期资产在运营方面将由其自己的区块链支持,在财务层面上将得到各种资产(一篮子银行存款和短期政府证券)的储备支持。

Libra 是加密稳定币,有真实资产作为储备,包括稳定且信誉良好的中央银行发布的银行存款及短期国债等,用户可将数字货币兑换

为法币，原本计划在 2020 年上半年发布。从一开始，Libra 并没有试图伪装成一种去中心化的加密货币——它的治理机制被设计成一个联盟（"Libra 协会"），其中包括 Mastercard、PayPal、Visa、Stripe、eBay、Coinbase、Andreessen Horowitz、Uber 等大牌公司。

Libra 将锚定多国法币组成的一篮子货币，听上去似乎跟 IMF 的特别提款权（SDR）类似。Libra 是一种加密数字货币和通证经济领域中所谓的"稳定币"，要在一定范围内控制价格波动，而不试图通过通证升值来提供激励。相反，Libra 将为持有者派息，从而使整个体系更接近于一个银行。Facebook 正是希望通过 Libra 项目升级为在数字经济世界里同时掌握铸币权和信贷权的超级银行。

（二）Libra 面临的监管阻力与转变

2019 年 7 月，美国参议院召开了有关 Libra 的听证会，表达了对项目的担忧。Libra 的联合创始人 David Marcus 在一次特别听证会上做证，这位 Facebook 高管在听证会上受到了激烈的盘问。时任总统特朗普也注意到了 Facebook 私人货币的消息，他以他标志性的表达方式做出了回应："如果 Facebook 和其他公司想成为一家银行，它们必须寻求新的银行章程，并像其他国家和国际银行一样，受到所有银行法规的约束。"2019 年 9 月，法国财政部长 Bruno Le Maire 宣布，法国和整个欧洲都不会容忍 Facebook 的新项目，因为"各国的货币主权岌岌可危"。几周后，英国央行发出警告称，Libra 要想在英国合法化，就必须满足传统银行合规的所有必要标准。紧随其后的是 Libra 协会一些创始成员的第一波退出浪潮。随着 PayPal、Visa、Mastercard、eBay 和 Mercado Pago 等公司退出该项目，其形象受到了巨大打击。

2019年10月，五个欧洲国家——法国、德国、意大利、西班牙和荷兰——成立了一个非官方的工作组，以阻止Libra在欧洲的推出。当荷兰最大银行的首席执行官Ralph Hamers公开评论可能削减与Facebook的任何业务时，压力上升到了一定程度。

2020年4月，原Libra更新了2.0版白皮书，表示除了提供锚定一篮子法币，还将提供锚定单一法币的稳定币，并作出将放弃向无许可公有链系统的过渡计划等变更。次月，加密货币钱包"Calibra"更名为"Novi"。2020年12月1日，Libra更名为Diem。2021年5月，Diem宣布Silvergate Bank将成为首个合作银行。据传闻，Diem协会当年与Silvergate Capital Corp.公司达成共识，计划将发行Diem稳定币，遭到了美国联邦储备委员会的抵制。在这一年，创始人David Marcus卸任Diem项目负责人。该项目仍遭到G7官方的反对。

（三）Diem项目的转让和雄心的终结

2021年并没有给Diem带来好消息。由于期待已久的启动再次被推迟（到那时，瑞士金融市场监管局仍未授予总部位于瑞士的Diem协会支付许可证），2月23日，欧洲央行要求欧盟立法者拥有否决权，可以在必要时单方面阻止任何私人稳定币项目。2021年9月，《华盛顿邮报》报道了Facebook最高管理层正在尝试与美国监管机构达成某种妥协。但显然，谈判陷入僵局，因为Marcus声称Diem"已经解决了所有合理的担忧"，这引起了立法者的公开反对。

当Facebook与Binance合作，最终推出了Novi数字钱包的试点版本时，最后一丝希望燃起了，这是计划中的Diem生态系统的重要组成部分。但没过几个小时，五名参议员就给扎克伯格写了一封联名信，明确要求"立即停止"该项目。Diem Association 做出了一种讽刺的回应，试图与 Facebook 保持距离。

2021 年 12 月 1 日，Novi 的正式负责人、Diem 项目的代言人 Marcus 宣布辞职。自 2014 年以来一直在 Facebook 工作的 Marcus 没有详细说明他做出这一决定的原因，离开的还有 Diem 的联合创始人 Morgan Beller 和 Kevin Weil。

2022 年 1 月，Diem 被传出启动出售谈判。月末，双方分别公开收购消息。根据协议，Silvergate 向 Diem 发行了 1 221 217 股 A 类普通股，并支付了 5 000 万美元。根据 SI 在 2022 年 1 月 31 日的收盘价，交易对价总值 1.82 亿美元。

世界上第一个全球数字货币项目出台即引发了监管机构的一致抵制。这意味着，如果任何其他数字货币达到 Diem 的采用潜力，都可能得到同样严厉和直接的回应。正如 Buckley 所说："铸造国家货币的能力是主权能力的核心要素，几个世纪以来一直如此。"Facebook 稳定币项目的失败，足可见全球监管机构对大型科技公司参与货币和金融的警惕！

二、BigTech 的金融扩张与风险

（一）BigTech 向金融服务业扩张的不同趋势

尽管方式不同，BigTech 向金融服务业的扩张在不同的国家同时发生。

在美国，市值巨大的大科技公司正在国内外拓展支付和信贷业务。Alphabet、亚马逊、苹果、Meta 和微软等实体都已扩展到金融服

务领域，在支付和信贷领域占据最大份额。其中三家公司（Alphabet、亚马逊和微软）也为受监管实体提供云服务。在其他发达经济体，BigTech 的扩张仍处于早期阶段。在日本，NTT docomo 和乐天（Rakuten）等实体正在进入支付、证券和保险等金融服务领域，尽管与美国相比速度较慢。

在中国，BigTech 在银行、支付、贷款、保险和投资等金融服务领域的影响力更大。BigTech 在金融服务领域的业务更加成熟，具有更大的系统重要性，因为这些实体通常向零售客户提供直接金融服务，但也与商业银行广泛合作。阿里巴巴（通过蚂蚁集团）、腾讯和百度是中国影响力最大的科技实体。

在其他新兴市场，BigTech 也在进军南美（通过 Mercado Libre）、东非和印度次大陆（通过电信公司 Safaricom 和 Jio）的金融服务。在所有这些情况下，BigTech 能够在竞争中超越较小的金融科技初创公司，有时还能从监管框架中获益，这些框架允许它们在竞争中超越现有金融机构。①

（二）金融服务业中的 BigTech 带来的金融风险

BigTech 没有统一的定义，②但一般来说，这些基于平台的商业模

---

① 有关 BigTech 向金融服务业扩张的更多信息，请参阅金融稳定委员会的两份出版物：《金融业中的 BigTech：市场发展和潜在金融稳定影响》（金融稳定委员会2019 年版）和《新兴市场和发展中经济体中的金融业中的 BigTech 公司》（金融稳定委员会 2020 年版）。
② 金融稳定委员会将 BigTech 定义为"拥有成熟技术平台的大公司"（金融稳定委员会 2019 年版）。此外，金融稳定研究所将 BigTech 定义为"大型科技公司"（Crisanto、Ehrentaud 和 Fabian，2021）。

式侧重于大量零售用户之间的互动。BigTech 实体通常是大型科技企业集团，拥有广泛的客户网络和跨市场的核心业务，例如社交媒体、互联网搜索和电子商务。它们操作的结果是创建、捕获、存储和利用用户数据。这些数据推动了更广泛的服务，产生了更大的用户活动，并最终创造了更多的数据。BigTech 实体在市场中的存在可能会增加金融包容性，降低产品和服务的成本，并在短期内创造更多的消费者选择。

凭借强大且多样化的商业模式，BigTech 正在增加其在金融服务领域的影响力和市场份额。这些大公司能够利用现有的用户群和大数据；能够利用先进的分析技术，如人工智能和机器学习；能够利用交叉补贴；提供新技术、创新产品和服务的规模经济。特别是，大科技公司受益于来自所谓的数据分析、网络外部性和交织活动循环的竞争优势。这种商业模式使大型科技公司能够迅速增加其在金融服务中的市场份额，并直接或间接成为金融中介的重要参与者。金融中介传统上是由受监管的金融服务公司提供的，而监管是为了减轻过度的风险承担。Fintech 颠覆了金融服务提供和风险承担监管之间的传统联系。

然而，BigTech 在金融服务领域的扩张有可能从三个方面给金融稳定带来风险：（1）通过金融服务业的扩张，开展一些孤立的活动，可能不会产生系统性风险，但累积进行时可能会增加风险，部分原因是缺乏有效的跨部门监管；（2）通过与现有金融机构的互联（例如，提供贷款的 BigTech 和提供资金的商业银行之间）；（3）通过提供单一的系统性重要活动，如云或系统性支付基础设施。尤其是提出了这三种风险可能会导致 BigTech 变得"太大而不能倒"。

除了这三个风险，BigTech 还会产生消费者保护风险、市场诚信风险和金融诚信风险等（见表7-1）。

表7-1 BigTech的主要风险

风险类型	BigTech的影响
金融稳定	跨金融部门的扩张进行了多项活动，这些活动单独进行可能不会产生系统性风险，但累积进行时可能会增加风险
	与现有金融机构的互联性
	执行单一的系统性重要活动，如云供应或运营支付基础设施
消费者保护	通过"重新处理"减少消费者的选择
	可能导致创新被加价取代的市场主导地位
	缺乏对活动、合作关系或监管保护的适当披露
	通过捕获/存储消费者数据提供的免费/廉价服务
市场诚信	监管、监督和执法的挑战：针对位于其他司法管辖区的BigTech；针对在非金融行业（例如电子商务）拥有核心业务的大科技公司
金融诚信[①]	可以促进跨境欺诈、盗窃和洗钱的BigTech平台
	最终用户不知道BigTech在哪里运营基于区块链的条件

资料来源：IMF staff

三、BigTech的监管方法与实践

（一）BFA对金融科技监管的框架

巴厘岛金融科技议程（BFA）[②]为监管机构提供了一个框架，帮助

[①] 金融诚信风险超出了本书的范围，但为了完整起见，BigTech金融服务扩张对金融诚信的一些关键影响亦被添加。

[②] 国际货币基金组织和世界银行工作人员在2018年制定了议程（国际货币基金组织和世界银行2018年版）。

它们利用金融科技的好处，同时降低风险。BFA 由 12 个政策要素组成，可以帮助当局获取 BigTech 运营为金融市场带来的好处，比如接受 Fintech 的承诺；确保公开竞争，致力于开放、自由和可竞争的市场；培育金融科技，提高金融包容性；以及发展稳健的金融和数据基础设施，以维持这些利益。它还可以通过更好地监控市场发展、调整监管框架以保持金融体系的稳定，以及鼓励跨境监管合作，引导当局降低 BigTech 的风险。

政策要素一（拥抱 Fintech 的承诺）和要素二（使新技术能够增强金融服务提供）说明了 BigTech 可以产生的潜在效益。政策要素三（加强竞争和对开放、自由和可竞争市场的承诺）、要素四（确保国内货币和金融体系的稳定）、要素六（调整监管框架和监管实践）、要素十一（鼓励国际合作和信息共享）都可以作为减轻 BigTech 产生风险的准则。

稳健的监管框架应为金融机构的有效监管奠定基础，在不同的司法管辖区中，有两种方法是普遍的：基于实体的监管和基于活动的监管。

第一，以实体为基础的方法是将法规应用于从事受监管活动（如接受存款、支付便利化、贷款和书面证券）的持牌实体或团体。要求是在实体层面实施的，可能包括治理、审慎和行为要求。这些法规的实施得到了一系列监督活动的支持（如场外监测和现场检查）。基于实体的方法可以建立在基于原则的法规之上，这些法规允许更大的灵活性，依赖于治理安排和监督。重要的是，受监管公司和监管机构之间的持续参与允许监控风险的累积和商业模式的演变。监管者通常可以采取一系列早期行动来改变公司的行为，从而导致过度冒险和不稳定。监管机构可以采取执法行动（如罚款和吊销许可证），但通常有一系列干预措施来实现监管目标。

第二，基于活动的方法是指对从事某些受监管活动的任何个人或公司实施监管。例如，促进投资买卖或经营借贷活动。这些法规通常用于市场行为目的，通常是规定性的，通过罚款和其他执法行动确保合规。许多法规禁止在特定条件下进行某些活动。在某些方面，基于活动的方法可能会鼓励竞争，因为它只要求开展某些活动需要相关的监管许可。然而，该方法需要非常精确地定义活动；这可能会创造监管套利机会，并且可能无法捕捉快速变化的金融科技活动。它可能会对创新产生负面影响，因为规定的规则可能不是技术中立的。监管者可以在采取执法行动之前发出警告，但除此之外，监管者在采取执法行动之前行动的空间较小。① 由于对执法的高度依赖，基于活动的方法通常不适用于改变企业风险行为的早期监管行动。它也不是非常有效的跨境活动，除非全球监管机构考虑密切相关的监管方法，国际协定允许跨境执法行动。

第三，混合方法结合了基于活动和实体的监管要素，具体取决于每个管辖区监管结构的性质，以及该管辖区是公司总部所在地还是其活动所在地。混合方法将使用基于活动和实体的监管，在母国和东道国司法管辖区之间明确分配责任，并在监管机构之间密切合作，以便从这两种方法中获益。实体将受到母国司法管辖区的许可，并将受到其他要求的约束，包括东道国监管机构实施的基于活动的要求。母国

---

① 一些监管机构正在探索临时措施，以克服基于活动的方法的固有局限性。例如，英国金融行为管理局对行业价格上限进行市场研究，这可以作为强制执行的替代方案。

和东道国监管机构之间的密切合作将使监管机构能够最终实施和执行全球和当地的要求。通过监管机构之间的密切合作进行监控和风险识别，可以发现由整个集团产生的活动组合而产生的系统性风险。为了实现"相同的服务/活动、相同的风险、相同的规则和相同的监督"的基本原则，混合方法是必要的。

大多数金融机构都受到实体和活动监管的约束。银行业和保险监管在较小程度上是以实体为基础的。另外，证券监管的制定更注重活动。在银行和保险公司是主要参与者的传统金融市场中，这些活动同时受到实体和基于活动的监管。在实践中，基于活动的方法和基于实体的方法之间的区别是模糊的，监管机构经常使用基于实体的措施（如业务改进令、强化检查和强化监控）来执行基于活动的监管。

为了长期实现这些政策，需要一种混合的监管方法，即母国监管机构建立基于实体的监管，同时东道国监管机构采用基于活动的监管。基于实体的方法允许监管框架基于原则、灵活，并与实体及其更广泛集团的风险相称。基于活动的方法可以通过将特定规则平等地应用于特定活动中的所有公司，促进公平竞争。在大多数司法管辖区，基于实体的方法用于审慎监管，而基于活动的方法更常见于市场行为监管。BigTech的商业模式正在创造新的复杂风险，而这两种方法本身都无法完全解决与BigTech的全球影响力相关的潜在风险。混合方法对于解决BigTech的风险是必不可少的，在这种情况下，母国监管机构建立了一种基于实体的比例监管方法，将BigTech作为一个集团覆盖，而东道国监管机构则采用一种基于活动的方法，辅以母国在集团范围内的额外监管。需要与非金融监管机构和竞争监管机构进行更广泛的协调，尤其是国内监管机构，以减轻BigTech活动产生的系统性风险。

此外，BigTech 金融业务面临着传染和声誉风险，需要更全面的信息披露。虽然 BigTech 目前可能不会面临与金融服务相关的信用和流动性风险，但最终用户可能会基于对 BigTech 公司的服务质量和声誉的信任而使用这些服务。如果系统性重要的 BigTech 崩溃，使用 BigTech 平台或云服务的银行将面临巨大的运营挑战，这可能需要特殊的救援干预。目前，由于缺乏透明度，这类干扰的成本基本未知。在合作金融机构受损的情况下，BigTech 可能需要介入，并通过承担信贷和流动性风险为其金融服务提供连续性。为了帮助减轻这些风险，应该要求大科技公司加强对金融服务的披露（包括介入和声誉等风险，这些风险可能无法量化）。

（二）BigTech 当前基于实体和活动的监管方法的案例

中国已采取措施，通过扩大监管范围，将大型科技企业集团纳入监管范围。中国的 BigTech 已经在支付服务领域占据了相当大的市场份额，并在贷款和资产管理服务领域迅速增加。为了解决对系统性风险日益增长的担忧，中国要求 BigTech 实体成立一家金融控股公司，在该公司中，各业务线（如消费金融和保险）都将遵守相关的审慎和治理要求。

中国还通过现有商业银行实施了间接监管，以协调 BigTech 和合作银行之间的激励措施。规定要求商业银行进行独立的贷款风险评估；与互联网平台或其他合作伙伴的共同贷款上限不超过未偿还贷款的 50%；将同一平台的共同贷款限制在本行一级净资本的 25%；仅在其注册管辖范围内进行网上借贷。互联网平台也被要求在与银行的任何单一联合贷款中提供至少 30% 的资金。法规明确规定，区域性银行将无法从平台上筹集跨区域存款，导致平台取消银行存款产品。这些要求还应有助于解决从 BigTech 金融服务到现有金融实体的过度互联和传染风险。

欧洲也在采取措施缓解 BigTech 带来的风险，重点是将基于活动的监管作为主要的东道国管辖权。《数字服务法》和《数字市场法》包含针对平台提供商和在线把关人在内的有针对性的权力，这将涵盖许多大型科技实体。这两项法案都包括缓解滥用市场行为的措施，包括改进有关投诉处理的披露和规定，降低未经同意合并来自不同来源的最终用户数据的风险，自我偏好，以及确保辅助服务的数据可移植性和互操作性。该法案还赋予当局更具针对性的执法权力，以打击平台提供商和守门人。

欧洲也在讨论如何将大型科技集团纳入金融监管范围。另外，《金融集团指令》（FICOD）是一个框架，可以涵盖 BigTech 的广泛范围，包括在金融市场运营的实体，以及大型母公司的受监管子公司，前提是金融活动是重大的。FICOD 旨在通过压力测试和实体与监管机构之间的强化信息交流计划，缓解与规模、复杂性、集中度和传染相关的风险。然而，该框架并非针对金融活动范围狭窄、被认定为金融企业的实体数量有限的 BigTech 实体而设计。因此，该框架可能无法涵盖这些实体在跨境和跨部门基础上带来的所有细微风险。欧盟委员会要求欧洲监管机构就此事提供技术咨询。

欧洲还通过现有金融机构加强了间接监管，并正在考虑对关键供应商的直接权力。《数字运营弹性法案》是一个新的监管框架，如果 BigTech 实体被视为关键的第三方提供商（例如云服务），它将被纳入监管框架。在这种情况下，欧盟当局将有直接能力监督服务提供商提供特定活动。

虽然美国尚未采取具体行动来监管 BigTech 的金融活动，但最近一份关于稳定币的报告表明，美国认识到 BigTech 带来的潜在系统性风险。美国总统金融市场工作组发布了一份关于稳定币监管的报告，其中描述了稳定币安排的快速增长、系统性风险和经济力量集中。虽然报告没有使用"BigTech"一词，但它描述了 BigTech 的一些功能，例如"访问现有客户群"和"稳定币发行人或钱包提供商与商业公司的组合"报告提出了一些解决经济权力过度集中的建议。它们包括（1）对与商业实体的联系的限制；（2）对用户交易数据的使用的限制；（3）对执行对功能至关重要的活动的任何实体的适当风险管理要求。该报告还建议，金融稳定监督委员会（FSOC）考虑将稳定币安排指定为重要的活动、公用事业或实体作为临时措施。指定将允许适当的机构为参与的金融机构制定风险管理标准。

国际监管合作的必要性、监测新的发展、调整监管框架以应对新的技术风险，都是巴厘岛金融科技议程（BFA）的重要方面。中国和欧盟都已采取措施，降低大技术公司进入国内金融服务时可能出现的风险，并通过新的发展创造新的风险。这两种方法都着眼于创建一种更全面、基于实体的方法，以捕获整个实体的风险。美国的方法是基于实体（美国金融稳定监督委员会，FSOC 指定）和基于活动（限制某些活动，如数据共享）的混合监管。中国的做法更侧重于由金融监管机构牵头监管 BigTech 的金融子公司，而欧盟的做法则更广泛地关注 BigTech 在其整个业务中的活动，监管机构不一定要牵头。中国的做法反映了其作为在其管辖范围内运营的许多 BigTech 实体的"本土"监管机构的情况,而欧盟的做法反映了其作为"东道主"监管机构的情况,在其管辖范围内运营的 BigTech 可能总部设在其他地方。

第二节 摆脱加密资产的束缚

由加密货币和加密资产构成的加密生态系统正给和将给金融稳定带来挑战。因此,加强对跨境数字货币和加密资产及相关生态系统的监管非常重要。[①] 前面提到要为元宇宙换心,换的就是以加密生态系统为基础的私人数字货币体系。这里的监管既有是否准入也有如何加强监管两重含义。这里主要探讨的是准入问题,对应的监管措施是全面禁止、局部允许或继续不干涉三种。经研究分析,建议全面禁止私人数字货币加密资产的发行与交易。

一、加密生态系统的风险

(一)加密资产的风险

在价格大幅波动的情况下,加密资产的市值大幅增长。到 2021 年 5 月初,2021 年的市值几乎翻了三倍,达到 2.5 万亿美元的历史最高水平。紧随其后的是,随着机构持有人对加密资产的环境影响的担忧增加,以及全球监管机构对加密生态系统的审查升级,5 月份下降

---

① CUERVO C, MOROZOVA A, SUGIMOTO N. Regulation of Crypto Assets [R]. IMF, 2020-01-10.

了40%。5月期间的大幅下跌可能因杠杆的大量使用而加剧，这导致交易所自动清算保证金和期货头寸。① 截至2021年9月，所有加密资产的总市值已超过2万亿美元，比2020年初以来增长了9倍。整个生态系统也在蓬勃发展，包含众多交易所、钱包、矿工和稳定币发行者。其中许多实体缺乏稳健的操作、强有力的治理和完善的风险管理做法。例如，在市场动荡时期，加密资产交易就会面临严重的市场扰动。同时，还发生了几起备受关注的与黑客攻击相关的客户资金窃取案件。

尽管价格大幅升值，但经波动性调整后，非稳定币加密资产的回报却不那么可观。例如，过去一年比特币的风险调整收益率与更广泛的科技股或标准普尔500指数的表现相似。然而，投资者面临更大的提款风险。与其他资产类别相比，这些加密资产回报的相对吸引力可能会更高，这些资产类别也经历了大量的提款，正如一些基础薄弱的新兴市场和发展中经济体的本币债券和股票。另一个经常支持非稳定币加密资产的论点是，它们与其他资产的相关性较低，为投资者的投资组合提供了多样化的好处。在最近的市场压力事件中，这些密码资产和一些关键资产类别之间的相关性显著增加。如果受共同因素影响的机构持有人继续参与，多元化收益也可能会随着时间的推移而下降。

由于披露和监督工作有限或不够充分，消费者保护领域仍存在重大风险。例如，迄今已有超过16 000种代币在各家交易所上市，尚存的约有9 000种，而其余的都以某种形式消失了。例如，很多代币没有交易量，或者开发人员已经放弃了该项目。有些发行可能仅出于

---

① 当投资者不符合保证金要求，交易所自动平仓时，就会发生清算。

投机目的，甚至是彻头彻尾的诈骗行为。

加密资产的（伪）匿名性也给监管机构造成了数据缺口，并可能为洗钱和恐怖主义融资创造不必要的条件。尽管当局也许有能力追踪非法交易，但可能无法确定此类交易的参与方。此外，加密资产生态系统在不同国家处于不同的监管框架之下，这使得协调工作更具挑战性。例如，加密资产交易所的大多数交易是通过主要在离岸金融中心运营的实体进行的。这使得监督和执法不仅极具挑战性，而且只有通过国际合作才能实现。

稳定币2021年的市值达到1 200亿美元。泰达币（Tether）是最大的稳定币，但其市场份额急剧下降，因为大型集中加密交易所推出了自己的版本（例如Coinbase发行的美元硬币和Binance发行的Binance美元）。稳定币交易量超过所有其他加密资产，主要是因为它们在交易所的现货和衍生品交易结算中高度可用。顶级稳定币的价格稳定性继续改善，这可以从2021年与美元和其他货币1∶1挂钩的目标价格偏差下降中看出。① 它们的相对价格稳定性保护用户免受其他加密资产波动的影响，这意味着他们不必将资金转移到加密生态系统之外。

目前，稳定币存在四大风险。一是信息披露不足的问题。尽管稳定币发行人在这方面有所改善，但仍需要大幅升级，以达到与商业银行和货币市场基金相同的披露标准。例如，全球市值最大的稳定币公司Tether披露了其储备资产的构成。然而，此类披露尚未经独立会计师审计，一些重要信息仍然缺失，包括住所、货币面额和商业票据持有部门。二是流动性错配程度更高。尽管Tether允许以小额费用直接

---

① 稳定币的定价动态已在几项研究［见Lyons和Viswanath Natraj（2020）中的讨论］中进行了研究，这些研究通常将稳定币确定为加密资产动荡期间的避风港。

"立即"以1∶1的比例兑换美元,但其储备中只有三分之一由现金和国库券支持;大约一半投资于商业票据。三是一些稳定币可能会出现挤兑,对金融体系产生影响。这可能是因为人们怀疑它们在1∶1挂钩条件下的可赎回性,因为它们的储备价值或为满足潜在赎回而清算储备的速度。四是经营风险还可能引发商业票据的大甩卖。在许多司法管辖区,包括美国,商业票据的流动性比其他短期资产(如政府票据)更糟,尤其是在市场压力期间(如2020年新冠病毒全球大流行抛售期间所见)。如果储备资产集中在特定的发行人或部门,传染风险可能会高得多。尽管考虑到其规模和持股类型,目前这种风险可能限于特定范围,但这种传染风险在未来可能会演变为其他非稳定因素。

(二)加密货币的缺陷

加密货币还存在着潜在经济问题,核心在于可扩展性、价值稳定性和对支付最终性的信任。

第一,可扩展性问题。一方面,加密货币根本不像主权货币那样具有规模。在最基本的层面上,为了实现分散信任加密货币的承诺,每个用户都需要下载并验证所有交易的历史记录,包括支付金额、付款人、收款人和其他详细信息。随着每笔交易增加几百字节,分类账会随着时间的推移大幅增长。比特币区块链正以每年约50GB的速度增长,目前约为170GB。因此,为了使分类账的大小和验证所有交易(随着区块大小增加)所需的时间保持可控,加密货币对交易的吞吐量有严格的限制。另一方面,更新分布式账户可能会出现拥塞。例如,在基于区块链的加密货币中,为了限制在任何给定时间点添加到分布式账户的交易数量,只能在预先指定的时间间隔添加新的区块。

第七章 衍化的元宇宙金融安全：金融监管

一旦传入事务的数量在新添加的块已经达到协议允许的最大值，系统就会拥塞，许多事务进入队列。在容量受限的情况下，只要交易需求达到容量限制，费用就会飙升。交易有时会排几个小时的队，从而中断支付过程。这限制了加密货币在支付咖啡或会议费等日常交易中的用途，更不用说批发支付了。因此，使用加密货币的人越多，支付就越麻烦。这否定了当今货币的一个基本属性：使用它的人越多，使用它的动机就越强。

第二，价值不稳定。这是因为没有一个中央发行人负责保证货币的稳定。运行良好的中央银行通过根据交易需求调整支付手段的供应，成功地稳定了主权货币的国内价值。他们这样做的频率很高，尤其是在市场紧张时期，但在正常时期也是如此。这与加密货币形成了对比，在加密货币中，要想对其价值产生某种信心，就需要通过协议预先确定供应。这就防止了它的弹性供应。因此，需求的任何波动都会转化为估值的变化。这意味着加密货币的估值极不稳定。

第三，脆弱的信任基础。这涉及个人支付最终性的不确定性，以及对个人加密货币价值的信任。加密货币可以被控制大量计算能力的矿工操纵，这一事实加剧了支付最终性的缺乏，考虑到许多加密货币的开采集中，这是一种真正的可能性。尽管最终付款的概率随着后续分类账更新的次数而增加，但它永远不会达到100%。不仅对个人支付的信任不确定，而且对每种加密货币的信任基础也很脆弱。这是由于"分叉"。这是一个过程，其中一部分加密货币持有者协调使用新版本的分类账和协议，而其他人则坚持使用原始版本。通过这种方式，加密货币可以分成两个子网。分叉可能只是一个根本缺陷的症状：更新分类账所涉及的分散共识的脆弱性，以及随之而来的加密货币基础信任的脆弱性。在分类账更新方式上的协调可能随时中断，导致价值完全损失。分叉促成了加密货币数量的爆炸性增长，频繁的分叉事件可能是加密货币分散的矿工网络中形成共识的方式存在固有问题的症状。潜在的经济问题是，这种分散的共识并不是唯一的。遵循最长链的规则激励矿工遵循计算多数，但它本身并不能唯一地确定多数的路径。

总体而言，分散的加密货币存在一系列缺陷。效率低下的主要原因是极度分散：在这样的环境中创建所需的信任会浪费大量计算能力，交易分类账的分散存储效率低下，分散共识很脆弱。其中一些问题可以通过新的协议和其他进步来解决。但另一些似乎与这种分散系统的脆弱性和有限的可扩展性有内在联系。归根结底，这表明在国家一级缺乏适当的体制安排是根本缺陷。

二、加密资产带来的挑战

加密资产给全球宏观金融稳定带来的挑战体现在以下九个方面。

第一，随着国内居民寻求更安全的价值存储，央行信誉薄弱和脆弱的银行体系可能引发资产替代。美元化[1]对一些新兴市场和发展中经济体来说，压力是一个持续的风险。[2]加密生态系统可以帮助国内居民将传统美元化的一些阻力转化为顺风，如汇率限制与获取和储存

---

[1] 美元化指的是在经济体居民偏好的推动下，事实上采用外币（不一定是美元）或取代本国货币的资产。采用的主要驱动因素可能是新的支付方式和记账单位（货币替代）或更安全的价值存储（资产替代）。
[2] 例如，在65个未在法律上美元化的新兴市场和发展中经济体的样本中，2020年的数据显示，约三分之一的国家的外币超过了贷款和存款总额的30%。

第七章 衍化的元宇宙金融安全：金融监管

外国资产的挑战。例如，全球加密交换或其他不太安全的方法，如P2P 传输，可以用来绕过资本流管理措施；私人钱包可以作为离岸银行账户的一种形式来储存财富。

第二，支付系统效率低下和获得金融服务的机会有限也可能是美元化的驱动因素。效率低下的一个突出例子是各种国内支付系统之间缺乏互操作性，这可能是汇款和贸易的一个问题。① 鉴于在一些新兴市场和发展中经济体中，无银行账户的人占很大比例，汇款通常通过烦琐的现金支付方式进行，如邮局和其他转账运营商的汇款方式。加密资产的支付轨道可以使其中一些服务更快、更便宜，特别是通过集成稳定币，这允许一个稳定的账户单位。当然，这些收益依赖于互联网和其他技术的接入，而这在许多国家是稀缺的。宏观金融挑战主要取决于采用的程度。

第三，采用程度有限对货币政策或资本流动的影响微乎其微。即使使用加密支付轨道，在用户将基础加密资产兑换为本地货币进行国内购买之前，基础加密资产可能只会被持有很短的时间（例如，汇款的持续时间）。

第四，更广泛的采用程度，② 例如采用稳定币③ 作为支付和价值储存手段，通过加强经济中的美元化力量，可能会带来更大的挑战。

---

① 国际货币基金组织和国际清算银行（2021）关于国际汇款的一些众所周知的问题的讨论。ChainAnalysis（2020）讨论了加密资产在汇款和贸易中的日益使用。
② 鉴于区块链的可扩展性问题，本章未涉及的一个挑战是区块链在一个经济体中处理大量支付的能力。最近，一些较新的技术（如第二层网络）使解决此类问题变得更加可行。
③ 与其他易变加密资产相比，稳定币可能是更理想的价值存储工具，因为它们与熟悉的账户单位（通常是美元）有关联，并且具有匿名性和访问 DeFi 等功能。

美元化可能会阻碍央行有效实施货币政策，并通过银行、企业和家庭资产负债表上的货币错配导致金融稳定风险。流动性风险可能会进一步放大这一点，因为各国央行无法为外国账户提供流动性支持。此外，加密还可能对财政政策构成威胁：加密资产可能会助长逃税，铸币税收入也可能因央行货币在经济中的作用缩小而下降。

第五，采用加密资产作为主要国家货币具有重大风险，是不可取的捷径。加密资产对宏观金融稳定、金融诚信、消费者保护和环境带来风险。目前，由于家庭和企业的选择，这种情况发生的可能性在大多数国家都很低，因为非稳定币加密资产的价值太不稳定，与实体经济无关，无法成为主要的记账单位。然而，这种情况可能出现在货币和汇率政策疲软的国家，在这些国家，与使用波动性加密资产相关的风险仍然相对现有政策有所改善。

第六，加密资产需求的增加可能会促进影响外汇市场的资本外流。加密交易所在促进本地货币转换为加密资产方面发挥着关键作用，反之亦然。在加密资产市场的24/7交易期间，转换的自然[①]需求和供给很容易变得不平衡。为了让市场清算，一些做市商必须通过交易流动性更强的货币对（如美元—比特币和美元—本币）来提供流动性，以确定流动性较弱的货币对（本币—比特币）的价格。这种三角套利通常由机构参与者提供便利，这些机构参与者可以在不包括国内零售参与者的市场（例如离岸融资市场）中获得更大的流动池。在国内加密资产需求大幅上升的时期，这些机构参与者可以充当将加密资产需求转化为通过汇率市场流出的资本的通道。最近加密资产对一些

---

① 例如，自然卖家可以是汇款的接收者，而买家可以是投机者，他们希望比特币反弹。

第七章 衍化的元宇宙金融安全：金融监管

新兴市场和发展中经济体货币的交易量急剧上升可能是汇率市场溢出效应的来源，导致当局最近实施的限制。政策措施在一定程度上可以有效抵御外汇市场加密资产需求上升的影响。资本流管理措施和其他特定于加密资产的措施可以在创造市场细分方面产生显著影响。例如，在韩国，2018年比特币购买的溢价高达50%，这是因为强劲的国内需求和限制阻止了套利活动。[1]然而，随着交易从交易所转移到对等网络[2]和其他不太正式或不太显眼的渠道（如即时消息系统电报上的聊天室），对加密资产交易的此类限制可能会引发新的泄露问题。

第七，"采矿"活动向新兴市场和发展中经济体的转移也可能对资本流动和能源消耗产生严重影响。通过所谓的工作证明或挖掘来验证许多加密资产的链上交易，网络成员利用计算能力解决复杂的数学问题。比特币开采的总用电量与瑞士等中等规模经济体持平，其他加密货币也使用充足的电力。简单地说，寻求分散的信任很快就变成了一场环境灾难。2021年初，在中国对采矿活动进行严厉打击后，矿业活动开始从其他新兴市场和发展中经济体转移到美国。一是能源消耗：矿工使用电力为他们的硬件供电。据估计，比特币网络中的采矿消耗了世界上约0.36%的电力——相当于比利时或智利的消耗量[3]。采矿活动的大规模迁移可能会导致国内能源使用大幅增加，尤其是在补贴能源成本的国家。然而，未来几代以太坊和其他智能区块链的能耗预计将远低于比特币。二是资本流动：矿工因其在链条上的活动

---

[1] 韩国被列为发达经济体，但其相对较大的加密生态系统提供了有意义的教训。
[2] 例如，Binance增加了其在非洲P2P市场的份额，而Paxful等其他P2P平台的交易量也显著增加。
[3] 有关这些类型的能源使用比较优点的讨论，参见 https://cbeci.org/cbeci/comparisons。

以加密资产的形式获得奖励。例如，2021年的矿业收入平均每月超过10亿美元，每一个比特币和Ethum的连锁股，矿业收入都有可能被用来规避资本流动限制和国际金融制裁，因为矿工的主要运营成本（例如电力）通常在国内以当地货币支付，但他们的收入以加密资产的形式在链上支付。

第八，如果加密生态系统成为国内银行存款甚至贷款的替代品，银行业也可能面临压力。通过加密交易所或私人钱包持有的稳定币与银行存款展开更激烈的竞争，可能会促使当地银行转向更不稳定、更昂贵的资金来源，以保持类似的贷款增长水平。除净利息收入的直接损失外，客户关系和交易数据的损失也会损害客户的信用风险评估以及他们向客户提供目标产品的能力。

第九，加密货币带来的金融监管挑战。首先，反洗钱（AML）和打击资助恐怖主义（CFT）。问题是加密货币的崛起是否以及在多大程度上让一些AML/CFT措施得以规避，比如了解客户标准。由于加密货币是匿名的，因此很难量化它们在多大程度上被用于规避资本管制或税收，或者更普遍地用于非法交易。但是，比特币对非法毒品的主要市场丝绸之路关闭的强烈市场反应等事件表明，加密货币需求中不可忽视的一部分来自非法活动。其次，确保消费者和投资者得到保护的证券规则和其他法规。一个常见的问题是数字盗窃。考虑到分布式账本的规模和笨重性，以及高昂的交易成本，大多数用户通过"加密钱包"提供商或"加密交易所"等第三方访问他们持有的加密货币。讽刺的是，与比特币和其他加密货币最初的承诺形成鲜明对比的是，许多出于对银行和政府的不信任而转向加密货币的用户最终依赖于不受监管的中介机构。其中一些（如Mt Gox或Bitfinex）已被证明具有欺诈性，或本身已成为黑客攻击的受害者。欺诈问题也困扰着首次硬币发行（ICO）。ICO 涉及向公众拍卖一套初始加密货币硬币，其收益有时会授予创业企业的参与权。尽管当政府发出了警告，但投资者还是蜂拥至 ICO，尽管它们往往与不透明的商业项目有关，而这些项目提供的信息极少且未经审计。这些项目中有许多被证明是欺诈性的庞氏骗局。最后，金融体系的稳定性。加密货币和相关自动执行金融产品的广泛使用是否会导致新的金融漏洞和系统性风险，还有待观察。需要密切监测事态发展。而且，鉴于其新颖的风险状况，这些技术要求提高监管机构的能力。在某些情况下，例如执行大额、大批量支付，监管范围可能需要扩大，以包括使用新技术的实体，进而避免系统性风险的累积。

三、加密资产带来的风险

加密投资者和用户以及加密资产服务提供商都面临着高风险。主要加密资产固有的高波动性，加上技术特征和匿名性，不仅给投资者，也给服务提供商带来了几大风险。投资者承担的一些风险包括：钱包提供商和加密交易平台的运营和网络风险，发行人的市场、信用和违约风险，资产组合风险，发行人和服务提供商的流动性风险；操纵市场；欺诈，等等。加密资产也容易被用于洗钱和恐怖主义融资。此外，加密资产可能会产生传染和商业模式风险，这可能会成为系统性风险，需要谨慎应对。2021 年 10 月发布的《全球金融稳定报告》中阐述了加密资产生态系统带来的风险，并提供了一些政策选择，以帮助各国探索这一未知领域。①

（一）投资者风险

与传统金融资产投资相比，加密投资者可能面临更高的损失风险。投资者面临的一些主要风险包括：

第一，钱包提供商和加密交易平台的运营和网络风险。在过去几年中，包括大型知名公司在内的多个加密交易平台和钱包提供商遭到黑客攻击，客户硬币或代币被盗（见图7-1）。一些最大的损失事件涉及数亿美元，导致供应商破产，投资者蒙受损失。即使在赔偿金最终在几个月内全部付清的情况下，投资者也无法在很长一段时间内使用被黑客入侵的硬币或代币。一些交易所正试图通过收缩网络保险覆盖范围或创建单独的赔偿基金来降低这一风险，但通常没有公共或其他安全网，如存款保险或央行的流动性工具。

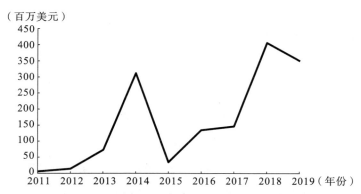

图7-1 在主要钱包和加密交易平台之前，通过黑客和网络事件窃取的资金
资料来源：CoinDesk，Coin Telegraph，IMF sta calculations

---

① DARKOPOULOS D, NATALUCCI F, PAPAGEORGIOU E. Crypto Boom Poses New Challenges to Financial Stability [R]. IMF, 2021-10-01.

第二，稳定币和代币发行人的市场、信用和违约风险。许多加密资产的价值很高，投资者和加密交易平台面临重大市场风险。即使是所谓的稳定币也可能受到发行人信用和违约风险的影响，因为抵押品（如银行存款）可能不会与发行人的其他资产分离。因此，如果发行人申请破产，两者可能会混合。发行人信用的恶化将反映在发行人硬币和代币的价格中。稳定币的发行人往往也是加密交易平台的关联方。因此，稳定币发行人和加密交易平台运营商之间还存在其他潜在的利益冲突。例如，稳定币发行人可在有利条件下将其抵押品重新抵押给相关交易平台运营商。

第三，混合服务提供商的资产。如果加密服务提供商破产，其客户的硬币和代币可能会与服务提供商的其他资产混在一起，除非有明确的监管框架和稳健的安排使客户资产远离破产。如果服务提供商是一家受监管的银行，加密资产持有可能会使银行的处置变得复杂，这反过来会对金融稳定产生更广泛的影响。

第四，发行人和服务提供商的流动性风险。发行人可以允许投资者和用户赎回（通常是非常短期的，如每日赎回）其他货币或资产。此外，即使发行人没有回应赎回请求的法律义务，投资者也可能期望他们能够经常与服务提供商（如加密交易平台）交换硬币和代币，而无须支付重大赎回成本。发行人和服务提供商有强烈的动机来满足投资者的此类赎回请求，以避免硬币或代币的声誉失败。这种压力可能会引发发行人和服务提供商大量出售抵押资产（如债券和银行存款），这可能会对银行和债券市场等更广泛的金融部门产生负面影响。

第五，市场诚信风险。许多加密资产没有有形资产或其他证券（如比特币和以太币）的支持，因此没有明确的内在价值（与稳定币不同)。市场的价格发现功能不可避免地变弱,因此此类资产面临市场操纵的高风险。证据表明,一些大型加密交易平台允许投资者进行清洗交易。此外,流动性不足可能使市场容易受到其他形式的市场操纵,如"鲸鱼"交易。即使在资产可能受到相关受监管交易所监管和监督的情况下(例如,因为它们被认为属于证券监管制度),由于交易往往是匿名的、跨境的和分散的,执行市场操纵也是一项挑战。如果资产标记化变得更加普遍,并在未来扩展到传统资产,这可能会带来严重的风险。

第六,在提供加密资产时存在误售和欺诈的风险。由于所提供产品缺乏可比信息,加上固有的技术复杂性和围绕创新的炒作,加密资产对于投资者来说是一种难以解读的产品。因此,这些产品被用于欺诈目的的风险增加。

(二)反洗钱/打击恐怖主义融资风险

加密资产还可能造成被滥用洗钱和恐怖融资的风险。这在一定程度上是由于加密资产提供的不同匿名性或"伪匿名性"使得监管行动具有挑战性:尽管当局可能能够追踪区块链上的交易,但这取决于它们提供的匿名性水平,它们可能并不总是能够确定交易双方是谁,以及最终谁拥有加密资产。此外,它们是"基于互联网"的,这意味着用户能够更快地进行全球交易。分散技术的使用还使得用户可以在不经过金融中介的情况下进行加密资产交易(进而绕过反洗钱/打击资助恐怖主义义务)。这些特征以及加密资产目前在全球不同监管框架下的事实,导致不同司法管辖区之间的监控和信息共享不均衡或没有,使这些资产对那些希望逃避现有控制以实施犯罪(如欺诈、网络犯罪和逃税、清洗非法收益甚至资助恐怖主义）的个人特别有吸引力。

匿名性增强的功能使当局追踪加密资产犯罪使用的能力进一步复杂化。更复杂的混音器和不倒翁的出现，以及匿名性增强的加密资产（如 Monero、Z-cash）的出现，通过混淆资金来源和提供分层服务，进一步加剧了风险，这可能会阻碍运营当局发现、调查和起诉犯罪的能力。此外，新的应用协议"层"（例如闪电网络、使用小额支付渠道的第二层技术，旨在缓解原始比特币的规模问题）和相关的"净额结算"安排允许离线金融交易，并进一步阻止交易的可视性。

（三）审慎和系统性风险

第一，加密资产提供商和发行人正越来越多地与传统金融机构接触，并改变竞争格局，产生值得明智应对的审慎风险。加密资产提供商（加密交易平台和经纪人）越来越多地与传统金融机构接触（通过衍生品、提供加密相关产品和网络保险）。如果风险敞口的规模在未来继续增长，或者风险管理不当，这些风险敞口可能会引发金融机构的传染风险。如果稳定币得到广泛使用，现有金融机构将更积极地参与加密资产业务。一些公司可能会发行自己的稳定币（如 JPM 币），与加密资产服务提供商竞争。此外，加密资产和分布式账本技术应用可能会影响行业格局，增加未来的竞争，进而影响现有金融部门的稳健。数字化将对现有金融部门的商业模式产生更广泛、更强的影响，尽管这超出了本书的范围。

第二，虽然标准制定者的初步评估表明，加密资产不构成重大的系统性风险，但技术和市场发展正在加速，这种情况可能正在改变。2018 年 10 月，金融稳定委员会发布了一份报告，得出结论：加密资产当时并未对全球金融稳定构成重大风险。该报告指出，如果加密资产在支付和结算中得到广泛使用，就会产生风险。国际货币基金组织和世界银行在2019年初进行的全球金融科技调查也发现，大多数司法管辖区都同意加密资产对投资者存在风险，但尚未对金融稳定构成威胁。巴塞尔银行监管委员会（BCBS）于2019年3月发布了一份涉及加密资产的声明，其中强调加密资产的持续增长有可能引发金融稳定担忧，并增加银行面临的风险。关于加密资产市场杠杆程度以及金融机构直接和间接风险敞口的信息存在重大数据缺口，这对系统性风险的评估和监控构成了额外的挑战。

第三，加密相关活动的进一步制度化可以增加加密活动与传统金融机构之间的传播渠道数量，受监管金融机构与不受监管的加密资产和交易所之间的界限可能会变得模糊。加密空间和传统金融机构之间的当前传输渠道仅限于小规模的直接风险敞口和有限的间接风险敞口。然而，许多金融科技初创公司甚至大型金融实体（如富达投资）都在积极开发解决方案，以提高加密资产私钥管理的可靠性和安全性。如果这些服务以竞争性定价提供，一种可能的情况为大型机构投资者（如资产管理公司、保险公司和养老基金）更广泛地使用加密资产。更广泛地使用基于加密的支付系统（例如跨境支付）也可能会在未来大幅增加加密资产和金融机构之间的传输渠道数量。

四、监管挑战与监管行动

（一）政策行动与监管行动的挑战

尽管存在以上风险和挑战，但是国际货币基金组织对加密货币和加密资产的态度是通过与世界银行、国际清算银行及其创新中心、国际工作组和标准制定机构以及国家当局携手合作，帮助家庭和企业利用数字货币革命带来的好处，来避免陷阱。其中的理由就是要维护创新，这和美国的态度极其一致。呼吁的政策行动如下：

第一，快速行动。在全球层面上，政策制定者应该在二十国集团跨境支付路线图的基础上重点改善跨境支付，使其更加快捷、更加实惠、更加透明和更具包容性。时间是关键，世界各国须采取果断、迅速和高度协调的行动，以发挥加密资产的优势，同时应对其脆弱性。

第二，各国监管机构需要通过迅速弥合数据缺口，建立起监测加密资产生态系统快速发展情况及相关风险的能力。加密资产的全球性意味着，政策制定者应加强跨境协调，将监管套利风险降至最低，并确保监督和执法的有效性。

第三，各国监管机构还应重点实施现有的全球标准。目前，针对加密资产的标准大多局限于洗钱活动和有关银行风险敞口的提议。然而，其他国际标准（如证券监管，以及支付、清算和结算等领域）也可能适用，需要予以关注。

第四，随着稳定币作用扩大，监管工作应当与其风险及经济功能相匹配。例如，它应与提供类似产品的实体（如银行存款或货币市场基金）适用统一的规定。

第五，在一些新兴市场和发展中经济体，央行公信力薄弱、银行体系脆弱、支付体系效率低下、金融服务可得性有限，这些可能会助推加密资产化的趋势。当局应重点加强宏观经济政策，考虑发行央行数字货币的效益，并改进支付体系。如果央行数字货币有助于满足改进支付技术的需要，那么就可能减轻加密资产化的压力。

然而，全球监管机构普遍认识到，需要加强或更新加密货币和相关加密资产的监管和监控。特别是，G20 财长和央行行长最近发表的一份公报强调了消费者和投资者保护、市场诚信、逃税和 AML/CFT 等问题，并呼吁国际标准制定机构进行持续监控。它还呼吁金融行动特别工作组推动适用标准的全球实施。但是，强化标准的设计和有效实施具有两个方面的挑战性。

一方面，在监管职责上，法律和监管定义并不总是符合新的现实。这些技术用于多种经济活动，在许多情况下，这些活动由不同的监督机构监管。例如，ICO 目前正被科技公司用来为与加密货币完全无关的项目筹集资金。除了拍卖硬币而非股票之外，此类 ICO 与现有交易所的首次公开发行（IPO）并无差别，因此证券监管机构对其应用类似的监管政策是很自然的。但是，一些 ICO 也作为"实用代币"发行，承诺未来可以使用游戏等软件。这一特征并不构成投资活动，而是要求相关机构适用消费者保护法。

另一方面，在操作上，主要的复杂因素是无许可加密货币不容易适应现有框架。尤其是，它们缺乏一个可以纳入监管范围的法人实体或个人。加密货币生活在自己的数字、无国家的领域，基本上可以独立于现有的制度环境或其他基础设施运行。它们的合法住所——只要它们有一个——可能在海外，或者无法明确确定。因此，它们只能受到间接监管。

（二）监管部门做了什么

许多金融部门监管机构已经对加密资产采取了立场，尽管该主题的方法和覆盖范围各不相同。在缺乏国际标准或指导（AML/CFT 领域

第七章　衍化的元宇宙金融安全：金融监管

除外）的情况下，司法管辖区采取了不同的方法和观点，通常与创新的政策立场、监管机构的授权以及该国加密活动的速度和类型有关。

第一，警告。大多数司法管辖区都发布了公开声明，警告加密资产的风险（通常指投资者保护和财务诚信风险），许多司法管辖区还强调，一些加密资产可能类似于证券，并会引发证券监管方法（例如，美国证交会和英国 FCA）。

第二，禁止。几个司法管辖区已决定禁止任何加密资产活动，但尚不清楚执法是否始终可行，以及是否涵盖跨境活动。选择这种方法的司法管辖区包括阿尔及利亚、巴林、孟加拉国、玻利维亚、哥伦比亚、多米尼加共和国（适用于受监管的金融机构）、印度尼西亚、伊朗、伊拉克、摩洛哥、尼泊尔、科威特、吉尔吉斯斯坦、马尔代夫和卡塔尔。

第三，指导。许多当局已经发布了关于加密资产处理的高级指导意见。为了制定指导意见，一些司法管辖区根据资产的主要特征和经济目的对资产进行了分类（例如，瑞士金融市场监管局、金融市场监管局和英国金融市场监管局）。受瑞士方法启发，最常见的分类是指：（1）证券资产，即属于司法管辖区证券定义范围内的资产；（2）支付资产，用于拟用作支付手段的资产；（3）公用事业资产，旨在为应用程序或服务提供数字访问。指南通常侧重于确定现有立法和法规是否适用于这些类型的加密资产。其他司法管辖区并未明确对加密资产进行分类，但正在确定使其成为证券的特征，从而纳入现有的证券监管。

第四，量身定制的监管。一些司法管辖区正在为加密资产建立具体的监管框架（例如马耳他和泰国）。这些文件提供了可能适用于加密资产相关的不同活动和服务提供商的具体要求的更多细节，包括公开发行和二级市场交易。例如，印度尼西亚贸易部商品期货交易监管机构发布的条例规定了加密资产交易员、交易平台（包括期货交易所）、清算所和加密存储提供商（保管人）的最低要求。这些要求包括注册和许可、报告、系统、组织结构、治理、认证、安全、存储、投资者/客户教育、透明度、最低资本以及AML/CFT义务。

第五，执行。一些机构正在利用其执法和制裁权力，在个案基础上制定或执行其对加密资产和相关活动的立场（例如，美国证券交易委员会和商品期货交易委员会）。标准制定者和协调/监测机构也积极参与制定关于加密资产风险的报告和指南，尽管标准仅由FATF发布。

一是2018年1月，IOSCO警告了加密资产要约的风险，并创建了ICO网络，供其成员交换信息。它还有一个常设的金融科技网络，负责跟踪金融科技的发展并确定政策需求。IOSCO的相关政策委员会将负责任何必要的政策制定。例如，二级市场委员会（Committee on Secondary Markets）发布了一份关于加密资产平台的咨询文件（见下一个要点）。

二是金融稳定委员会于2019年6月发布了"分散金融技术报告"，该报告考虑了使用分散金融技术的金融稳定性以及监管和治理影响，例如涉及分布式账本和在线对等或用户匹配平台的技术。2019年5月关于"解决加密资产风险的工作正在进行"的报告总结了国际组织最近开展的工作。这些报告涵盖了广泛的问题，包括投资者保护、市场诚信、反洗钱、银行风险敞口和金融稳定监测。报告最后建议G20继续审查监管方法和潜在差距，包括是否需要更多协调的问题。2019

年 4 月，金融稳定委员会发布了《加密资产监管机构名录》，其中提供了金融稳定委员会管辖区和国际机构的相关监管机构和其他机构的信息。

三是 BCBS 于 2019 年 3 月发布了一份"加密资产声明"，并于 2019 年 12 月发布了一份咨询文件，其中阐述了其对银行加密资产和相关服务风险敞口的审慎预期。声明强调了银行面临的一系列风险，包括流动性风险、信用风险、市场风险、运营风险（包括欺诈和网络风险）、洗钱和恐怖融资风险、法律和声誉风险。作为 2018 年底《巴塞尔协议Ⅲ》监测工作的一部分，BCBS 目前正在收集银行对加密资产的直接和间接风险敞口数据。BCBS 于 2019 年 12 月发表了一篇关于加密资产审慎监管处理的讨论文件。

四是支付和市场基础设施委员会（CPMI）和 IOSCO 联合工作组审查了 PFMI，讨论了当前在清算和结算中使用 DLT 的举措是否对 PFMI 的应用构成挑战。2018 年，CPMI 发布了两份文件：（1）跨境零售支付；（2）中央银行数字货币。关于跨境零售支付的报告强调，替代清算和结算安排正在出现。

五是金融行动工作组于 2018 年 10 月通过了对其建议的修改，以明确说明这些修改适用于涉及虚拟资产的金融活动和相关服务提供商。此外，金融行动工作组于 2019 年 6 月通过了建议的解释性说明。解释性说明规定了有效监管和监督或监测虚拟资产服务提供商的约束性措施。此外，2019 年 6 月，金融行动工作组还发布了关于对虚拟资产和虚拟资产服务提供商应用基于风险的方法的指导意见。

（三）制定监管框架的基本原则

第一，虽然加密资产继续发展和转化，当局应考虑遵循积极和整体的方式来监管，源于全面考虑风险。司法管辖区应该考虑监控发展，仔细分析哪些风险正在冒出来，找出最重要的漏洞，并确定优先事项。与该行业的持续接触将有助于当局预测市场发展中的风险，并主动寻求适当的措施。例如，如果确定了微观审慎或投资者保护风险，与系统性风险的出现相比，每个司法管辖区选择的方法可能会有所不同。监管框架的制定应根据优先事项和资源按顺序进行，但风险的持续评估和战略规划应全面，并涉及所有金融部门监管机构和其他相关机构。

第二，所有相关部门的定期和适当协调将有助于今后明确分配责任。在确定负责监管加密资产相关方面的一个或多个机构时，将考虑监管套利的可能性、专业知识和资源的缺乏、现有监管框架和声誉风险。一个或多个当局可能参与其中，在任何情况下，与所有其他金融部门当局的协调都是关键。

第三，所选择的方法应旨在加强投资者保护，尽量减少监管套利的可能性，同时提供足够的灵活性，以适应不断变化的环境和风险前景。当局应考虑制订一个全面计划，以解决来自隐秘资产活动的风险，包括任何必要的立法或监管行动，以及包括投资者教育项目在内的持续监测和协调沟通倡议。在决定使用或调整现有监管以应对新风险时，应重点确保根据需要考虑特定的加密资产功能，以最大限度地减少监管的不确定性。当局应确保使用的术语清晰一致。健全的法律框架是加密资产时代强大金融体系的先决条件。正如巴厘岛金融技术议程所讨论的，法律确定性有助于建立对金融产品和服务的可信度和可靠性的信心。可能存在特定于加密资产的法律方面。例如，所有权的法律确定性是资产安全转让的先决条件，但一般制度可能无法提供足够的要素来确定谁拥有特定加密资产，或者转让是否可以被视为最终转让。司法管辖区可以将这些问题视为其监管密码资产的总体方法的一部分，确保法律框架随着全球金融市场和技术的发展而发展。

第四，加密资产领域的国际合作对于确保适当监控和控制风险至关重要。当局将继续利用合作网络和标准制定者倡议，就加密资产领域的发展交换信息。需要积极参与，以确定跨境考虑因素并应对潜在的监管套利。当然，执法方面的国际合作将继续是制裁和起诉加密资产相关案件的关键。

（四）制定监管框架的考虑因素

第一，提供加密资产。包括四个方面的内容：一是加密资产的创建和分发方式可能会引发投资者保护问题；二是要考虑金融和技术素养的需要；三是当局应考虑在初始报价时和持续的基础上提供关于密码资产的信息的潜在要求，以便投资者和用户可以对资产的购买和后续出售作出明智的决定；四是适当的披露制度将导致更准确的定价和加强投资者保护。

现有的监管框架可能过于有限，无法防止监管机构面临声誉风险，也无法遏制监管套利。首先，一些司法管辖区正在将现有的监管框架或证券应用于某些加密资产（符合该司法管辖区对证券的法律定义的资产）的要约。这种方法可能有效地近似于该主题，但它没有解决许多风险。事实上，许多加密资产不属于证券的法律定义，但仍会引发类似的投资者保护问题。其次,发行人可能会有目的地寻求创建加密资产,以逃避证券的法律定义,或选择在定义较窄的司法管辖区发行。这种司法管辖方式还意味着,证券监管机构将被迫通过积极使用执法权来开展大部分加密资产工作。最后,证券披露制度可能不足以满足所有的密码资产提供,当局可能想考虑一种能够适应不同资产或发行人特征的方法。一些司法管辖区已经在考虑朝这个方向发展。

第二,交易加密资产。一些加密资产交易平台类似于股票交易场所,但其他平台可能由客户直接访问,因此更像是市场中介,而不是交易平台。这意味着,除了传统的证券交易涉及运营问题、有序交易、操纵、透明度等之外,当局可能还必须考虑平台性质和托管服务提供带来的具体风险。IOSCO在加密资产交易平台上的工作尤其重要。虽然仍处于咨询阶段,但国际证监会组织提出了一份关于加密资产交易平台相关问题、风险和监管考虑的报告,该报告审查了围绕加密资产二级市场交易的主要问题。该文件指出了国际证监会组织原则和方法的相关章节,这些章节将有助于当局考虑对加密资产平台的潜在监管。IOSCO的咨询报告更详细地涵盖了以下考虑的所有要素,并在相关情况下明确参考了IOSCO的其他材料。在建立密码资产平台的监管框架时,当局应考虑以下九个因素:一是平台运营商的治理要求,包括审慎要求;二是关于平台进入的要求;三是对操作系统的健壮性、弹性和完整性的要求;四是市场诚信要求;五是透明度要求;六是反洗钱/反恐融资要求;七是平台上提供的产品标准;八是平台的资产托管;九是清算和结算影响。

第三,保管加密资产。加密资产的保管通过钱包进行。钱包是一种文件(或用于管理的软件),其中存储了一个类似于密码的唯一私钥和一个公钥，即用户的字母数字字符串形式的"地址"，用于存储用户拥有的加密资产。加密资产的所有权取决于知道钱包中存储的私钥。如果钱包文件（以及私钥）丢失，则"存储"在其中的加密资产将无法恢复。从监管角度来看，钱包需要考虑的关键特征是保管和存储类型以及私钥的安全性。冷钱包和热钱包面临不同类型和程度的风险。钱包是加密资产系统的组成部分，最容易受到网络风险的影响。此外，有充分理由对第三方钱包服务提供商进行审慎监管，为客户提供一定程度的保护，并降低金融业其他部门的传染风险。

第四，加密资产的风险敞口。目前，对于银行或其他受监管实体对加密资产风险敞口的审慎处理，尚无全球标准。大多数司法管辖区尚未明确加密资产风险的审慎处理，因此受监管实体可能会以不同的方式对待这些风险。即将出台的国际标准可能反映出加密资产的高风险。加密资产的高波动性保证了对直接风险的保守处理。受监管实体可能因其高波动性而容易受到加密资产直接风险的影响。出于内部风险和资本管理的目的，预计受到审慎监管的金融机构会采取保守的做法，如资本扣除或施加高风险权重。传统业务和加密业务之间的严格隔离和分离是可取的，尽管即使加密业务位于单独的实体内，也需要考虑集团范围内的风险和介入风险。只有在发行人受到适当监管的情况下，稳定币的风险敞口才能从其抵押品中获益。鼓励金融机构监控其间接风险敞口。受到审慎监管的金融机构还需要管理其作为加密资产或加密资产相关产品发行人所产生的风险。

（五）让监管在全球层面发挥作用

全球监管框架应针对各种活动和风险提供一个公平的竞争环境。

可以包含以下三方面内容。

第一，应该对提供关键功能的加密资产服务提供商发放牌照或进行授权。这将涉及储备及资产的存储、转移、结算、托管等方面，类似于针对金融服务提供商的现有规则。应清楚说明牌照管理和授权的标准，明确指定责任主管当局，清晰界定各当局之间的协调机制。

第二，应针对加密资产和稳定币的主要用例，量身定制地确定相关要求。例如，针对投资的服务与产品的要求应类似于证券经纪商和交易商的相关要求，且由证券监管机构负责监管。针对支付的服务和产品应符合与银行存款类似的要求，由央行或支付监督机构负责监管。无论加密资产的服务和产品最初是由哪家机构批准的，所有的监管机构（央行以及证券、银行监管机构等）都需要开展协调，以应对加密资产的各种不同且不断变化的应用所产生的风险。

第三，当局应对受监管机构的加密资产敞口及业务参与提出明确的要求。例如，在银行、证券、保险、养老金领域的适当监管机构应针对不同类型的加密资产规定其资本和流动性要求以及风险敞口限制，并要求开展投资者适当性评估和风险评估。如果受监管实体提供托管服务，则应明确相关要求，以应对这些功能产生的风险。

一些新兴市场和发展中经济体面临着本国货币被加密资产替代（所谓的"加密资产化"）的更紧迫、更严重的风险。面对"加密资产化"的挑战，当局需要对资本流动管理措施进行调整。这是因为，当人们通过不受监管的新工具、新渠道和新服务提供商来转移价值时，要使用现有监管工具来管理资本流动，可能会面临更大的挑战。

各方急需开展跨境协调与合作，以应对技术、法律、监管等方面的挑战。要为加密资产制定一套全面、一致和协调的监管方法，是一

第七章 衍化的元宇宙金融安全：金融监管

项十分艰巨的任务。但如果我们现在就开始这么做，我们可以在获得底层技术创新好处的同时，实现维护金融稳定的政策目标。

第三节 关注跨境数字货币的影响与监管

跨境数字货币主要指央行数字货币（CBDC）和大型科技公司或平台提出的所谓全球稳定货币（GSC），对全球宏观金融将产生重大影响。[①]因此，加强对跨境数字货币的监管非常重要。[②]当然，这里的监管既有是否准入也有如何加强监管两重含义。全球稳定货币并非加密货币或加密资产，因此，这里的跨境数字货币仅是指央行数字货币和全球稳定货币。不过，由 Facebook 倡导并准备发行的全球稳定货币受到了欧美国家央行的反对并未成功发行，Facebook 已转手全球稳定货币项目。

一、跨境数字货币的宏观金融影响

为帮助说明潜在的宏观金融影响，Dong He 等人设计了四种 CBDC 和 GSC 采用的假设场景：跨境支付的一般应用、部分国家更

---

① HE D. DIGITAL MONEY ACROSS BORDERS-MACRO-FINANCIAL IMPLICATIONS [R]. IMF, 2020-10.
② CUERVO C, MOROZOVA A, SUGIMOTO N. Regulation of Crypto Assets [R]. IMF, 2020-01-10.

高的货币替代率、全球采用和多极化的全球采用（见图7-2）。这些情景考虑了不同的层面：CBDC和GSC的用途（货币功能）、它们在各国的使用情况、它们在多大程度上取代了当地货币，以及发行人的类型（公共发行人的CBDC，私人发行的GSC），因为这可能需要不同的先决条件，具有不同的含义。

在此基础上，Dong He等人从货币政策传导、金融稳定、资本流动和国际储备等四个方面进行了分析并得出了相关结论。

情景1：跨境支付的一般应用	情景2：部分国家更高的货币替代率	情景3：全球采用	情景4：多极化的全球采用
·特定国际交易（如汇款）的利基采用 ·不适用于本地交易	·CBDC或GSC促使政策可信度较低或支付系统不发达的国家更多地使用外币 ·CBDC或GSC被广泛用作价值存储、支付手段和记账单位	·全球采用单一GSC ·GSC有自己的记账单位	·多极化，即几个拥有独立账户单位的中央商务中心和/或政府服务中心共存并竞争 ·竞争可以是国家内部的，也可以是国家之间的

图7-2　四个程式化情景

（一）货币政策传导

外国CBDC和GSC可以通过增加货币替代和重塑商业周期同步模式来影响货币政策的传导。货币替代减少了货币当局对国内流动性的控制，限制了当局对其有直接影响的组成部分，并降低了货币需求的稳定性。因此，货币政策的传导——政策导致的货币工具变化（如名义货币存量或短期名义利率）对宏观经济变量的影响程度可能会减弱。替代CBDC或GSC与替代现有法定货币并无区别。然而，由于更容易获取，这些新形式的数字货币可能会加剧货币替代。此外，它们还可以促进围绕大型科技企业组织的经济活动和贸易联系，帮助重塑商业周期同步模式，这可能会降低货币政策应对冲击的能力。

跨境使用 CBDC 可能会影响发行国的货币政策。一方面，发行货币的央行可以增加铸币税收入。另一方面，CBDC 外部需求的波动可能会推动资本流动的大幅波动。与使用 CBDC 相关的资本流动是否对发行央行构成挑战，取决于该国金融市场的规模和深度。随着一些储备货币发行国的全球资本流动，市场流动性可能会大幅变动。如果发行人的金融市场相对于其经济规模而言较浅，或者因为其经济与全球经济相比较小，则可能发生这种情况。如果冲销未能阻止资金流的大幅波动，CBDC 发行人可能会经历市场流动性和资产价格的波动，这反映了全球对其货币的需求。

（二）金融稳定

CBDC 如果具有足够的吸引力，可以通过挤出银行存款来解除银行系统的中间环节。CBDC 可以与商业银行的存款竞争，例如，因为 CBDC 被认为更安全。商业银行是到期转换和信贷分配功能的关键，而央行无法有效地提供这些功能，因为它们更擅长缓解信息摩擦和监控债务人。然而，对银行存款的更激烈竞争可能会提高融资成本，抑制贷款，降低银行资助的投资。其程度取决于 CBDC 的设计和使用、国家和市场特征以及金融系统的反应。

银行存款和 GSC 之间作为价值存储的选择将取决于风险回报情况以及可能与 GSC 相关的其他服务。在国际上，它们的影响在很大程度上取决于信贷中介是否能够创造以 GSC 账户单位计价的"内部资金"。事实上，大型科技公司在提供信贷方面可能具有竞争力，因为它们能够充分利用其平台上生成的潜在借款人的个人数据。如果它们的信贷中介通过到期转换和其他风险承担变得"银行式",它们很可能会被要求作为银行获得许可和监管。对于跨国界,CBDC 和 GSC 可以通过至少两个渠道影响信贷中介的结构:第一,外国 CBDC 和 GSC 可能导致银行体系中的货币替代;第二,创新可以减少跨境金融摩擦,有助于深化和整合国际资本市场。除了支付效率之外,这些新形式的数字货币还可以实现资产标记化和机器学习等数字和数据相关技术。CBDC 和 GSC 可能会为风险承担创造额外的激励,并增加脆弱性,因为更容易获得外汇会降低采取投机头寸的交易成本。

货币竞争可能会激励 GSC 服务提供商承担更高的风险,以便在短期内获得市场份额。由于 GSC 受益于强大的网络效应,发行人和服务提供商将面临巨大的竞争压力,以获取市场份额。因此,激进的商业模式可能会给生态系统带来额外的风险。例如,GSC 服务提供商可能会通过亏损(短期)提供服务来寻求获得市场主导地位,以期通过长期更高的利润率(获取垄断租金)、承担过度风险和/或从后续可能的"太大而不能倒"补贴中获利来弥补此类亏损。因此,新的具有系统重要性的机构的出现和潜在的反竞争效应可能是系统性风险的来源。

(三)资本流动

CBDC 和 GSC 的采用可能会降低国际资本市场的交易成本和摩擦,从而影响跨境资本流动总额。国际资本市场并非没有摩擦:存在巨大的交易成本,市场因信息不对称或熟悉度效应而被分割。从投资者的角度来看,由于货币和支付的数字化以及相关的资产标记化,市场基础设施的"管道"可能会变得更加高效。因此,交易成本更低,外国金融市场可能更容易进入。GSC 如果与来自电子商务和社交网络平台的大数据捆绑在一起，还可以提供改进的跨境信用分析，帮助降低信息不对称。从借款人的角度来看，搜索和交易成本的降低可能有助于改善银行的跨境融资，或减少对银行的依赖，改善进入国际资本市场的机会，并导致欠发达国家或世界各地中小企业的更高金融包容性。与此同时，投资者和借款人基础更加分散可能会导致更多的噪声交易和羊群行为。

(四) 国际储备

数字化可以促进跨境使用货币，重塑安全资产的需求和供应。虽然在可预见的未来，美元很可能仍然是主要储备货币，但数字化可能会让未来的变化比之前预想的更快。就需求而言，各国或货币集团之间技术进步的不均衡速度、替代跨境支付轨道的出现，或转向以 CBDC 或 GSC 计价的贸易发票和金融中介，都可能重新定位储备货币。在供应方面，新的数字平台已经出现，并在几年内实现了全球规模，提供了数字货币可以利用的替代网络，以刺激发行后的采用。通过数字钱包网络授予全球访问权限，可以帮助可信的 CBDC 发行人实现之前不可行的规模和市场流动性。关键的区别在于潜在的更高的可扩展性速度，以及这降低了现有主导货币网络转换成本的可能性。

采用 CBDC 和 GSC 可能会改变对储备持有人和发行人的激励。官方部门将外汇储备用作安全的价值储备，并随时获取国际流动性。对储备持有者来说，储备货币构成的关键驱动因素是发行人的规模和信誉、货币在贸易和金融交易中的有用性，包括外汇干预，以及因信念协调而增强安全性的惯性。

二、跨境数字货币的政策影响

（一）宏观经济政策

在鼓励采用外国 CBDC 和 GSC 的国家，决策者需要决定是接受更大的货币替代，还是通过加强货币政策信誉和/或限制其使用来抵制。在有效的法律和监管措施的支持下，保持良好的财政状况和维护中央银行的独立性，以抑制外汇使用，是减少或应对货币替代压力的最佳希望。当货币政策受到阻碍或无效时，需要在综合政策框架（IPF）下考虑其他政策工具的各种组合，该框架包括财政、宏观审慎政策、外汇干预和资本流动管理（CFM），以减轻冲击的影响。

一些中央银行正在考虑发行自己的 CBDC，作为对外国 CBDC 或 GSC 货币替代可能性的战略回应。然而，如果本币不稳定，且记账单位不佳，发行 CBDC 不太可能改变这一点。更广泛地说，发行 CBDC 的理由可能取决于国家情况。

当国内货币政策受到阻碍或无效时，各国将需要更多地依赖财政政策作为宏观经济稳定工具。当它们的商业周期与货币发行国的商业周期不同步时，就更需要财政政策来缓解冲击。在全球采用 GSC 的情况下，还不清楚 GSC 发行人的货币立场（发行数量或利息或费用水平）是否符合稳定当地经济商业周期的需要。因此，地方当局需要确保足够的财政政策空间，以便收入和支出政策能够根据商业周期条件进行调整，同时保持国家的长期财政可持续性。事实上，CBDC 和 GSC 也可能让确保财政可持续性变得更加困难，因为它们可以让公民更容易规避金融抑制，而在高债务的世界里，政府可能会越来越觉得这一工具有吸引力。其他政策，包括宏观审慎政策、外汇干预和

CFM，都有特定的目标，但也可以在一定程度上帮助各国在没有财政空间的情况下应对宏观经济冲击。

为了保持金融稳定，受援国当局需要在其金融系统中建立资本和流动性缓冲，并确保紧急流动性援助的来源。宏观审慎政策的目标应该是限制因脆弱性的周期性积累而产生的系统性风险。新冠肺炎疫情暴发后，如果资本充足和流动性缓冲已经建立，它们就可以释放出来，帮助经济体免受重大冲击。对于紧急流动性支持，在货币集团的情况下，需要保留准备金或与发行央行建立应急流动性安排。在数字货币区的情况下，需要与 GSC 发行人做出类似安排。

对于 CBDC 发行中央银行，它们需要考虑与 CBDC 跨境使用相关的溢出效应是否与它们的国内政策目标一致。发行央行需要决定，作为广泛使用其 CBDC 的国家的最后贷款人是否符合其国家利益。就货币政策执行而言，既有好处，也有代价。一方面，发行货币的央行可以从数字支付的采用中受益：CBDC 的广泛使用原则上可以让央行将政策利率降到有效下限以下，从而在极低通胀环境下增强货币政策的效力。另一方面，如果对本国货币的外部需求导致其收益率曲线接近有效下限，各国央行将需要在扩大货币政策工具方面进行创新。

（二）外汇限制和 CFM

一些当局可能会选择限制外国 CBDC 和 GSC 在其国家的使用。在一种情景中，这可能会先发制人，因为当局试图将货币替代的风险降至最低；或者作为另一种情景中"去美元化"战略的重要组成部分。如果尚未将金融账户开放给跨境资本流动的国家还没有准备好接受不受限制地使用外国 CBDC 和 GSC 所意味的资本流动自由化水平，它们可能别无选择，只能限制使用外国 CBDC 和 GSC。即使对于金融账户基本开放的国家，在某些情况下，例如在资本流入激增或接近危机情况下的大规模资本外逃期间，可能仍需要被视为帮助应对冲击的工具。

如果国家当局希望限制外国 CBDC 和 GSC 的使用，它们将需要评估限制措施能在多大程度上得到有效执行。对国内交易的限制性措施可能包括居民实体提供的数字货币相关服务。它们可以是严格的许可证规定，也可以是全面禁止。也可以对跨境支付实施限制性措施，以反映对当前支付或资本交易的现有限制，或确保以外国法定货币收取出口收入。然而，在受监管的金融部门之外进行规避可能会破坏此类措施的有效性。例如，非居民服务提供商可以通过互联网直接向一国居民提供服务。

有效地执行对国内和跨界使用生物多样性公约和全球供应链的限制性措施将需要充分的技术支持。数字货币的设计应提供付款人、接收人和支付目的的验证。如果设计不符合限制性措施，当局将需要停止付款。虽然基于存款的数字货币原则上可以满足这些要求，但基于代币的数字货币的编码方式是否能够在不泄露的情况下考虑到如此高的限制，仍存在一些不确定性。从积极的方面来看，CBDC 和 GSC 的设计原则上可以促进合规性，其中限制性措施被纳入设计或通过智能合同编程。例如，如果余额不足或交易成功所需的元数据不满足某些要求，则会拒绝价值转移。

当局还需要评估对 CBDC 支付的限制是否符合各国根据国际和双边条约，包括国际货币基金组织的协议条款所承担的义务。作为一种外币形式，禁止（或限制）在当前国际交易中使用外国 CBDC 不会产生协议第八条规定的外汇限制,只要这些支付允许以其他可兑换货币进行。此外,根据关于资本流动自由化和管理的体制观点(国际货币基金组织,2012),对资本交易进入 CBDC 的限制措施是否适当,将取决于具体国家的情况。其他国际、区域和双边协定(如经合组织资本流动自由化守则、世贸组织协定或投资和自由贸易协定)可能会产生其他影响。

(三)法律框架

采用 CBDC 和 GSC 的各种情况需要仔细审查现有法律框架。这些新形式的数字货币的发行和广泛流通可能需要修改货币、央行、金融、合同、财产、破产和税法。在引入和广泛使用之前,对这些变化进行分析和规划是至关重要的。对于受援国来说,需要对法律框架进行审查,以确定它将如何处理外国 CBDC 和 GSC。决定法律框架对外国 CBDC 和 GSC 的适用性是一个政策问题;如果做出的选择是高度通融的,那么法律上的改变很可能是合适的。当然,这些变化需要与该国更广泛的外汇管制法律框架保持一致。

在所有情况下,都需要有效实施强有力的 AML/CFT 框架,以降低数字货币成为犯罪活动工具的风险。有效实施金融行动特别工作组(FATF)的反洗钱/融资标准,包括其新的虚拟资产标准,是关键。打击恐怖主义尤其包括为处理虚拟资产的专业人员的许可或注册以及基于风险的监控建立一个框架。此外,它还包括确保传统刑法框架适用于虚拟资产的措施。虽然一些 AML/CFT 措施(如交易监控)可能更容易在 DLT 环境中实施,但其他措施(如验证最终用户的身份)可能具有挑战性。各国的反洗钱/打击恐怖主义融资义务大致相同,无论特定资产是否在跨境环境中使用，但反洗钱／打击恐怖主义融资措施和监控的强度因风险而异，跨境使用可能需要采取更有力的措施。

CBDC 的设计需要谨慎，以确保 AML/CFT 框架的健全和有效运作。在零售 CBDC 的情况下，AML/CFT 措施将由参与的商业银行和其他服务提供商实施，对 AML/CFT 框架的传统实施几乎没有改变。然而，在中央银行直接运营的基于存款的 CBDC 的情况下，中央银行本身可能需要实施 AML/CFT 措施，包括充分的客户尽职调查措施。这可能需要央行提供额外的资源和专业知识。跨境采用和使用 CBDC 可能会使该框架的有效实施进一步复杂化。

GSC 服务提供商需要获得许可或注册，并接受有效的监督或监控。GSC 及其拟议的全球网络和平台可能会导致虚拟资产生态系统发生变化：由于其潜在的大众市场用途和更多的人与人之间转账产品，GSC 可能会对 AML/CFT 造成严重后果。因此，需要监控 GSC 的发展和传播，并调整监管对策。

可能有必要对反洗钱／打击恐怖主义融资框架进行修改，国际合作至关重要。无论各国是希望将虚拟资产活动纳入 AML/CFT 监管范围，还是完全禁止这些活动，都可能需要对现有法律和体制框架进行修改（例如，指定负责 AML/CFT 监管和／或制裁未经授权活动的机构）。在跨境背景下，主管当局——尤其是反洗钱／打击恐怖主义融资监管机构——之间的对话将是确保没有监管漏洞和有效打击滥用的关键。

(四) 监管政策

CBDC 和 GSC 采用的不同场景不会改变监管的基本原则，包括技术中立原则，但会影响监管方法的强度。在所有情况下，都需要建立监管，以维护金融稳定，确保良好的治理、支付基础设施的安全性和完整性、运营弹性和消费者保护。监管还需要考虑金融工具和交易的实际使用和潜在滥用，以及它们对金融系统的影响，以支持 AML/CFT 和维护市场完整性。

当局可能需要根据 CBDC 和 GSC 的采用和使用可能产生的不同风险情况调整措施。由于情景 1 对金融脆弱性的影响相对较小，因此在该情景下不需要对监管进行重大改变。在情景 2 和情景 4 中，借款人和金融中介机构可能会经历更大的货币错配，并增加外汇市场风险敞口；外国 CBDC 的存款可能与传统外汇存款的流动性状况不同。在情景 3 中，主要风险是期限错配，而不是货币错配，因为金融机构可能用短期负债为其长期 GSC 计价资产提供资金。鉴于以 GSC 计价的资金存在风险，当局可能需要增加以 GSC 计价的贷款的资本费用，提高其承销标准，或实施额外的流动性风险管理标准。

监管方法的范围和力度将需要考虑 GSC 如何影响现有的金融中介机构。这在允许金融中介机构在其资产负债表上有 GSC 风险敞口的情况下尤为重要，甚至可以将委托的 GSC 客户资金作为中介（例如，根据现有的监管框架，银行和保险公司可能不被允许投资数字工具，尤其是跨境）。GSC 将银行存款作为参考资产的情况也会加强与金融系统的互联性。

金融稳定委员会制定了一套监管 GSC 的高级原则。FSB 建议相关部门对 GSC 安排适用全面的监管要求和相关国际标准。当局应在国内和国际上相互合作和协调，促进高效和有效的沟通和协商，以支持彼此履行各自的任务。此外，当局应确保 GSC 安排符合特定管辖区的所有适用监管要求，然后再在该管辖区开展任何业务，包括在拥有此类机制的管辖区获得肯定批准。

问题仍然是，高级别建议在多大程度上是充分的。虽然金融稳定委员会制定了高级别建议，以促进对 GSC 安排的协调和有效监管，但这些建议的制定是为了适应成员国之间不同的监管方式，并促进其调整现有监管框架的努力。例如，监管机构之间现有的协调机制目前是以部门为基础的。将这种协调机制扩大到跨部门需要不同的标准制定机构及其成员进一步努力。为了解决这些问题，下一步需要多部门共同努力，制定更详细的国际原则或国际标准，以加强国际一致性，从而遏制套利风险。

GSC 生态系统可能缺少传统的"家"监管机构，因此难以实现有效的跨境协调。GSC 生态系统可能由联系松散的潜在专业实体（如发行人、保管人、授权转销商、验证器和钱包服务提供商）组成，根据设计，可能没有一个单一的管理机构对生态系统的要素进行控制。原则上，治理机构（或安排）的监督者将是"家庭"监督者，但这可能更难确定治理安排何时仅涵盖某些要素，以及生态系统何时非常开放。任何此类"家庭"主管的权利和责任也可能很难确定。可能有必要确定每个子实体级别（如交易所或钱包提供商）的母国/东道国主管，并明确说明相关的协调安排。

就如何监管 GSC 生态系统达成全球共识仍然存在重大挑战。其中一个例子是目前对发行人的监管处理存在的差异：一些机构正在关注证券监管对 GSC 的潜在适用性和扩展性，而另一些机构正在努力调整现有的支付提供商监管，并将 GSC 作为一种电子货币。有时，微小的调整可能会弥合不同监管方法之间的差异，但除非商定更详细的国际标准或指导，否则很可能仍然存在重大差距、不一致和监管套利。全球统一的监管涵盖其他服务提供商（如授权转销商、交易所和钱包服务提供商），这同样具有挑战性。

（五）结构政策

普遍采用 GSC 的可能性对全球范围内私人发行资金的福利影响提出了重要问题。在情景 3 和情景 4 中，受援国可能会发现自己实际上受到与私营公司有关的货币立场的影响。在调整利率或费用时，GSC 发行人可能不会根据接收国的需求进行优化：目前尚不清楚发行公司的目标是否与稳定使用 GSC 地区的价格一致。此外，GSC 发行人可能没有足够的激励措施来实施稳健的治理和风险管理，人们怀疑这可能会导致全球金融不稳定和资本流动不稳定。当 GSC 发行人在全球享有垄断地位时，这些潜在问题可能会变得尖锐。

促进大科技平台之间可竞争性的政策有助于缓解潜在 GSC 发行人缺乏竞争和治理不确定带来的风险。两个关键选项包括要求用户数据可移植性和支付系统互操作性要求的数据政策框架。在没有监管的情况下，GSC 发行人对用户数据拥有唯一控制权，这使得其他潜在进入者在提供数据驱动的金融服务方面更难竞争。这种将数据控制视为进入壁垒的逻辑，促使世界各地的开放式银行业务倡议要求金融市场的现任者与进入者共享客户数据。在大型科技公司提供支付服务的情况下，可以考虑采用类似的方法，无论是在国内还是跨境。这将减少因获取客户源数据和相关金融服务交叉销售而产生的进入壁垒。

也可以考虑支付网络互操作性的方法的范围。原则上，这将有助于对抗网络效应作为进入壁垒，因为竞争对手将能够在大型科技平台上提供代币，包括 GSC，而无须建立自己的独立网络。这是一个需要进一步考虑实施的领域，以及如何平衡投资建设大型网络的公司的私人利益与更大竞争和稳定的公共利益。一个重要的问题是，这些类型的要求是否可以在跨境网络上执行，以及是否需要国际合作。

消费者保护是促进新的支付服务提供商之间竞争的一个重要组成部分。许多不成熟的消费者可能会使用这些新的支付工具，尤其是社交媒体相关的 GSC，甚至是零售 CBDC。任何重大使用都需要考虑披露的充分性、反欺诈保护、适用性要求等问题。

三、确保宏观金融稳定的政策

金融科技创新，包括加密生态系统，有潜力通过更好的金融服务和更大的金融包容性改善宏观经济的基本面，尤其是在新兴市场和发展中经济体。政策制定者需要在促进金融创新和加强竞争以及开放、自由和可竞争市场的承诺与金融诚信、消费者保护和金融稳定的挑战之间取得平衡。作为第一步，监管机构和监管者需要能够监控快速发展及其带来的风险。

（一）标准、监督和数据

国家监管机构应优先实施适用于加密资产的完整全球标准。尽管适用于加密资产的标准目前仅限于 AML/CFT（FATF）和关于银行对加密资产的风险敞口（BCB）的提案，国际证券委员会组织（IOSCO）与支付和市场基础设施委员会的金融市场基础设施原则

（CPMI/PFMI）等其他标准为加密资产的监管奠定了坚实的基础。① 例如，关于监管机构的权力和独立性、运营弹性、披露和治理的标准已经存在了一段时间，但仍然缺乏充分的实施。如果加密交易所处理符合证券定义的代币，这些实体应遵守现有的证券中介国际标准。所有司法管辖区都应实施此类标准。在全球范围内，政策制定者应该通过 G20 跨境支付路线图，优先考虑让跨境支付更快、更便宜、更透明、更包容。国际货币基金组织可以通过金融部门评估项目和技术援助来支持这些努力。

需要稳健且全球一致的标准来缓解金融稳定风险。在尚未制定标准的地方，监管机构需要使用现有工具来控制风险，并为加密资产实施灵活的框架。加密资产日益增长的系统性影响可能确实需要一些国家立即采取监管行动。监管者必须利用现有的措施和国际标准，关注钱包、交易所和金融机构的风险敞口等严重风险领域。当局应确保监管框架具有足够的灵活性，以便在未来根据即将出台的国际标准进行调整。应该采取临时措施，包括明确的消费者警告和投资者教育计划，尤其是在加密技术采用速度很快的地方，比如在一些新兴市场和发展中经济体。

国家监管机构应加强监管和执法行动的跨境协调。例如，由于难以实施和执行适当的监管框架，一些当局采取了强有力的行动，比如禁止不受监管的加密资产活动。尽管禁令可能会对加密交易业务产生直接影响，但个人仍有可能通过其他方式交易和交换加密资产。因此，司法管辖区应积极与相关当局和国际标准制定机构协调，以最大

---

① 国际货币基金组织此前强调了适用于加密资产的现有金融监管基本原则的相关性［见 Cuervo、Morozova 和杉本（2020）］。

限度地提高执法行动的有效性，并将监管套利降至最低。加强跨境合作可以加强执法行动，但执法所需的资源可能会给新兴市场和发展中经济体带来更大的挑战。

迅速解决数据缺口是政策决策的核心。更大的数据标准化可以更好地监督新的发展，更准确地理解风险，并支持加密资产市场的适度监管。在这方面应制定一项关于数据最低限度共同原则的国际协定。全球一致的分类法有助于数据标准化和合作。出于监管和公共政策目的，还可以就私营公司数据源的汇编和共享进行国际协调。

（二）稳定币特定风险

考虑到金融稳定委员会提出的建议，稳定币需要与其风险和所服务的经济功能相称的监管，该委员会最近确定了 10 项高级别建议，全面涵盖治理、风险管理、透明度，以"相同业务、相同风险、相同规则"为基本原则的赎回权作为优先事项，当局应确保广泛使用的稳定币在信用和流动性风险以及运营、AML/CFT 和网络风险等方面具有有效的风险管理框架。通过各国当局之间的合作协议，可以加强对各国稳定的监督和监管。某些与美元挂钩的稳定联盟寻求在美国的特许银行开展业务。满足银行牌照要求将解决许多监管挑战。

在稳定币安排中，有一些领域存在严重风险，需要立即予以关注。各种职能，包括储备管理、网络管理和治理、托管和交换服务，可能会给消费者保护、金融稳定、市场和金融完整性以及运营和网络弹性带来风险。当局应考虑措施，如增强的披露要求，独立审计的储备，适合和适当的规则，网络管理员和发行人，规则围绕增强的操作和网络弹性，以反映对数字平台和各种类型的分布式分类账技术的依赖性增加。当稳定币产生系统性风险时，其监管义务应反映这一状况，并与提供类似产品的传统实体（如银行存款、数字支付、货币市场基金等）保持一致。

（三）宏观金融风险

扭转或避免美元化需要强有力的宏观经济政策，但这些政策本身可能还不够。加密资产本身不会改变导致国际货币使用或美元化增加的经济力量。然而，加密生态系统的技术进步，尤其是稳定币，可能会加强货币和资产替代背后的激励，并简化采用。因此，对政策失误的容忍度大大降低。想要抵御美元化的国家需要加强货币政策的可信度，维护央行的独立性，保持良好的财政状况，同时采取有效的法律和监管措施抑制外汇使用。类似地，尽管仅仅发行央行数字货币不会自动改变持有外币的动机，但如果央行数字货币有助于满足对更好的支付技术的需求，它们可能有助于减少美元化。一些国家已经启动了类似的项目，利用数字技术的最新发展，并使用本国货币进行即时支付，以实现支付系统的现代化。

数字世界中资本流动限制的设计需要重新考虑，包括通过稳定币监管。当价值在不受现有资本流管理措施约束的新平台上传递时，应用现有监管工具来管理资本流可能更具挑战性。由于私营实体组织或重新安排其活动的方式，资本流动管理措施的监管、监督和执行的有效性在管辖级别面临挑战。因此，需要跨境合作来解决技术、法律和监管方面的挑战。特别是，应鼓励更广泛使用稳定币的东道国当局与管理稳定币储量的本国监管机构建立密切协调机制。

第四节　重视共识机制的风险并加强监管

Nic Carter 和 Linda Jeng 关于《Defi 协议风险：Defi 的悖论》的文章对去中心化金融（或"DeFi"）的风险进行了探讨，在很大程度上是对其底层逻辑分布式技术的共识机制风险的探讨。[①] Parma Bains 在 2022 年 1 月发表的《区块链共识机制：监管者入门》一文中总结了高水平上流行共识机制的关键方面，并特别关注了这些机制在金融服务市场部署时如何影响监管者和决策者的授权。[②] 技术创新的步伐越来越快，新技术在提供金融服务方面发挥的作用越来越重要。新技术可以为企业提高效率，降低成本，并将成本转嫁给最终用户；可以增加消费者，尤其是最弱势群体获得金融服务和产品的机会。但是，新技术也会产生新的风险和意外后果，可能会损害金融稳定、消费者保护和市场完整性。因此，对于分布式技术及共识机制的风险的监管十分重要。在区块链的广泛应用中，加强对共识机制的风险监管十分必要。

[①] CARTER N, JENG L. DeFi Protocol Risks: The Paradox of DeFi [R]. 2021-08-06.
[②] BAINS P. Blockchain Consensus Mechanisms: A Primer for Supervisors [R]. IMF, 2022-01-26.

第七章 衍化的元宇宙金融安全：金融监管

一、分布式技术与共识机制的风险

（一）分布式技术与共识机制

区块链的设计很重要，不同的共识机制各有优缺点。区块链可以是公共的，也可以是私人的，可以是有许可的，也可以是无许可的。这些设计带来了独特的监管机会和风险。

在集中式和分散式系统中，决策的方式存在根本性差异。共识旨在解决如何跨"节点"同步数据的问题，节点是功能强大的计算机或计算机的"池"。在一个集中的单一分类账系统中，协调参与者可以做出单方面的决定，并确保分类账的一致性；该参与者可以单方面读取、写入和审核系统。在分散系统中，分布式节点需要达成协议或共识，因为没有中央机构来承担责任。

拜占庭将军问题最早出现于 1982 年，它是一种解释分散系统用户之间信任、沟通错误和激励失调问题的方法，同样适用于许多区块链。[①] 这种错误通信或故意恶意行为的风险可以在区块链中发现，在区块链中，分布式节点需要就信息验证达成一致。该系统的分散性意味着双重支出等激励措施可能导致欺诈性交易或撤销合法交易，从而

---

① 问题集中在一个以东罗马帝国拜占庭地区为中心的想象场景上。在这个场景中，三名拜占庭将军及其军队驻扎在敌城周围。每一位将军和他们的军队都在城市不同侧面的不同营地。将军们要想成功攻打这座城市，他们必须齐心协力，要做到这一点，他们必须就进攻时间达成一致；然而，将军之间的通信只能通过信使实现，信使必须通过敌方领土从一个营地穿越到另一个营地。这种方法带来了几个问题，其中包括：信使可能在从一个营地到另一个营地的途中被抓获或杀害，或者在返回途中被抓获或杀害。如果他们被抓获，敌人可能会阅读或更改信息，从而影响战略，这意味着将军们永远无法确定收到的信息是否真实。也有可能一个或多个将军是叛徒并发送虚假信息。

产生相互竞争或不准确的分类账。共识机制用于解决这些问题，并确保有一个一致且诚实的账本，分布式参与者可以达成一致。如果分布式账本能够解决此类问题并确保一致性，则被认为是拜占庭式的容错账本。

协商一致机制的主要目的是寻求协议，并确保协议的执行公平且独立于任何相关方。一个好的共识机制应该确保强大的网络安全，它可以证明参与者和最终用户（如消费者）受到保护。

（二）不同共识机制的比较

虽然工作量证明机制（PoW）可以扩展，因此具有可扩展性，但这并不一定意味着增加的交易量将降低每笔交易的成本。共识机制的部署取决于特定区块链网络可能执行的操作类型。无许可网络中使用的机制往往更注重安全性，并确保在不受信任的节点之间达成共识。许可网络中使用的机制牺牲了权力下放，以实现结算的最终性和更快的交易速率。PoW 过于能源密集，不可能被视为涉及许多受监管金融服务活动的可行共识机制。这与 IMF 的几个目标背道而驰，尤其是那些涉及向绿色经济转型的目标。尽管该机制是安全的、有弹性的，并在分布式系统中提供了真正的数据民主化，但大量的能源消耗、分叉的性质以及伴随而来的概率结算问题可能会与许多监管框架、监管授权和 BFA 产生摩擦。其中一些问题在其他共识机制中也很明显，在这些机制中，结算可能是概率性的，比如 PoS、DPO 和 PoET（见表 7-2）。

表7-2 不同共识机制的比较

项目	PoW	PoS/DPoS	PoET	pBFT/iBFT	fBFT	DiemBFT
区块链类型	无许可	无许可	两者都有	许可	两者都有	两者都有
结算最终性	概率的	概率的	概率的	立即的	立即的	立即的
交易率	低的	高的	中等的	高的	高的	高的
可扩展性	高的	高的	高的	低的	高的	高的
可竞争性	高的	高的	高的	低的	中等的	低的
环境影响	高的	中等的	低的	低的	低的	低的
安全	高的	高的	中等的	中等的	中等的	中等的

这些问题通常通过封闭的网络共识机制来解决，但它们会带来新的风险，并与非中介化和分散化的区块链原则背道而驰。pBFT、iBFT、DiemBFT 和 PoET 等机制被设计为快速高效的，尽管其中一些机制存在可扩展性和访问问题。这些（和类似的）机制更有可能部署在参与者已知的金融服务中，并可能用于全球稳定联盟和潜在的CBDC，这可能会给金融稳定带来风险。这些机制可能会带来围绕竞争和可竞争性的风险，因为网络是封闭的，进入壁垒很高，如果这些网络部署了广泛使用的产品（如全球稳定币），缺乏竞争和可替代性可能会导致网络"太大而不能倒"。

二、DeFi 协议中共识机制的风险

去中心化金融通常被加密用户和爱好者理解为平台和协议，试图通过使用加密/区块链技术和有限的集中来复制现有金融服务。DeFi区块链项目包括分散式交易所（DEX）、无须中央中介机构持有资金

的借贷平台，交易通过自动化流程在点对点基础上进行，和去中心化应用程序（DApp）。DeFi 的定义：利用去中心化网络将旧的金融产品转化为无须中介运行的不可信和透明协议的运动；将区块链的使用从简单的价值转移扩展到更复杂的金融用例；在以太坊区块链等公共智能合约平台上构建的开放、无许可、高度互操作的协议栈。DeFi 是一种使用区块链的金融形式，不依赖传统的中央中介机构，如银行、证券交易所或经纪人 / 交易商。

DeFi 由几个组件组成，并继续快速发展：（1）带有数字原生令牌的公共基础层；（2）编纂约定规则的软件协议；（3）实现财务逻辑的智能合同（在满足特定条件后执行交易）；（4）由银行储备支持的稳定货币。

大多数 DeFi 项目都建立在以太坊上，许多人认为以太坊易于编程的平台能够实现 DeFi 项目的激增。截至 2021 年 3 月，5 727 个 ICO 资助的 DeFi 项目中有 87% 建立在 EthUM 上。

DeFi 协议中共识机制的风险主要来源于如下三个方面。

首先，DeFi 固有风险源于区块链的分散性质。自动提供金融服务和减少人类依赖性的目标也具有减少监督和控制的一致效果。传统中介机构的脱媒减少了高额费用和进入摩擦，但也为新型中介机构创造了新的机会。这些新型的中介机构需要充分的经济激励。因此，可能比今天的集中中介机构收取的垄断租金成本更高，风险更大。最终，在去中心化金融生态系统中，这种新的中介机构可能会阻碍实现金融服务民主化的双重目标：降低成本和改善准入。

其次，对传统金融（银行）的外部依赖是风险的另一个重要来源，也是风险的传播渠道。尽管 DeFi 的目标之一是创建一种没有传统中介机构的新型金融体系，但讽刺的是，随着DeFi努力使自己在现实世界中变得更有用，它对现有金融体系的依赖也在增加。它对传统金融的依赖不仅是风险的来源，而且可能成为传统金融和DeFi系统之间风险的传播渠道。另一个依赖性是，加密行业仍然需要与商业银行合作，以便进行交易的现金流。DeFi依靠商业银行提供稳定通道等便利，服务于业务需求。

最后，DeFi带来了全新的风险，这源于对开放协议的依赖，以及底层基础设施是非自有的事实。取消后台和人为监督会带来很多效率，但也会带来风险。因此，由最终用户或合同管理员来监控协议本身的风险，许多人不希望承担这种负担。当金融原语与自动化、难以干预的合同发生冲突时，这些风险就会放大。这就是DeFi中所有混乱的真正来源——系统是为了可扩展和自动化而构建的，但它们的创造者没有明确规定或理解。总之，区块链技术带来了许多好处。但用于脱媒或提高效率的工具或流程在追索权、可逆性、风险管理等方面也有成本——这就是DeFi的"悖论"。

DeFi协议中共识机制有着四个方面的风险。

（一）宏观和微观风险

共识机制不应损害或干扰向低碳经济转型的全球目标。向绿色经济的转型支持国际货币基金组织的目标以及许多监管机构的目标，这些机构寻求确保各自市场的可持续增长，同时不损害环境。使用能源密集型方法达成共识对金融稳定和社会构成了不可接受的风险，因为这种方法加剧了气候变化的影响。最近，为了管理气候变化风险并减轻加密资产对环境的影响，瑞典财政部呼吁欧盟禁止PoW采矿。当局的一个关键考虑应该是转向对环境破坏较小的区块链运营方法。

监管链发展的监管机构应该考虑它们的使用如何与现有的监管框架相互作用，以及它们是否符合 BFA 的目标。某些共识机制更有可能适用于现有监管，例如，在即时结算而非概率结算的情况下。在实现这些目标时存在权衡，例如，一个更开放的网络可能会限制进入壁垒，但可能会降低交易速度，或给消费者保护或市场诚信带来风险（见表 7-3）。

表 7-3　某些共识机制的选定风险

风险类型	如何产生风险
消费者保护	如果一些共识机制产生共识的方法导致交易时间缓慢或交易成本高，那么这些机制可能会导致消费者的不良结果。在消费者易受伤害或缺乏技术知识的情况下，这样的成本可能是意外且不可接受的
市场诚信	安全性较低的协商一致机制可能会导致欺诈性交易，其中恶意节点能够通过 51% 的攻击访问网络，或者领导者节点具有恶意意图。在金融市场，此类行为可能导致市场操纵和市场滥用
财务完整性	大多数 DLT 交易的假名性质可能会带来与欺诈、盗窃、洗钱和恐怖融资相关的风险。尽管区块链提供了透明度、审计能力和不变性，但最终用户和许多市场参与者（如节点）往往不为人所知，这可能会使制裁或执法行动难以实施
金融稳定	一个小型实体网络（或单个实体）可以通过依赖许可访问的共识机制的私有区块链获得市场主导地位。这种情况可能会造成一个进入壁垒高、不可替代的网络，并可能变得"太大而不能倒"。另外，如果加密资产（如稳定币或 CBDC）获得广泛采用，潜在共识机制的失败可能会给金融稳定带来风险

（二）来自底层区块链的运营风险

DeFi 应用程序最终依赖公共区块链进行结算和合同解决。以此类应用的流动性衡量，最受欢迎的基础层是以太坊，以太坊智能合约中使用了价值约 460 亿美元的抵押品（由各种加密资产和稳定币组成）。许多其他区块链现在托管 DeFi 应用程序，并正在关注以太坊的领先地位。

这些应用程序的有序运行在很大程度上依赖于这些底层区块链的运行，而这并不是总能得到保证的。交易方内部化了新的风险，这在传统金融中可能没有类似之处，在传统金融中，消息传递和结算系统由单一实体或机构（如 SWIFT、Fedwire）管理。相反，公共区块链在很大程度上是分散的设置，验证器因将交易组装成区块而获得补偿，并期望基于经济激励诚实地这样做。由于这些系统中没有中央管理员，评估有效依赖这些基础设施的风险的责任落在了 DeFi 系统中涉及的最终用户、应用程序和新型中介机构身上。

第一，共识失败。在这些区块链上达成共识——在分布式账本上构建、批准和分发交易区块——并不是一个既定目标。虽然比特币和以太坊等规模最大、最强大的区块链几乎没有出现过中断，但中断并非完全闻所未闻。臭名昭著的是，比特币在 2010 年 5 月 6 日和 2013 年 5 月 7 日出现了两次主要的"倒退"，当时有相当数量的区块和交易未被记录或基本上被逆转。在这两个事件的过程中，总共删除了大约 15 个小时的交易。以太坊可能更容易出现中断，因为大多数用户不运行节点，而是依赖 Infura 等服务提供商来查询和索引区块链和广播交易。当这些服务提供商经历停机时，就像 2020 年英孚拉在计划外的连锁店拆分期间的情况一样，58 笔中间交易陷入停顿。

第二，人为干预。区块链并非不受政治影响，因为它们毕竟是由建立规则的人类统治的。最臭名昭著的是，2016 年，在一个名为"DAO"的特别大的 DeFi 应用程序被黑客攻击和利用后，以太坊领导层协调了选择性地从区块链中移除余额。以太坊领导层认为有必要对以太坊区块链进行干预,因为存在缺陷的DAO合同中锁定了大量未完成的以太坊。一些以太坊社区成员反对这种随意的改变,支持最初的以太坊连锁店。由于以太坊的两个版本同时存在(最初的版本被广泛采用,但最终被称为"以太坊经典版"),这种干预在区块链中造成了一个硬叉。这是一个合同失败的例子,它最终会影响基础协议本身,并证明某些非常大的应用程序可以在协议政治中具有系统性。虽然以太坊的后道硬叉通常被视为谨慎之举,但严格来说,它构成了对产权的侵犯,并使区块链的结算保证受到质疑。在以太坊上,没有法律裁决——知道私钥就等于拥有私钥。因此,根据协议规则,利用DAO的实体是相关以太币的合法所有者,这些规则在DAO合同中被置于"救助"储户之上。此类干预可能有助于在发生灾难性故障或漏洞时获得追索权,但也会在解决过程中引入主观性和随意性。

第三,工作量证明共识失败。当矿商认为他们没有得到足够的补偿时,可以利用较小的区块链。当矿工获得足够的哈希算力时,他们可以协调一致性攻击,其中一个子集称为重组攻击或"51%攻击"。这些攻击包括攻击者利用其对交易顺序的特权访问,从区块链中提取一些价值。这些一致性攻击通常发生在PoW区块链上,因为此类区块链为矿工提供了相对较低的补偿阈值,使得验证程序攻击在经济上更合理。通常,这些攻击发生在通用计算硬件存在的情况下,这些硬件可以借用或租用。2021年初,边缘块上的验证器回滚了200天的数据,有效地使数月的交易无效。这些区块重组可用于省略某些假定已结算的交易,包括交易所贷记的存款。因此,重组往往是欺诈性误导商家或加密交易所的工具,让他们相信存在有效存款,然后最终将其从分类账中排除。事实上,以太坊Classic66和比特币Gold区块链都遭受了多次此类协议级攻击，其中一些攻击被用于成功欺诈加密交换。DeFi 应用程序依赖于底层区块链来结算和清算交易，因此当底层区块链发生故障时，应用程序堆栈会受到损害。

第四，矿工扩展价值（MEV）的存在。区块重组（或 51% 的攻击）只是一组更广泛的基于验证程序的利用，称为"矿工扩展价值"（或 MEV）。MEV 可以被认为在某种程度上类似于一个对冲基金，它为订单流支付费用，以便与不知情或零售流进行交易。随着交易复杂性的增加，出现了更多的前沿和无风险套利机会。因此，观察到的绝大多数 MEV 发生在以太坊上，主要与自动做市商（AMM）交易所上发生的交易有关——用户可以通过参与流动性池无摩擦地交换资产。AMMs 在交易所为用户提供有保证的流动性，尽管其执行效率可能会降低。根据 Flashbots 的说法，净值，自 2020 年 1 月以来，验证器（或套利机器人）获得了价值 3.69 亿美元的 MEV 下限。这意味着对用户的净拖累，用户最终通过交易下滑为 MEV 融资。实际上，MEV 可以被理解为类似于赌场的靶子。为了减轻 MEV 在协议层面的危害，以太坊开发商提出了一个以太坊节点客户端，该客户端将 MEV 编码，并允许矿商拍卖其在区块内重新订购交易的权利，将寻找无风险套利的过程委托给专门的第三方。这将使 MEV 成为矿工补偿结构的一个明确部分，减少 MEV 当前敌对状态造成的协议不稳定性，并通过允许不太成熟的矿工廉价地将 MEV 货币化，提高采矿的公平性。目前，MEV 似乎是数据丰富的区块链的一个基本特征，有助于链上透明交换。针对未决交易的透明排队系统，再加上出价高于并取代交易的能力，不可避免地会产生利用机会。

第五，验证者卡特尔。非 PoW 区块链在验证方层面上不能免疫协议干预。PoW 的一个流行替代方案是权益证明，其中将交易组合成区块（在某些情况下，通过网络施加政治权力）的权力取决于持有的所有协议令牌的份额。在某些网络安排中，验证器插槽的数量是固定的，这为巩固权力和卡特尔化创造了强大的激励。由于验证者通常会获得费用或新发行的奖励，在权益证明区块链中，如 EOS（为验证者保留 21 个席位）观察到了通过购买选票来巩固权力。这些措施允许验证者巩固权力，最终控制哪些交易可以纳入最终分类账。如果验证器是固定的，区块空间的自由市场竞争将被扼杀，协议属性的审查阻力亦将面临风险。由于 DeFi 是建立在基础金融设施中立且不可阻挡的假设之上的，因此验证机构的权力集中是一个重大威胁。在 STEEM 网络上可以找到一个验证器共谋的例子，在验证器怀疑他有意加入该网络后，区块链企业家 Justin Sun 拥有的 STEEM 硬币即被冻结。

第六，超发漏洞。其他更具灾难性的协议漏洞比比皆是，可能会影响构建在它们之上的 DeFi 应用程序。其中一个风险来自超发漏洞，它会在预先商定或预期的时间表之前增加硬币的供应量。随着硬币（超过规定时间铸造）的发行和开始流通，这些新硬币的接收者有强烈的抑制力来回退链条，消除意外的通货膨胀。通货膨胀漏洞经常出现，并影响了许多最大的区块链协议——在某些情况下，这些漏洞没有得到完全补救。2008 年修补的另一个比特币漏洞可能被用来制造意外的超发，但没有被利用。由于 DeFi 协议高度自动化、连续运行，并且在最少（或在某些情况下，没有）人为监督的情况下运行，因此底层本机协议上的超发漏洞可能会严重破坏 DeFi 应用程序的稳定性。超发漏洞是区块链面临的最严重威胁之一，补救措施通常需要停止或回滚区块链,这将损害依赖底层区块链的任何智能合约的保证。

(三)基于智能合约的风险

第一,智能合约的技术漏洞。智能合同不是法律合同,它们是自动化操作的代码。这些行动可能是公共区块链上本地加密货币的一部分,比如比特币和以太币,可以理解为合成商品货币——它们没有任何第三方的担保或支持,也不能兑换任何东西,包括法定货币。相反,它们分别充当比特币和以太坊网络的"访问"代币,并作为这些网络中的抵押品和交易媒介。对于这些原生加密货币,完全有可能销毁、永久固定或使其无法持久。虽然一些漏洞(如 2016 年 6 月以太坊上的 DAO 黑客攻击或 2010 年 8 月比特币上的价值溢出事件)对网络构成了巨大的生存威胁,因此它们已通过诉诸社会共识(超越区块链的技术现实)得到补救,绝大多数漏洞利用都没有达到重要的临界值。因此,与错误的智能合约互动的用户可能会面临失去所有硬币的风险,并且通常无法获得救助或追索权。智能合约最大的失败可能是以太坊开发组织 Parity 编写的"多重签名"钱包中的 513 774 枚以太币被固定。常见的多信号发生器设置涉及三取二或五取三方案;前者允许在提供三个预定密钥中任意两个密钥的有效签名的情况下使用输出。该多个 sig 钱包被一名匿名用户利用,该用户在智能合约中触发了一项功能,有效地导致每个钱包自毁,无法挽回地固定其中所含的以太币。新锁定的以太币——相当于当时流通的所有以太币的 0.52%——在黑客攻击时价值 1.74 亿美元。

除了保管风险,DeFi 协议要求的智能合同之间更复杂的交互可能会为潜在漏洞带来额外的范围。DeFi 充斥着纯粹的技术漏洞,这是因为基于区块链的交互式智能合约非常复杂，而且在部署代码之前很难预测完整的边缘案例。智能合约一旦部署，升级起来就很麻烦，给开发者带来了巨大的初始负担。在某些不可撤销的智能合约（如Uniswap）的情况下，一旦智能合约被部署，开发者就没有能力撤销它。升级这样一个智能合约需要部署一个替代方案，并说服用户使用它。只要底层以太坊区块链保持完整，无论管理员或用户行为如何，某些类别的智能合约都将保持可操作性。在某些其他类型的智能合同中，管理员可以在其智能合同的代码中插入条款，以便升级、终止或弃用这些条款。这些代码条款赋予开发者额外的自由裁量权和追索权，如果部署的合同中存在漏洞。然而，这有可能使管理员对用户资金负责，并使控制管理密钥的实体成为攻击者的目标的外部性问题。在2020年2月至12月发现了21起针对DeFi协议的此类攻击，用户总共损失了1.443亿美元（攻击时的美元价值）——尽管在某些情况下，攻击者返还了资金。

第二，甲骨文攻击。值得特别注意的一类漏洞涉及由预言造成的故障。在DeFi中，oracles是为智能合约提供外部信息的服务提供商。oracles最常见的用途是将一个或多个交易所的市场价格传输到依赖外部定价信息的DeFi协议。例如，使用代币作为抵押品的协议需要知道质押代币的价值（以美元等标准术语），并使用智能合约，使用甲骨文提供的市场信息。许多DeFi协议依赖于oracles，价格输入对于触发清算、去杠杆化、追加保证金和其他形式的自动抵押品管理至关重要。因此，对这些协议来说，操纵神谕可能是灾难性的。如果彭博社遭到黑客攻击，**数据被操纵/不再可信**，这在某种程度上可以与传统金融中发生的情况相媲美。由于这些协议对资产现货价格和指数价格之间的偏差（打开无风险套利机会）的敏感性，所谓的"甲骨文攻击"是最流行的攻击手段之一。与涉及操纵衍生品现货参考价格的策略类似，甲骨文攻击涉及操纵 DeFi 协议引用的抵押品的市场价格，以创建无风险套利或触发清算。

第三，过度杠杆：基于智能合约的快速贷款。DeFi 的某些特质引入了全新的攻击向量，其中包括快速贷款的概念。快速贷款是一种无担保贷款，允许借款人以极低的利率获得无限量的流动性（不超过贷款池的规模）。问题是，贷款必须在取出的同一笔交易中偿还。由于 DeFi 申请会带来频繁的套利机会，只要交易可以原子化（同时）执行，此类短期贷款就可以让资金有限的个体当事人获得杠杆并利用定价错误。由于以太坊上的交易可以同步调用许多合同，闪电贷款是合同间套利的有用工具。快速贷款极大地降低了潜在攻击者的进入壁垒，同时提高了他们的杠杆率，从而增加了他们攻击 DeFi 的财务影响。自推出闪贷以来，闪贷在 DeFi 攻击中越来越普遍。2020 年 2 月至 12 月的九个独立实例中，攻击者通过快速贷款协助的攻击成功地从 DeFi 协议中挪用了总计 4 958 万美元（攻击时的美元价值）。其中最大的一次是 2020 年 10 月的 Harvest 攻击，攻击者利用 Curve 和 Uniswap 协议从 Harvest 中提取了 2 600 万美元。虽然闪电贷款可能是一种有用的工具，但它们也可能被滥用，通过降低试错成本和提供近乎无限的杠杆——前提是可以构建交易，以便立即偿还贷款，从而极大地增强潜在攻击者的能力。

（四）治理和监管的风险

第一，管理密钥滥用。许多 DeFi 协议保留了行政团队或其他实体关闭、升级、暂停合同以及在某些情况下耗尽用户资金的自由选择权。也有一些例外，比如 Uniswap，它只是作为部署在以太坊上的代码存在，用户可以自由选择与之交互。开发团队不能暂停 Uniswap 合同本身。然而，绝大多数协议确实保留了某种形式的控制功能，包括 kill 开关。在某些情况下，关键的智能合约决策被委托给代币持有者群体（尽管在实践中，这会退化为将决策权授予少数内部人士和支持者，因为投票权重通常与所持代币的份额成比例）。此外，由于代币通常可以在公开市场上买到（在没有身份验证的情况下，每天24小时在 DEX 上交易），攻击者可以自由购买或借用代币，以影响代币持有者的投票。因此，许多代币持有人投票可以影响合同的项目选择，通过直接限制代币的自由流通来保留事实上的控制权。正如圣路易斯联邦储备银行（St Louis Fed）在管理密钥方面所指出的，"如果密钥持有者不安全地创建或存储密钥，恶意第三方可能会获得这些密钥，并破坏智能合同。或者，核心团队成员本身可能是恶意的，或受到重大金钱激励的破坏"。

减轻管理密钥风险的一种常见做法是，通过将关键相关决策的权力分配到多人签名功能设置中，授予代表联盟对关键智能合约决策的控制权。还存在其他一些控制措施，包括对关键相关决策实施时间限制，如 EARN，或通过授予签署人有限的、预先指定的一组权力，如 Synthetix 所做的那样。在大多数备受关注的、活跃的 DeFi 项目中，管理密钥的存在会带来一些风险。主要包括钥匙丢失、内部盗窃存款、通过敲诈勒索或外部黑客进行的盗窃，以及监管压力。在包括 Synthetix 在内的许多机构中，内部人员可以单方面冻结合同一段时间，作为黑客或利用漏洞时的预防性"快速反应"机制。然而，尽管仅仅暂停一项合同的损害有限，但它可能会对流动性产生不利影响。最终，由管理密钥介导的合同中持有的资产应该被理解为用户和协议之间的托管交互，而不是完全主权交互。在多人签名密钥设置中添加更多的签名人只意味着用户存款由内部人员联盟保管，而不是由一个实体保管。

第二，治理攻击。随着越来越多基于区块链的项目渴望通过实施分散的治理模式来改变企业商业模式，它们引入了新的风险。实际上，开发团队在将真正的决策权委托给开发决策和密钥的系统参数方面行动迟缓，这意味着迄今为止很少观察到治理攻击。然而，如果监管机构看穿了为混淆DeFi协议中控制权的真正关系而戴起的权力下放的面纱，他们将看到某些开发团队试图将治理权力分配给"治理令牌"的持有者，这些治理代币赋予其持有人对这些系统产生的现金流或费用的权利，并通常赋予他们对系统参数的投票权，尽管这种权利往往是分散的。通常，这些都是经过管理的、有限的经验，因此治理令牌持有者不能投票，例如，解雇核心开发团队，或从管理系统的核心公司实体或非营利组织转移资金。

然而，随着代币持有者坚持己见，并获得成为更积极投资者的能力，新的治理攻击类别出现了。活动人士可以选择利用DeFi系统（通过一些已建立的提取机制）以牺牲这些系统的用户为代价，让代币持有者受益。交易所代表用户持有的代币被用来影响治理结果，在某些情况下违背了这些用户的意愿。交易所存放的大量充斥着治理的代币可能会影响它们接受贿赂，以便对具体提案投赞成票，或者只是在极短期的基础上（可能不会影响交易所的流动性要求）借来进行治理投票。例如，交易所自然会寻求通过闪电贷款将用户持有的代币货币化，因为闪电贷款不会削弱其处理取款的能力（因为闪电贷款的期限实际上为零）。同时，借款人只需在链上投票期间持有代币，即可影响投票结果。

第三，变质的流动性。DeFi设想了进行金融交易的新方式。数字资产的加密性质允许越来越复杂的方案来管理托管和交易工作流。例如，比特币提供了多人同时签名功能，通过该功能，交易可以指定花费输出所需的高级条件。多人同时签名功能设置中持有的BTC下限为90万BTC。因此，出现了一种新的保管人类别，将钥匙作为一种服务进行保管，允许从事自我保管的个人和实体利用持有钥匙的主权性质，同时在钥匙丢失的情况下保持追索的可能性。一种常见的协同保管模式是，客户在"热钱包"中持有一把钥匙，第三方保管人持有一把钥匙，第三方保管人持有一把钥匙用于恢复，有效消费需要两把钥匙。此外，金融行动特别工作组在其最近修订的虚拟资产指南草案中澄清，在多人签名设置中管理密钥的各方有被视为虚拟资产服务提供商的风险，这将使这些各方承担监督和披露义务，以及遵守旅行规则的要求。根据Coin Center的说法，金融行动特别工作组的指南草案打破了金融犯罪执法网络（FinCEN）的政策先例，该网络认为"只有对客户资金具有'独立控制'的人才被视为受监管的资金传递者"。修订后的特别组织指导意见草案将大大扩大所涉缔约方的范围。

DeFi目前的形式在很大程度上与此类法规不兼容。由于大多数分散的合同不需要有效区块链地址之外的任何用户标识，因此几乎不强调集中的合规性。促进链上互换的产品，如Uniswap，仅仅是区块链合同，允许用户在没有中央中介的情况下协作汇集资金并进行交易。这些"对等池"系统的性质是，这些合同不能有意义地排除任何希望参与池的实体，池的定义是开放和自由参与的。尤其是Uniswap，它依靠"流动性提供者"向一个池提供资产以换取费用。这些不是指定实体；任何人都可以成为流动性提供者，只要他们向池中提供资产。

第四，伪股权（Pseudo-equities）——监管的不确定性。尽管在几乎不考虑《证券法》要求的情况下发行伪股权代币存在相当大的监管风险，但许多DeFi协议由美国公司或非营利组织管理。在许多情况下，这些实体通过发行代币为自己融资，代币代表对系统产生的一些现金流的索赔。这些代币已被证明是开发DeFi协议的有意义的融资工具。截至本书撰写之时，"去中心化金融"领域代币的总市值为850亿美元，其中Uniswap、Synthetix和Compound（总共获得了122.9亿美元的已分配抵押品）是最大的伪股权代币。许多DeFi代币赋予代币持有人一些基本的治理权，以及对通过DeFi协议产生的现金流的隐性或直接索赔。这些支持DeFi的伪股票代币都没有注册为证券，而是在Uniswap等去中心化金融基础设施上流通（在某些情况下，还可以在集中的加密交易所上流通）。如果证券监管机构将此类伪股权代币视为未注册证券，并不仅追查其发行人和发起人，还追查其交易场所，这些DeFi项目的融资和治理模式将受到严重损害。此外，许多DeFi协议通过向最终用户发行新的伪股权单位来补贴其流动性。如果这些代币退市，其流动性和价值遭受损失，这些补贴协议的效用就会下降。DeFi协议中内置的这些代币激励相当于优步用优步权益的增量单位对每行驶一英里的司机进行补偿。例如，在撰写本书时，向货币市场协议化合物提供稳定币USDC的报酬为年率6.71%，并以2.15%的年率支付给USDC供应商。这两者的结合被称为 USDC 的"净利率"。如果这些激励措施到期或被撤销，利率的吸引力就会显著降低，从而降低流动性提供者将其资本置于风险的动机。

几乎所有的 DeFi 协议都需要这些管理实体的监督、缺陷补救、技术和经济审计、治理管理以及领导和指导。即使没有正式签署这些分散协议的公司，几乎所有这些协议都有一个实体，无论是否编码，均可有效地管理协议。取消伪股权代币作为一种可行的融资机制将大大削弱该行业的运营能力。然而，企业可以通过直接收取使用 DeFi 合同的租金来创建大多数去中心化金融合同，并在不使用代币的情况下将其货币化，或者匿名开发者可以将这些协议部署到区块链。

三、对共识机制的监管

监管者和行业之间的接触可以通过短期接触、使用"一切照旧"监管，或通过创新中心进行长期接触来实现。短期公私合作可以通过联合活动或以共识机制为重点的委托调查来实现；长期合作可以通过联合研究、实验和测试实现。监管者、技术专家、安全专家和其他利益相关者（例如学术界和行业机构）之间的合作可以帮助监管者充分理解不同共识机制的含义。

监管者应考虑不同的共识机制在监管和监督方面的影响，并考虑技术不可知的方法。他们应该确定协商一致机制是否适合特定提议的预期结果。通过采取技术不可知的方法，当局可以与市场参与者合作，更好地了解不同共识机制的优缺点，以及在提供不同金融产品和服务（例如，支付、发行债务/股权、供应链管理、活动记录）方面可能存在的比较优势。通过转向技术不可知的方法，当局对不同技术的使用保持不偏不倚，但认识到不同的技术带来不同的风险，当局对这些风险并非"中立"。当局可以对特定技术做出决定。利用 BFA 作为框架，对这些共识机制有更深入了解的监管机构可以更好地分析它们是否可能鼓励竞争、提高效率，或对市场诚信、消费者保护和金融稳定造成风险。

监管者的技能应该提高，并且在可能的情况下，应该雇用训练有素的专家来帮助监管者更好地理解共识机制，以便监管者能够向公司提出相关问题，并对不同共识机制的风险和效率做出准确判断。尽管许多监管机构开始向数据驱动型数字监管机构转变，但资源、预算和熟练监管人员的可用性仍然是其中许多监管机构面临的挑战。在这方面，国际货币基金组织等国际组织可以在提供技术援助和分享最佳做法方面发挥作用。此外，标准制定机构可以通过制定全球建议来提供帮助，这些建议可以为在受监管金融实体中使用的共识机制提供最低要求。

监管者也可以考虑利用像 TechSprint 这样的工具来更好地理解不同类型的共识机制的长处和弱点。TechSprint 是一种短期合作项目，将参与者聚集在一起，开发基于技术的想法或概念验证，以应对特定的行业挑战。参与者可以来自金融服务部门，也可以来自学术界、政府和非营利组织等。像 TechSprint 这样的工具有助于将权威从技术中立转变为技术不可知；它们可以让当局在更高的层面上更好地理解不同类型的共识机制可能会如何影响某些金融产品或服务的开发和提供。

当基于某种类型的 DLT 的提议准备进入市场时，监管沙箱和数字沙箱可以更好地让当局了解具体的利益和风险,从而促进创新,同时减轻金融稳定、市场完整性和消费者保护的风险。在许多情况下,选择被监管实体或监管机构本身以 SupTech28 的身份使用的共识机制是一项长期决定:一旦你选择了它,你就会被卡住。这一选择需要更多的正式审查和合作,涉及生态系统的许多参与者。

后　记

世事浮云难奈天，往昔回首难为荣。平生漂泊多不羁，淡淡清风世多容。年过半百天命知，著述难觉学术工。欲说还休怕出口，碰瓷暗里老脸红。

一百二十岁之北京师范大学，是我本科硕士求学之地；一百一十一岁之清华大学，是我寓居求学一年之所；一百二十三岁之北京大学，是我博士求学之地；一百一十岁之中国银行，是我工作十五年之所；即将一百岁之西南财经大学，是我如今安生之处。在五百六十一年的光阴雕刻下，在五十余年的岁月纠缠中，在历史长河的洋洋大流里，各自安好便是日日晴天夜夜月圆。

木铎钟声，学为人师，行为世范；人文日新，自强不息，厚德载物；风起萍末，爱国进步，民主科学；屹立东方，追求卓越，服务全球；日月光华，经世济民，孜孜以求。大学精神，人文命脉，创新动力；金融血液，实业躯体，国家干城；人人良知，个个共创，开放包容。

沧海桑田，岁月悠悠，历久弥坚；徜徉其中，幸甚至哉，与有荣焉；拈花会意，忘却文字，有道永彰。苦心孤诣，意长笔短，其实难安；开卷若益，同心攻错，①感戴莫名。

笔者能写作此书，要感谢中译出版社乔卫兵社长，我们在2021年西南财经大学中国金融安全论坛上因元宇宙话题相识，得以受邀写作《元宇宙大金融》一书；而本书得以顺利出版，感谢中译出版社于宇、范伟、费可心、薛宇、华楠楠、黄秋思等老师的辛勤付出！

本书提出了元宇宙的衍化和元宇宙大金融的概念，构建了衍化的元宇宙金融体系，于前人著述多有学习借鉴，亦有一些学术探讨，不当之处，敬请批评赐教！遗憾的是，本书成稿于2022年3月，最新的一些研究成果未能纳入，但独特的元宇宙大金融体系或可以为大家的元宇宙金融探索提供崭新的视角，少走一些弯路。若能为大家探索更适合中国国情和金融科技发展趋势的独特路径提供一些帮助，则不胜荣幸之至也！

---

① 语出左宗棠为曾国藩逝世所写挽联中"同心若金，改错若石"句。